CAUSES CÉLÈBRES DU NORD

LA
FERMIÈRE D'ESQUERMES

ET LES

BRIGANDS DU NORD

*Récits épisodiques d'évènements dramatiques
et militaires arrivés de 1784 à 1815,
sur les frontières de France
et de Hollande.*

Par Cléo DAUTREVAUX

LILLE
IMPRIMERIE, LIBRAIRIE ET LITHOGRAPHIE, JULES PETIT
1873.

LA FERMIÈRE D'ESQUERMES

ET LES

BRIGANDS DU NORD

Y²   26103

Lille, imp. J. PETIT, rue Basse, 54.

CAUSES CÉLÈBRES DU NORD

LA FERMIÈRE D'ESQUERMES

ET LES

BRIGANDS DU NORD

Récits épisodiques d'évènements dramatiques et militaires arrivés de 1784 à 1815, sur les frontières de France et de Hollande.

Par Cléo DAUTREVAUX

LILLE
IMPRIMERIE, LIBRAIRIE ET LITHOGRAPHIE, JULES PETIT
1873.

LA FERMIÈRE D'ESQUERMES

ET LES

BRIGANDS DU NORD.

I

*L'horoscope de Robespierre. — Portrait d'A-
ristide de Rochebrune.— L'école du vice. —
Un noble seigneur en 1780.*

— Tu n'es pas resté longtemps à Arras, mon compère ?

— Tu sais bien, Jacques, que je ne peux guère m'absenter du château.

— Je sais ! Je sais !....

— Encore, a-t-il fallu pour que j'entreprisse ce voyage de quinze lieues, que monsieur le comte m'en donnât l'ordre et me chargeât d'aller porter une lettre à son homme d'affaires.

— A M. Trocmé, ce gros réjoui qui vient quelquefois à Bocourt ?

— C'est ça même.

— Tu as dû t'amuser un brin, dans la ville ?

— Ma foi, mon compère, dès que j'ai perdu de vue le clocher de Norbécourt et le toit de la chaumière où demeurent avec moi, ma femme et mes enfants, mon cœur fait tic-tac, je deviens tout triste, et je voudrais déjà m'en revenir.

— Cependant, M. Trocmé reçoit bien les gens, à ce que l'on dit.

— Oh! pour ce qui est de çà, c'est vrai.

— On est bien choyé, bien nourri, enfin.

— Si bien choyé, si bien nourri, que le cher homme n'est pas comme tant de gens que je connais. Il ne dédaigne pas, lui, de faire asseoir à sa table un pauvre diable de garde-chasse, comme moi.

— Oui mais. César, tu es le garde de M. le comte de Rochebrune, et dam, c'est une position, çà. — Enfin! tu dis donc que tu as mangé à la table de M. Trocmé?

— Certainement. Et ce qu'il y a de mieux, c'est que, pendant les deux jours que je suis resté à Arras, M. Trocmé a reçu beaucoup de monde.

— Et malgré çà?...

— Il n'a pas voulu, en dépit de mes observations, que je recule d'une semelle. J'ai eu beau lui dire que je n'étais pas de son monde, que les personnes qu'il recevait trouveraient peut être mauvais de me voir à leurs côtés; il n'a voulu rien entendre.

— C'est bien de sa part, sais-tu?

— Voyons, César, me dit-il en me pinçant le bout de l'oreille, est-ce parce que tu n'es qu'un paysan que tu serais indigne de la societé que je reçois ? Détrompetoi, l'ami. Qu'un homme soit honnête, loyal et bon, il peut aller partout. Sont ce les titres qui font les hommes meilleurs? Non, César. J'estime cent fois mieux un artisan laborieux, qu'un de ces fainéants titrés, qui ne sont bons qu'à faire mourir de chagrin le paysan, en l'accablant de corvées, quand il ne le fait pas périr autrement.

— Vrai ! il t'a dit ça ?..
— Oh ! il m'en a dit bien d'autres.
— En voilà un brave homme ! Mais il me semble qu'il s'expose un peu bien en parlant de la sorte ?
— M. Trocmé ?... lui !... Allons donc. Est-ce que tu ne sais pas, compère Jacques, qu'il est richissime, et que c'est lui qui prête de l'argent à toute la noblesse de l'Artois et particulièrement à mon maître, le comte de Rochebrune.
— Oh ! alors, c'est différent.
— Va, va, l'ami Jacques, il y en a encore beaucoup comme ça, qui ne demanderaient qu'à ouvrir leur cœur ; mais ils ont la bouche close, parce qu'ils ne sont pas dans la même position que lui.
— Je crois que tu as raison.
— Tiens, j'ai vu là à table un jeune homme qui ira loin si on ne l'arrête pas en chemin.
— Bah !
— C'est le fils d'un ancien avocat au

Parlement d'Artois, mort il y a une dizaine d'années.

— Et ce jeune homme ?

— Fait en ce moment ses études au collége Louis-le-Grand, à Paris.

— Tu l'appelles ?

— M. de Robespierre.

— Je connais ce nom-là !

— Bien sûr, que tu connais ce nom-là, puisque le jeune homme en question était, il y a quatre ou cinq ans, le camarade de M. Aristide de Rochebrune, notre maître.

— Ah ! c'est ça !

— Oui ; mais ce que tu ne connais pas, c'est la figure du jeune rejeton de l'avocat au Parlement.

— Ma foi non !...D'ailleurs, depuis quatre ou cinq ans...

— Figure-toi, sur un corps maigre, de cinq pieds deux pouces à peu près, une tête anguleuse, avec des yeux mornes et comme éteints, un nez quelque peu retroussé, des lèvres minces, puis une démarche vive, avec des mouvements nerveux du cou et des épaules, qui le font ressembler à un épileptique, et, tout cela, accompagné d'une toilette presque recherchée...

— Qui ne doit pas le rendre plus beau pour ça.

— Non ! Mais quand il s'anime, la figure de ce jeune homme de vingt-six ans se contracte, ses yeux lancent des éclairs, sa voix, de criarde qu'elle est d'habitude, devient éclatante, et son geste a quelque chose qui impose.

— Et il parle bien, j'en suis sûr?

— Je t'en réponds! Il y avait aussi ce jour-là, parmi les invités de M. Trocmé, un gaillard dont la mise ne valait guère mieux que la mienne, mais pour lequel la société qui nous entourait avait cependant une sorte de respect.

— Qu'était donc cet homme?

— Un de ces illuminés, comme monsieur le comte les appelle, et qui ont la prétention de lire dans l'avenir.

— Un sorcier, alors?

— Non! C'est un noble!... mais un drôle de corps, va!

— On l'appelle?

— Le comte de Gigomar.

— Et le comte dit la bonne aventure?

— Il prédit l'avenir; et ce jour-là, il paraît qu'il était en veine, car, en regardant M. de Robespierre, qu'il fixa un moment, il dit à M. Trocmé, avec lequel il était en conversation : vous avez là, sans vous en douter, une célébrité en herbe.

— Vous dites, monsieur? fit M. de Robespierre qui était aux écoutes.

— Je dis, monsieur! ajouta le comte de Gigomar, je dis que vous êtes appelé à faire de grandes choses.

— Qui peut savoir? demanda le jeune homme avec un haussement d'épaules.

— Moi ! fit le tireur d'horoscopes avec un sang froid imperturbable. Je vous connais depuis votre enfance : je vous ai entendu souvent blâmer, critiquer notre ordre social ; selon vous, la noblesse et le clergé ne sont rien : le peuple est tout !

— N'est-ce pas vrai ? fit le jeune Robespierre avec des éclairs dans les yeux.

— Je n'affirme rien. Je dis ce que j'ai entendu ! Eh bien, l'homme qui formule de semblables pensées, qui avance de pareilles choses, n'est pas un homme ordinaire, et si un jour l'occasion s'en présentait, je suis certain que cet homme mettrait ses théories en pratique.

— Et l'occasion ne peut manquer de se présenter, croyez le bien, répliqua le fils de l'avocat.

— Eh bien ! si cela arrive, jeune homme, fit le comte, vous serez le premier parmi les gens de cette province ; vous commanderez à la nation toute entière ; vous serez le maître de la France et personne n'aura jamais eu plus de puissance que vous.

— Et ensuite ?... fit le jeune homme avec incrédulité.

— Ensuite ?... Permettez que je m'arrête là ! Ma science cabalistique ne va pas plus loin. D'ailleurs, j'entrevois au fond de tout cela, un nuage rouge qui obscurcit quelque peu le chemin que vous devez parcourir.

— Cet homme est fou, me dit mon voisin de table.

— Je le crois, répondis-je. Mais M. de Robespierre ne le jugea pas ainsi, car, dès que le dîner fut fini, il se retira dans le jardin, où il resta bien une heure avec ce prétendu sorcier, qui n'en sait probablement pas plus que toi et moi.

— Ça me fait bien cet effet-là.

— Le soir, au moment où je me disposais à prendre la voiture pour revenir à Saint Omer, M. de Robespierre vint à moi et me dit :

— Vous êtes au service du comte de Rochebrune ?

— Oui, monsieur.

— Ce cher Aristide, comment va-t-il ?

— Très bien, monsieur, très bien.

— J'en suis enchanté. Il y a si longtemps que je ne l'ai vu. — Vous retournez à Bocourt ? ajouta-t-il.

— Oui, monsieur.

— Eh bien, dites donc à ce cher comte, qu'ayant affaire à Bergues, je serai obligé de passer par Saint Omer, et que, me trouvant si près de chez lui, je ne veux pas quitter le pays sans lui faire une visite.

— Je lui dirai, monsieur. Mais quand monsieur viendra-t-il à Bocourt ?

— C'est aujourd'hui lundi ; j'y serai probablement mercredi dans la matinée.

— Faudra-t-il l'affirmer à monsieur le comte ?

— Vous le pourrez ; et maintenant, bon voyage, l'ami.

— Merci, monsieur.

Le jeune étudiant me quitta et j'allai faire ma malle pour être prêt quand la diligence passerait.

Tout en faisant mes apprêts, je ne pus m'empêcher de réfléchir à ce que j'avais vu et entendu depuis deux jours que j'étais à Arras, et, me reportant à la prédiction du comte de Gigomar et au langage de M. Trocmé, ainsi qu'à celui de la plupart de ses convives, je conclus de tout ce qui se passe en France et particulièrement dans nos provinces du nord que cela ne pourra durer longtemps.

— Qu'est-ce qui ne pourra pas durer?

— L'insolence des nobles, l'intolérance des curés, et plus que tout ça encore, la débauche de la haute société.

— Silence, compère! interrompit Jacques. Silence! tu peux te faire bien du mal en parlant ainsi.

— Voyons, ne sommes-nous pas témoins tous les jours des horreurs qui se passent ici ?

— Oui, mais faut se taire.

— Chacun son caractère; moi, je ne peux pas voir tout ça sans que le sang me monte au visage.

— Mais ça ne nous regarde pas.

— Comment, ça ne nous regarde pas. Mon compère, quand je vois le comte de

Rochebrune, notre maître, se griser comme un portefaix, se battre avec ses gens comme un crocheteur, séduire les filles de Norbécourt et des environs ; et par-dessus tout chasser à coups de bâton le père ou le frère de sa victime, lorsqu'il vient se plaindre, tout ça me révolte.

— Il y a de quoi, je ne dis pas non.

— Tiens, compère Jacques, une chose à laquelle j'ai souvent pensé...

— C'est que...

— C'est que si monsieur le comte, tout noble qu'il est, jetait les yeux sur mon Albertine chérie.. si, ce que je n'ose croire, il parvenait à lui ravir le seul bien que je lui laisserai : l'honneur ! sois tranquille, compère, je te jure que la chose ne se passerait pas sans qu'il y ait du sang de répandu.

— Chut !... chut !... exclama Jacques tremblant et regardant avec anxiété autour de lui, en voilà assez, mon compère. Espérons que tout cela n'arrivera pas.

— Puisse le ciel me préserver, ainsi que ma famille, d'un tel malheur.

— Oui ! et à cette heure, à la besogne, dit Jacques, pressé de finir l'entretien.

— Tu as raison. En route, inspectons les bois, afin de nous assurer qu'il n'y a ni fraudeur ni braconnier.

— Moi, je retourne à mes fagots.

Et les deux compères, après s'être donné la main, s'éloignèrent dans des directions opposées.

Cette conversation, qui montre assez quel était déjà l'esprit du temps, même chez certaines gens du peuple, avait lieu sur la lisière d'un bois, qui existe encore aujourd'hui et qui sépare Mentque et Norbécourt d'Alquines, villages qui font de nos jours partie du département du Pas de Calais, et qui, en ce temps-là, se trouvaient aux confins de l'ancienne province d'Artois.

L'un de ces hommes, comme on a pu le voir, était le garde chasse du comte de Rochebrune, dont il a tout à l'heure esquissé le portrait, sur lequel nous reviendrons. Il s'appelait César Guislain, surnommé l'Epernaux, depuis que, dans sa jeunesse, il avait été berger chez le père d'Aristide, et que ce nom est celui que l'on donne aux ouvertures des claies des parcs à moutons.

César était d'origine flamande : de Fretin, aux environs de Lille. Il habitait dans le bois dont nous venons de parler, une maisonnette, à peine suffisante pour loger sa famille, composée de Rose Labiche, sa femme, une grande et robuste flamande approchant de la quarantaine; d'Albertine, sa fille, charmante jeune fille de dix-sept à dix-huit ans, au teint fleuri, aux yeux bleus, à la chevelure blonde et d'une beauté qui attirait sur elle les yeux de tous les paysans d'alentour, et enfin, de Justin Guislain, frère d'Albertine, garçon joufflu, taillé déjà en hercule, ayant près de cinq pieds, quoique n'étant âgé que de quatorze ans et tirant un coup de fusil qui lui avait fait à dix lieues à la ronde une renommée dont le jeune gars était tout fier.

L'interlocuteur de César était, lui, un bûcheron au service du comte de Rochebrune. Il avait nom Jacques Lafutaie. C'était un braconnier déterminé, et, quoique ce métier fut alors très périlleux, puisqu'il pouvait entraîner la mort pour celui qui osait l'entreprendre, Jacques s'y livrait cependant avec une passion qu'il ne pouvait vaincre. Il est vrai que son compère César fermait un peu les yeux sur ses méfaits, ce qui explique comment le braconnage aidait Jacques à le faire vivre ainsi que son fils, âgé d'une dizaine d'années, lequel habitait avec lui le hameau de Bocourt, dont le comte occupait le château.

Jacques était bien un peu la terreur des gardes et des gens de la maréchaussée. Resté veuf de bonne heure, il avait éprouvé un tel chagrin à la mort de sa femme que son caractère en était devenu sombre et facilement irritable ; enfin, c'était un homme énergique dans toute l'acception du mot, affrontant tous les périls, n'ayant pas plus peur de recevoir un coup de fusil, que d'envoyer une balle à quiconque ferait obstacle à sa coupable industrie.

Et qu'on n'aille pas croire qu'avec une

pareille organisation, Jacques fût un méchant homme. On se tromperait. Généreux jusqu'à l'abnégation, doux avec ceux qu'il aimait, sensible au malheur d'autrui, Jacques Lafutaie comptait peu d'ennemis dans le hameau qu'il habitait; et encore, ceux qui le considéraient comme tel, étaient-ils tout bonnement de pauvres diables jaloux de ses prouesses dans les bois, et s'ils lui en voulaient, c'était bien plutôt parce que sa gibecière ne rentrait jamais à vide, tandis que la leur n'accusait jamais qu'une absence complète de gibier; mais à part cette jalousie, qui fait, du reste, le fond du caractère de tout paysan qui vit de son travail, Jacques était bien avec ses voisins.

Le comte de Rochebrune, dont César et Jacques étaient les vassaux, mérite que nous faisions ici son portrait.

Il n'avait pas plus de vingt-cinq ans à l'époque où commence cette histoire. Orphelin de bonne heure, il fut élevé par un parent éloigné, qui, au lieu de s'occuper à développer l'intelligence du jeune Aristide l'initia de bonne heure à tous les excès, à toutes les turpitudes, à toutes les dépravations, dont quelques nobles d'alors faisaient étalage et qu'ils avaient hérité du long règne de ce voluptueux monarque, Louis quinzième du nom, qui sut si bien corrompre et appauvrir la France.

A vingt ans, Aristide de Rochebrune

n'avait encore nourri son esprit, déjà faible par sa nature, que de lectures immondes, dans lesquelles l'immoralité étalait toutes ses infamies. Son tuteur, selon la mode du temps, ne lui avait mis sous les yeux que des romans lascifs qui avaient noms : *Thérèse philosophe*, le *Rideau levé* et le *Portier des Chartreux*, recueils d'immondices qui enfantèrent plus tard des hommes comme le marquis de Sade, d'horrible mémoire.

Il résultat de cette éducation démoralisatrice, que, lorsque le comte de Rochebrune eût atteint sa vingtième année, il était déjà le débauché le plus vil et le plus crapuleux de toute la province d'Artois.

Etait-ce sa faute.

Non ! C'était celle de son tuteur.

Quant à la tenue de ce seigneur, qui possédait tous les droits attachés à ce titre : droits honteux, arbitraires, abusifs, cruels et immoraux, dont il savait si bien faire usage, quant à sa tenue disons-nous elle ne différait guère de celle du dernier goujat. Manières communes, langage cynique et obscène ; parlant haut et sans cesse, afin d'imposer aux niais qui l'écoutaient, chantant et sifflant dans la rue comme un charretier, ne s'arrêtant devant une jeune fille que pour lui tenir des propos tels que la pauvre enfant se sauvait en rougissant jusqu'aux oreilles, tel était le comte de Rochebrune, seigneur de Bocourt et autres lieux.

Avec une nature et un sens aussi incomplets, ce gentilhomme abrupt, indélicat, malotru et rustaud, ne pouvait guère s'entourer que de gens qui lui ressemblassent et qui lui tendissent la main, lorsqu'il voulait se livrer à ses débordements; ce qui arrivait presque tous les jours.

Aussi, voyons-nous parmi les commensaux du château de Bocourt, un comte de La Brèche, un voisin de campagne arrivé à la trentaine et resté garçon pour être plus libre de ses mouvements; un marquis de La Mare, ami intime du comte, son complice dans toutes les affaires où la femme sert d'enjeu, et qui paraît au moins cinquante ans, quoiqu'il n'en ait que trente-cinq; un chevalier de La Brosse, un autre ami que la débauche a étiolé déjà, qui n'a pas trente ans et dont le physique en accuse soixante, tant la décrépitude a frappé de son stigmate, ce visage terreux, ces joues creuses et ces yeux cachés dans leur orbite, qui le font ressembler à un squelette ambulant. Seulement, lorsqu'il fait partie de ces orgies que le comte sait si bien ménager, ce cadavre semble reprendre de la vie, et dans la surexcitation que lui procurent les vins capiteux et les femmes, il se galvanise, fait des efforts pour se raidir contre la faiblesse de ses organes usés, se jette comme une brute sur tout ce qui peut satisfaire ses sens, et cela jusqu'à ce qu'épuisé, brisé par l'ivresse et la luxure, il tombe et paye cet excès par une maladie de quelques jours, et recommence lorsque ses membres peuvent encore une fois l'aider à assouvir sa passion. Tel est le chevalier de La Brosse.

Le quatrième compagnon du comte, c'est un de ses parents : son cousin, le fils de l'homme qui a fait son éducation, lequel est mort en 1778. Ce cousin se nomme le vicomte Du Vivier. Bien qu'il n'ait pas reçu beaucoup plus d'éducation qu'Aristide, il est pourtant moins ignorant, parce depuis deux ans que son père l'a fait orphelin, il s'est pris d'une telle passion pour la lecture, que sans être un aigle, il n'ignore pas les règles de notre langue, et de plus, ayant secoué la poussière qui, depuis si longtemps, enveloppait comme un suaire les livres de la bibliothèque de son père, il y puisa assez de connaissances pour n'être pas taxé d'ineptie par ceux avec lesquels il se trouvait en relations, soit à Saint-Omer, soit à Thérouanne, soit à Aire où il connaissait beaucoup de monde. Donc, le vicomte Du Vivier n'était pas, au même degré, si descendu dans la fange que le comte de Rochebrune, et si nous le voyons quelquefois prendre part aux débauches de son cousin, c'est qu'avec ses vingt-huit ans et le sang bouillant que nous lui connaissons, il ne peut pas toujours résister aux séductions qu'Aristide sait employer, ainsi qu'on le verra plus tard.

Maintenant, parlerons-nous du personnel qui hante le château du jeune comte? Il se compose, au moment où se passent les événements qui font le sujet de cette narration, de Jeanneton, la fille de basse-cour, bonne grosse paysanne, aux formes que le peintre Courbet aime tant à coucher sur ses toiles : torse robuste, corsage bien meublé, bras et jambes solides, teint un peu hâlé faisant ressortir de grands yeux bleus aux sourcils bruns bien arqués et une bouche ornée de dents blanches, qu'elle a le soin de montrer au milieu d'un rire perpétuel ; nature exceptionnelle pour la campagne et que le comte de Rochebrune trouve admirable. A côté de cette plantureuse fille de l'Artois, va, tourne et s'agite, un gars de vingt huit ans, chargé du soin des chevaux, et cuisinier en même emps, fonctions que, par parenthèse, il remplit assez bien, ayant été pendant quelque temps au service du chef d'une maison seigneuriale importante des environs de Cassel.

Cet homme, du nom de Pierre, qui est à la fois le palefrenier, le valet de chambre et le marmiton d'Aristide, a, comme Jeanneton, la mine joufflue, le teint frais, et l'on voit sur sa placide figure; qu'il ne laisse jamais chômer son estomac, et que tout en apprêtant les mets pour la table de son maître, il ne s'oublie pas et a le soin de se réserver les meilleurs morceaux.

Ces larcins sont si faciles lorsqu'on sert un garçon et un garçon comme le comte de Rochebrune, qui laisse tout faire chez lui, pourvu qu'on ne s'occupe pas de ses actions.

Après ces deux personnages, les plus importants de la valetaille du château, viennent en seconde ligne, Lucie Lablonde, jeune fille de dix-huit ans, qui habite Bocourt et qui, comme lingère, passe toutes ses journées chez Aristide. Son nom indique assez la couleur de ses cheveux, et quant au reste de sa personne, c'est une artésienne coquette, rieuse, et qui ne déteste pas le plaisir : aussi a-t-elle les bonnes grâces du maître, qui recherche toutes les occasions de se trouver seul avec elle.

Adrienne La Cagnotte est bien mal partagée sous le rapport du physique ; c'est une grosse mâflée sans tournure et sans grâce, qui fait tout son possible pour paraître aimable, mais n'y parvient pas, tant sa figure est peu agréable à voir. Imaginez, comme couleur et comme forme, un potiron percé de deux ouvertures qui représentent les yeux, placez sur ce cucurbitacé une perruque de filasse, et vous aurez le portrait complet d'Adrienne.

Deux autres filles employées aux champs complètent ce personnel.

C'est d'abord Camille Bontems, une jolie personne de vingt-sept à vingt-huit ans, et Rosalie Pincepré, une brune du même âge, un peu petite de taille, mais parfaitement modelée, et ayant des yeux d'un noir si vif, qu'ils donnent à sa physionomie mobile, un attrait auquel ne peut résister la personne sur laquelle le petit démon repose son regard provocateur.

On peut se convaincre, d'après cette esquisse rapide, que le comte de Rochebrune, malgré son intelligence oblitérée, en conservait encore assez pour savoir s'entourer de gens qui pussent servir à ses plaisirs et pour se faire des amis complaisants tout disposés à les partager.

Nous ne tarderons pas, du reste, à voir les uns et les autres à l'œuvre et à pouvoir juger jusqu'où peut mener, chez des gens organisés de la sorte, l'immoralité, la débauche et le libertinage.

II.

Le futur dictateur et son condisciple. — Le secret de Justin Lépernaux. — La confidence de sa sœur Albertine.

Le jeune convive de M. Trocmé avait tenu la parole donnée à César Guislain de venir rendre visite au comte de Rochebrune.

Le mercredi qui suivit le retour du garde, Maximilien arriva au château, où Aristide lui fit la plus cordiale des réceptions.

Le fils de l'avocat au parlement d'Artois, qui avait reçu ses premières leçons à Arras, avait eu le comte pour condisciple, et en raison de leur situation, — ils étaient orphelins tous les deux, — la plus vive sympathie s'était établie entre eux. D'ailleurs, si Aristide était paresseux, s'il n'avait rien retiré des leçons qui leur furent données alors, le jeune Maximilien n'était guère plus assidu que lui aux études. Mais il devait plus tard réparer par un travail sérieux, opiniâtre, les torts de sa première jeunesse. Il savait qu'Aristide, resté de bonne heure maître de ses actions et de sa fortune, avait à peine conservé les premiers éléments de leur éducation commune; aussi, lorsque le jeune Robespierre avait l'occasion de le voir, — ce qui était fort rare, — ne s'étonnait-il point de son ignorance et de ses excentricités qui allaient quelquefois jusqu'à la sottise.

L'entrevue ne fut pas longue.

Maximilien accepta un déjeûner que le comte avait fait préparer à son intention, et pendant une demi-heure que dura l'entretien des deux jeunes condisciples, il roula presque entièrement sur les années passées ensemble sous les yeux du maître chargé de leur donner les premiers éléments de leur éducation.

Robespierre, ne trouvant aucun charme à la conversation du comte, remonta dans la voiture qui l'avait amené à Bocourt, après toutefois avoir fait promettre à son hôte de le venir voir si ses affaires l'appelaient un jour à Paris. Aristide parut charmé de cette invitation, dont il remercia Maximilien à sa manière, c'est à dire avec une gaucherie et un langage qui firent sourire l futur conventionnel, habitué déjà à se trouver en compagnie de jeunes gens qui, par les leçons qui leur étaient données au collége, préludaient par un savoir et une éloquence qui ne manquait pas d'élévation sur certains sujets, aux rôles plus ou moins brillants qu'ils devaient jouer dans la Révolution, dont on prévoyait la venue dans un avenir prochain. Mais dix années devaient se passer avant que les deux écoliers se revissent, et cela dans des circonstances que, ni l'un ni l'autre, ne pouvaient prévoir à cette distance.

A la fin de cette journée où Maximilien était venu au château de Bocourt, César et Justin son fils, en revenant d'Alquines, entraient dans le bois qui sépare ce village de celui du comte et où l'on sait que se trouvait la maisonnette du garde. Le père et le fils venaient de s'engager dans un sentier qui devait raccourcir leur chemin, lorsque Justin dit à César Guislain :

— Père ! j'ai, depuis deux jours, quelque

chose sur le cœur, qu'il faut que je te dise.

— Quoi donc, enfant?

— Je suis bien jeune encore, puisque je n'ai que quatorze ans, mais tu m'as si souvent parlé de ce qui se passe au château, de la conduite de M. le comte, que tout ça m'a fourré martel en tête ; si bien que depuis quelque temps je me suis mis à observer, à épier monseigneur... C'est peut-être mal ; mais je n'ai pas, je crois, à m'en repentir.

— Comment çà? Voyons Dis...

— Eh bien, tout en faisant ma tournée dans le bois, j'ai aperçu deux ou trois fois M. Aristide, se dirigeant vers notre maison, en faire le tour, regardant partout d'un air inquiet, puis y entrer lorsque ma sœur était seule.

— Que crois-tu donc, enfant, que le comte venait faire chez nous? demanda César, saisi d'un terrible pressentiment.

— Dame!... je crois, père, que si M. le comte se glisse comme çà chez nous, quand ma mère et toi vous êtes absents, quand je suis moi-même en course à Mentque ou à Norbécourt, c'est qu'il a des intentions...

— Lesquelles? Voyons, petit, dis moi ta pensée.

— Ma pensée, père, est que si notre maître fait le beau avec Lucie, Adrienne, Camille et Rosalie, il peut bien faire de même auprès de ma sœur Albertine, qui est plus jeune et autrement belle que ces grosses filles rieuses qui ne cherchent qu'à s'amuser, mais qui ne valent pas ma chère petite Albertine, loin de là.

Si la nuit n'avait déjà couvert de ténèbres le sentier du bois dans lequel marchaient le garde et son fils, celui-ci aurait pu voir la figure de César pâlir, ses mains tremblantes serrer convulsivement son fusil, et son regard devenu farouche et sombre en l'entendant parler.

Cependant le garde, qui voulait pénétrer plus avant dans la pensée de Justin, reprit un peu de sang froid et demanda :

— Est-ce que tu l'as vu souvent venir à la maison M. le comte ?

— Deux ou trois fois ! Je vous l'ai dit tout à l'heure.

— Et depuis quand ?

— Depuis huit jours.

— Depuis huit jours ! répéta César en se parlant à lui-même. — Alors, ceci se passait pendant mon voyage à Arras ?

— Justement !

— Bah ! bah ! s'écria César dont le cœur bondissait à chaque parole de son fils, mais en essayant de lui donner le change. Va mon enfant ! il ne faut pas trop nous étonner de ça ! Tu sais que M. Aristide me veut du bien, ainsi qu'à ta mère. J'ai été le garde de son père et il nous aime comme d'anciens serviteurs attachés depuis longtemps à sa famille. M'est avis, mon fils, que nous ne devons pas nous occuper de ces visites !... Ce ne sont pas les premières.

— Je le sais, père ! et je ne t'en aurais point parlé, si je n'avais vu le mystère dont M. le comte s'entourait.

— Laisse faire, enfant, je veillerai moi-même ; car enfin, les jeunes filles, faut avoir soin de ça.

— Je n'ai toujours pas mal fait de te dire ce que j'ai vu, n'est-ce pas père ?

— Non, mon enfant ; seulement, je te recommande bien de n'en rien dire à ta mère ; c'est moi qui l'instruirai de ce que tu as vu, et nous verrons ensemble...

— Sois tranquille, je ne dirai rien à maman Rosette.

Ils n'étaient plus qu'à trente pas de la maison de César, aussi gardèrent-ils le silence jusqu'à ce qu'ils fussent arrivés.

Le garde embrassa sa femme et Albertine comme il en avait l'habitude, et malgré sa préoccupation et la vive émotion qui remplissait son âme, rien n'en parut pendant le souper ; mais lorsque les enfants furent couchés, César attendit quelques instants que le sommeil se fût emparé d'eux, puis baissant la voix, il dit à sa femme :

— Avant de gagner le lit, Rose, il faut que je te parle.

Le ton mystérieux avec lequel César

dit ces quelques mots, parut étrange à sa femme.

— Qu'y a-t-il donc ? demanda t-elle?

— Il y a, ma femme, que nous avons manqué de prudence avec notre fille.

— Comment çà ?

— As-tu quelquefois, en rentrant du château au du bois, remarqué ici la présence de M. le comte.

— Jamais !

— Ni moi non plus, et cependant il y vient assez souvent quand nous n'y sommes pas.

— Est-ce possible, s'écrfa Rose, comprenant tout de suite ce que pouvait avoir de grave pour sa fille, la présence d'Aristide chez elle en son absence. Tu l'as donc surpris, demanda-t-elle.

— Non ! ce n'est pas moi, mais un autre.

— Comment ! çà se saurait déjà?

— Ne t'inquiète pas, femme, je suis aussi sûr de la personne qui m'a prévenu, que de moi-même.

— Comment se fait-il qu'Albertine ne nous en ait jamais parlé ?

— C'est ce que je me suis dit. Aussi, est-ce pour cela que je m'effraie, dit César. Car enfin, nous connaissons notre monde, et si M. le comte vient ici, ça n'est certes pas pour nous.

— Ça! c'est sûr.

— Et ce qui me retourne, c'est qu'il a

profité de mon voyage à Arras pour s'introduire ici.

— Tu crois? fit Rose en ouvrant de grands yeux.

— J'en suis certain.

— César! il faut avoir le cœur net de tout ça.

— Mais comment?

— D'abord, laisse-moi parler à la fille. Peut être n'y a-t-il pas encore lieu de s'affliger ; mais demain, au saut du lit, lorsque Justin et toi vous serez partis, j'interrogerai Albertine, et nous verrons..

— C'est ça, femme. Parle à la fillette; j'ai bien confiance en elle, la pauvre enfant, mais les gens qui, comme M. Aristide, se font un jeu de séduire les filles du pauvre monde, ont tant de moyens de séduction, sans compter que leur position, leur autorité et leur titre, ont presque toujours raison de la faiblesse de ces pauvres enfants. Tiens! tout ça me fait peur! Enfin, ma Rosette, faut voir! Allons nous coucher. On dit que la nuit porte conseil; espérons que tu trouveras le chemin du cœur de ta fille et qu'elle te dira toute la vérité.

— Je l'espère, fit la mère en se dirigeant vers sa chambre. Je l'espère!...

César et sa femme passèrent une assez mauvaise nuit. Cette révélation inattendue, les suites qui pouvaient en résulter si réellement leur fille avait accueilli le comte dont ils connaissaient le caractère et les affreux penchants : tout cela les tint éveillés.

Ce que Justin avait dit à son père n'était que trop réel. Il y avait donc lieu pour la famille de César, de s'inquiéter et d'organiser une surveillance de tous les jours.

C'est ce qu'il firent.

Aristide en voyant grandir Albertine, avait depuis longtemps formé le projet d'user avec elle des moyens qu'il employait d'habitude, pour se rendre facile la possession des malheureuses jeunes filles sur lesquelles il avait jeté ses vues.

Celle de César avait atteint sa dix septième année, mais elle n'avait jamais quitté la maison où Rose Labiche ne cessait de l'entourer de soins et de lui prodiguer les trésors de sa tendresse maternelle. Albertine ne connaissait guère que le château de Bocourt et quelques habitants de Norbécourt ; aussi son caractère se ressentait-il de cette sorte de sauvagerie, empruntée à son séjour perpétuel dans les bois, Mais au milieu de ces solitudes livrée à un travail presque masculin, la jeune fille avait acquis une force prodigieuse et ses membres un développement qui ne nuisait cependant point aux formes pleines de grâces dont la nature l'avait douée.

Son physique rempli de charmes n'avait

point subi l'altération de celui de la plupart des jeunes filles de la campagne, et l'ombre du bois avait au contraire conservé à sa figure la transparence d'une carnation dans laquelle il semblait qu'on vit le sang circuler. Des cheveux blonds, des yeux bleus, des lèvres bien dessinées cachant deux rangées de dents irréprochables de blancheur, un ovale de figure parfait et un perpétuel sourire qui animait sans cesse cet ensemble. Telle était Albertine Guislain, la fille de César Lépernaux et de Rose Labiche.

La passion brutale du comte fut facilement excitée par tant d'attraits, et depuis longtemps ce lubrique furieux cherchait l'occasion de la faire partager à la pauvre Albertine. Mais comment? Rose ne la quittait presque jamais, Justin rôdait sans cesse dans les environs, et le garde lui-même revenait chaque jour trois ou quatre fois au logis.

Cependant, cette brute surexcitée par des désirs immodérés de luxure qui le rendaient presque fou, trouva le moyen de pénétrer dans cette maison où l'innocente jeune fille était si bien gardée.

La famille, ignorant ses infâmes projets, ne vit donc rien d'extraordinaire dans le voyage de César à Arras, et cependant, ce n'était, pour le larron qui guettait sa proie, qu'un prétexte qui lui réussit, du reste, à merveille.

César parti, il lui fut facile d'éloigner Rose, en lui donnant des ordres pour aller à Tilques, et même jusqu'à Saint Omer, dans le but apparent d'y faire des emplettes, dont il disait avoir le plus pressant besoin.

Quant à Justin, pour un motif quelconque, il l'envoyait tantôt à Boisdinghem, tantôt à Alquines et quelquefois même jusqu'à Acquin ; puis, profitant alors de la solitude dans laquelle Albertine se trouvait pendant quelques heures, le jeune débauché s'introduisait auprès d'elle.

Rose était à cent lieues de se douter des projets du comte et ne fit aucune remarque.

Mais il n'en fut pas de même de son fils.

Celui-ci, une après-midi, revenant d'un village voisin où il avait été envoyé, aperçut un homme qui sortait furtivement de la maison paternelle, et il fut fort surpris de reconnaître dans ce visiteur le comte de Rochebrune.

Le malin garçon n'en dit rien à sa sœur, mais le lendemain et les jours suivants, au lieu de s'éloigner, il se percha sur le haut d'un arbre, d'où il pouvait voir ce qui se passait autour de l'habitation de son père et il eut la patience d'y rester chaque fois, plusieurs heures, le regard fixé dans la direction du chemin que devait prendre Aristide, et il le vit ainsi, pendant trois jours de suite, se faufiler comme un voleur auprès d'Albertine demeurée seule.

Nous ne saurions dire ce qui se passa entre le vautour et la colombe pendant ces trois jours ; mais nous pouvons affirmer que lorsque César revint d'Arras, Albertine n'avait pas encore succombé aux séductions d'Aristide, qui se montra sourdement irrité du retour de son garde.

On a vu comment Justin, surpris des démarches de son maître, en fit la confidence à son père, comment César, qui était l'honneur incarné, fut troublé, transporté de colère au récit de son fils, et comment enfin il prépara sa femme à recevoir la confidence d'Albertine.

Nous allons voir tout à l'heure la jeune fille en présence de sa mère, et nous pourrons juger du chemin que l'ignoble comte aura fait près de l'objet de sa convoitise pendant les quatre jours où il lui fut permis de l'entretenir loin de tout regard inquiétant et de toute oreille indiscrète.

Dès qu'il fut levé, César prit son fusil et son carnier, dit à Justin de le suivre, et tous deux allèrent faire leur ronde habituelle.

Avant de quitter sa maison, le garde avait fait à sa femme un signe d'intelligence que celle-ci comprit, et lorsqu'Albertine se montra dans la cuisine et qu'elle alla comme d'habitude embrasser Rose, celle-ci lui fit un accueil si cordial qu'il fut impossible à la jeune fille de remarquer combien sa pauvre mère était encore émue.

Les deux femmes se mirent à vaquer aux soins du ménage, et rien ne trahit chez Rose l'anxiété dans laquelle elle était plongée; aussi, voulant faire cesser une situation qui lui était par trop pénible, elle dit à Albertine, tout en continuant sa besogne :

— Ma fille ! je ne suis pas très contente de toi.

— Pourquoi donc cela, ma mère ? demanda la jeune fille au comble de la surprise.

— Il me semble que tu manques de confiance avec ta mère ; que tu te caches d'elle...

— Moi ? ma bonne mère ! moi ? et qui peut donc vous faire penser cela, mon Dieu ?

— Ecoute fille ! écoute-moi bien ! Tu sais si ton père et moi nous t'aimons ?

— Oh ! oui, je le sais ! fit Albertine la main sur son cœur comme pour en comprimer les battements. Oui, je le sais et vous n'ignorez pas combien j'en suis heureuse.

— Je veux bien le croire ! répondit Rose d'un ton un peu sec. Tu sais aussi combien ton père et moi attachons d'importance à ce que tu restes toujours le modèle des jeunes filles du pays ?

— Ma mère ! Je ne crois pas avoir rien

fait pour n'être ce que nous dites. Je sais combien je vous ferais de peine, si, oubliant les leçons que vous m'avez données je manquais à mes devoirs. Mais pourquoi me dites-vous tout cela? vous devez avoir des raisons, car vous ne l'avez jamais fait.

— C'est vrai mon enfant. J'ai mes raisons.

— Quelles sont-elles donc, ma mère? dites les moi, car vous venez de suspecter ma conduite, et cela me fait de la peine... beaucoup de peine.

— Eh bien.... je vais aller franchement au but.

— Oui, ma mère! je vous en prie, répondit Albertine en laissant échapper une larme, qui alla rouler sur sa figure pâlie par les soupçons de sa mère.

— Dis-moi! fit Rose en prenant les deux mains de sa fille et en la fixant avec un regard scrutateur qui prenait toute sa puissance dans la cruelle attente sous l'empire de laquelle elle était. Dis moi! M. le comte ne vient-il jamais ici quand je n'y suis pas?

— Il n'y était jamais venu jusqu'au moment où mon père, envoyé par lui à Arras, nous a quittés pour quelques jours.

— Et depuis ce moment?

— Il est entré chez nous trois fois seulement.

— Et que t'a-t il dit ?

— La première fois, pas grand chose. Il a parlé de vous, de mon père, de Justin, il m'a dit qu'il pensait à leur avenir, et que si je voulais le recevoir le lendemain, il me donnerait la preuve de ses bonnes intentions pour nous. Ne sachant pas ce que cela voulait dire, et n'ayant aucun motif pour lui refuser la porte, il est revenu le lendemain.

— Ah ! il est revenu le lendemain ? Et où étais je donc allée ce jour là ?

— A Saint-Omer.

— Et t'a-t-il apporté la nouvelle de ce qu'il voulait faire pour la famille?

— Il ne m'en a plus rien dit.

— De quoi t'a-t il entretenu, alors ?

— Il a parlé de ma beauté, il m'a donné sur les joues quelques tapes qui m'ont fait rougir ; puis, comme j'étais assise, occupée à coudre, il a profité de ce que j'avais la tête baissée pour m'embrasser sur le cou.

— Et...

— Et je me suis levée immédiatement en lui faisant de grands yeux qui m'ont paru faire sur lui une vive impression, car je le vis s'excuser, puis prendre la porte sans dire un mot.

— Comment n'as-tu pas pensé à me prévenir de cela ?

— Je n'y attachais aucune importance. Et puis... j'avais peur que vous ne vous missiez en colère.

— Cependant, il est revenu le troisième jour ?

— Vous le savez donc, mère ?

— Oui, je le sais ; mais ce que j'ignore, c'est ce qui s'est passé dans cette troisième entrevue et ce qu'il m'importe de connaître.

— Ce jour-là, qui est le dernier où M. le comte est venu ici avant le retour de mon père, ce jour-là, M. Aristide n'était plus le même que la veille.

— Comment ça ?

— Je crois qu'il avait la tête un peu montée et qu'il était ivre à moitié, car, sitôt entré, il ferma vivement la porte sur lui, et nous nous trouvâmes ainsi seuls.

— Après !... après !... fit Rose avec une impatience fébrile.

— Il me prit par la taille et voulut m'embrasser.

— Ah ! il voulut...

— Oui, mais vous savez si j'ai de bons bras. Aussi, profitant d'un moment où il essayait d'en venir à ses fins, je fis un brusque mouvement, je me dégageai et je lui envoyai le plus vigoureux soufflet qu'un chrétien ait jamais reçu.

— Bien !... bien, enfant ! s'écria Rose transportée de satisfaction. C'est comme ça qu'il faut recevoir tous ces freluquets qui s'attaquent aux pauvres jeunes filles. Et après ça, qu'a-t-il dit ? qu'a-t-il fait ? Voyons, fille, puisque tu es en train, parle.

— Il est resté d'abord étourdi de mon action, puis, surexcité sans doute par ce qu'il avait bu, il essaya de nouveau de se jeter sur moi ; mais je saisis vivement un bâton dans le fagot qui se trouvait dressé près de la cheminée, et je le menaçai s'il osait continuer, de m'en servir pour le repousser et pour me défendre.

— Tu as fait cela, enfant ? s'écria Rose en enveloppant sa fille d'un regard caressant.

— Oui, mère, j'ai fait cela, répondit résolument Albertine.

— Oh ! viens... viens, que je t'embrasse ! exclama la pauvre mère folle de joie. Viens ..

Et Rose, entourant de ses bras le cou de sa fille, lui prodigua mille baisers, tout en inondant son visage des larmes, que sa conduite courageuse lui faisait répandre.

— Mais, comment tout cela a-t il fini ? Pourquoi ne nous as-tu pas parlé de cette scène ? demanda la mère avec volubilité.

— Cela s'est terminé d'une drôle de façon, allez, ma mère. Lorsque le comte vit que j'étais bien déterminée à me défendre et que je ne quittais pas le sarment de fagot que j'avais pris pour arme, il me sembla qu'il était dégrisé. Ses obsessions cessèrent comme par enchantement et cet homme, qui tout à l'heure aurait brisé tous les obstacles, devint d'une douceur à laquelle je ne pouvais croire. Il se mit à sourire et à me dire de douces paroles ; il me fit, comme la veille, mille excuses de sa brutalité, rejetant sa faute sur l'excès de ma beauté qui, disait-il, l'avait ébloui, enivré, et il me fit jurer d'oublier sa conduite, comme il me fit jurer de n'en rien dire à mes parents, si je voulais qu'ils gardassent leur position auprès de lui.

— Ah! des menaces!... fit Rose en se dressant avec fierté. Des menaces, maintenant!

— Et voilà, mère, pourquoi j'ai gardé le silence. J'ai eu peur de vous nuire, et, sans vos questions dont je suis heureuse aujourd'hui, vous n'auriez jamais su ce qui s'est passé en l'absence de mon père.

— Albertine! mon cœur est soulagé. Je suis heureuse de tes aveux, que je crois sincères, et la menace du comte ne m'épouvante guère. Plutôt quitter le château que d'y laisser mon honneur ! Merci donc de ta franchise, merci encore une fois de tes aveux. Tu es toujours notre fille chérie, et nous en sommes fiers, vois tu. Ah! c'est que s'il en était autrement, si tu te laissais aller à un homme pétri de vices, tu connais ton père : il serait capable de vous tuer tous les deux.

— Tant que j'aurai un souffle de vie, ma mère, le comte, tout noble qu'il est, ne pourra me compter au nombre des Lucie Lablonde, des Camille Bontems et des Rosalie Pincepré.

— Trois malheureuses que chacun montre au doigt depuis Gravelines jusqu'à Arras, trois filles que l'argent, la parure et la bonne chère ont séduites, perdues, avilies.

— Mère, je ne serai jamais de celles-là

— Si cela arrivait, chère enfant, c'est que tu aurais renié ta famille.

— Jamais, ma mère! Jamais J'aimerais mieux mourir.

— Tu as raison, fille! Plutôt la mort que le déshonneur. Nous n'avons pas un sou vaillant ; toute notre fortune, c'est une probité que la famille de ton père et la mienne ont su conserver intacte et sans aucune souillure ; et cette probité, vois-tu, est une chose si précieuse et si rare par le temps qui court, que nous en sommes orgueilleux ; aussi, aimerions nous mieux être couchés pour l'éternité, dans le cimetière de Norbécour¹, que de nous voir déshonorés de notre vivant.

Rose était tellement heureuse de l'issue de son entretien avec Albertine, qu'elle la pressa encore une fois dans ses bras, en disant :

— Chère et excellente fille! pardonne-moi de t'avoir soupçonnée, d'avoir pu un seul instant supposer que tu avais à ce point oublié mes leçons, que ton père et moi n'aurions plus eu qu'à te maudire!... Pardonne, pardonne! il ne m'arrivera plus de mettre en doute, l'innocence et la vertu de mon enfant.

Et comme Rose avait tendu la main vers sa fille, celle-ci se hâta de la prendre et de la couvrir de baisers.

Il ne fut plus question de toute la journée de ces explications dont se trouvaient si satisfaites la mère et la fille ; et, lorsque César et Justin rentrèrent, le garde, sans interroger sa femme, vit bien à sa figure calme et sereine que l'entretien avait eu le meilleur et le plus satisfaisant résultat.

C'était plus qu'il n'espérait.

III

La maison du garde. — Tentative de séduction. — Lâcheté du comte de Rochebrune.

Il ne faut pas croire que le jeune comte de Rochebrune, abandonnant ses criminels projets sur la fille de César, était revenu à de meilleurs sentiments : au contraire. La résistance à laquelle il ne s'attendait pas, n'avait fait qu'irriter sa passion brutale ; et son imagination, sans cesse en travail en pensant aux grâces répandues sur toute le personne d'Albertine, augmentait chaque jour ses désirs devenus si impérieux, qu'il était résolu à tout pour les satisfaire.

C'est que cet homme qui ne pouvait, d'après sa nature grossière, avoir le moindre sentiment poétique, était, quoi qu'il en soit, malgré lui, retenu sous le charme des effluves de pureté virginale qui enveloppaient de leur nuage divin cette charmante créature ; et de là, des comparaisons qui n'étaient point à l'avantage des femmes qu'il avait connues jusque-là.

C'est qu'aussi, les commensales du château, qui se disputaient les faveurs du maître, n'étaient en aucune façon comparables à la fille de César.

Depuis que le jeune débauché avait découvert ce trésor sur lequel il n'avait jusqu'ici jeté qu'un regard distrait, les Lucie, les Camille et les Rosalie ne lui offraient plus que d'affreux visages rubiconds dépourvus d'attraits et sur lesquels les appétits grossiers seuls se peignaient ; aussi les formes vulgaires de ces maritornes campagnardes, n'avaient elles plus le pouvoir de galvaniser ses sens émoussés par l'abus qu'il en avait fait.

Huit jours se passèrent sans incident remarquable.

César avait l'œil ouvert, et sa femme quittait moins que jamais la maison.

Quant à Justin, comme son père ne lui avait plus reparlé de la confidence qu'il lui avait faite ; tout entier aux plaisirs frivoles de son âge, il avait fini par ne plus penser à ce qu'il avait vu.

Un dimanche, que le comte devait recevoir ses amis à sa table, il se mit en chasse de bon matin, sans donner l'ordre à son garde de l'accompagner, comme il en avait l'habitude.

Au premier coup de fusil que César entendit, il crut avoir affaire à un braconnier, et il allait se mettre en devoir de le poursuivre, lorsqu'un second coup lui fit connaître que c'était le comte qui chassait. Il s'abstint, seulement, sachant qu'il devait y avoir de monde au château dans l'après-midi, César trouva étrange que son maître allait sous bois sans lui, ce qu'il ne faisait jamais en pareille circonstance

Il eût comme un pressentiment.

Il n'en dit rien à Rose et à sa fille qu'une indisposition retenait à la maison depuis deux jours, ce qui devait l'empêcher d'accompagner sa mère à Norbécourt pour y entendre la messe.

Vers neuf heures, et quelques moments avant que Rose ne se mit en chemin pour se rendre à l'église, César prit son fusil et son carnier, regarda si sa poire à poudre était garnie et si le plomb ne lui manquait pas, et quitta sa maison après avoir embrassé ses enfants et promis à Rose d'être revenu pour le dîner.

Une demi heure après, la femme de César et son fils partaient à leur tour pour Norbécourt, laissant Albertine seule, s'occuper des préparatifs du repas qu'ils devaient prendre au retour de la messe.

Nous avons dit que la chaumière habitée par César était située dans le bois voisin du château du comte.

Cette habitation mérite une description

particulière, à cause des évènements qui vont s'y passer. Elles occupait une espèce de rond-point auquel venaient aboutir plusieurs sentiers, et particulièrement celui qui, de Bocourt, y conduisait.

Isolée au milieu de cette clairière, à cent mètres de la lisière du bois, la maison du garde était composée de trois pièces dont la principale était la salle commune, servant de cuisine et ayant une porte en face du sentier de Bocourt. Eclairée par une seule fenêtre, cette pièce était assez obscure. A droite, en entrant dans la cuisine, une autre porte conduisait dans la chambre de César, éclairée par deux fenêtre ; l'une sur la façade de la maison, l'autre du côté opposé.

A la suite de cette chambre était celles des enfants, séparées par un corridor donnant accès dans deux cabinets : l'un pour Albertine, l'autre pour Justin. Ces deux cabinets prenaient jour comme la chambre de César : l'un sur le devant de la maison, l'autre sur les bois.

Il fallait, comme on le voit, passer dans la pièce occupée par le père et la mère, pour aller dans les chambres des enfants.

Aucune des fenêtres n'avait de volets, et de simples rideaux empêchaient tout regard indiscret de voir ce qui se passait à l'intérieur.

Indépendamment de ces trois pièces et à gauche du bâtiment principal, on avait construit une espèce de hangar servant à placer les provisions de bois du garde et les ustensiles nécessaires à sa profession.

Sous ce hangar, une porte donnait accès dans la cuisine pour les besoins journaliers.

Depuis que César avait reçu la confidence de son fils, il portait sans cesse sur lui, une seconde clé de cette porte, afin de pouvoir pénétrer dans sa maison, sans avoir besoin de prendre le sentier de Bocourt, qui faisait face, comme nous l'avons dit, à l'entrée principale de l'habitation et qui aurait pu trahir sa présence cinq minutes avant son arrivée.

Poursuivi par l'idée qui l'obsédait, César, ce jour-là, n'avait fait que battre les buissons, en ayant soin de ne pas trop s'éloigner.

Il était sous l'empire d'une appréhension dont il ne pouvait se rendre compte, et les deux coups de fusil qu'il avait entendus et qui ne s'étaient pas renouvelés le tenaient dans une étrange perplexité.

L'oreille au guet, il écoutait et sondait les profondeurs du bois, afin de percevoir quelque bruit; mais le silence le plus profond régnait partout.

Ce ne fut qu'au bout d'un quart-d'heure d'attente qu'il crut entendre le pas de quelqu'un dans le fourré.

Il retint sa respiration, dirigea sa vue vers l'endroit d'où le bruit s'était fait entendre ; mais le silence s'étant rétabli, il dut recommencer de fouiller le bois, ce qu'il fit en prenant la direction opposée à celle du château.

Tandis que son père inquiet veille sur elle, Albertine, préoccupée seulement du soin de préparer le dîner, vaquait à son travail, ne se doutant point qu'à dix pas d'elle, blotti sous le hangar et dissimulé par un tas de fagots. Aristide n'attendait que le moment favorable pour s'introduire dans la demeure de César.

L'imagination remplie du charme d'Albertine, le comte ne demeura pas longtemps tapi dans le hangar, et, poussé par des désirs auxquels il essayait en vain de se soustraire, il s'achemina vers la porte d'entrée, qui, ce jour là, comme on en avait l'habitude chez le garde, n'était fermée qu'au loquet.

Il ouvrit sans bruit et entra.

Albertine en ayant fini avec les apprêts du repas, était passée dans sa chambre pour y faire sa toilette du dimanche.

Le comte de Rochebrune, se voyant seul dans la pièce commune, s'arrêta un moment, prêta l'oreille et fut bientôt convaincu que la jeune fille était là.

Il referma la porte d'entrée, en tira le verrou dans la crainte de quelque surprise, et déposa son fusil dans un coin de la cuisine.

Puis, se dirigeant vers les deux cabinets du fond, il se trouva bientôt en présence de la jeune fille, à moitié vêtue.

Albertine jeta un cri d'épouvante en le voyant et, cachant vivement avec ses deux mains son sein découvert, elle alla se blottir derrière le lit, dans un état d'anxiété indescriptible.

Tout cela fut l'affaire d'une seconde.

— M. le comte, que voulez-vous ? s'écria-t-elle, affolée de terreur.

— Remettez-vous, répondit Aristide en la voyant en proie à un tremblement nerveux qu'elle ne pouvait maîtriser.

— Encore une fois, monsieur, que voulez-vous ? demanda t elle en se serrant contre la muraille. Retirez-vous ; mon père est absent et peut rentrer ; retirez-vous, si vous ne voulez que quelque malheur arrive.

— Albertine, répliqua le comte, l'occasion est trop belle pour que je la laisse échapper. Vous avez vu, à mes démarches, que je n'avais qu'un but, celui de vous dire que je vous aime et de vous le prouver en me jetant à vos genoux ; le moment est venu et je ne me retirerai pas que vous ne m'ayez donné une parole d'espérance.

— Monsieur le comte, vos discours insensés ne me touchent point. Votre amour est une injure, si ce n'est pas un piége ; et comme je ne veux pas tomber dans ce piége, comme il est de mon devoir de repousser toute injure qui m'est adressée, je vous ordonne de vous retirer.

— C'est votre dernier mot?...

— C'est celui d'un honnête fille qui repousse les propositions d'un homme qui, par son rang, ne peut, ne doit pas s'adresser à elle.

— Eh bien! s'écria le comte, puisque vous m'y forcez, j'aurai d'une autre façon ce que vous ne voulez pas m'accorder de bonne volonté, et dût l'enfer m'engloutir sur l'heure, vous serez à moi, car je l'ai juré.

Albertine, éperdue en face du misérable surexcité par les charmes que laissait entrevoir le négligé dans lequel elle se trouvait, Albertine, disons-nous, essaya de rassembler son courage, et se dressant fière et hautaine devant le comte, elle lui dit d'un ton résolu et en fixant sur lui sa prunelle ardente:

— Infâme que vous êtes! osez consommer votre crime, et je vous assure qu'il sera cruellement vengé.

Cette menace d'Albertine fit sourire le comte, qui, s'attendant à de la résistance, avait calculé les chances qui étaient en sa faveur.

Donc, sans plus attendre, il se précipita sur elle dans le but de l'arracher à son lieu de refuge, et la lutte commença.

La jeune fille dont la force physique

était bien supérieure à celle de son sexe, la soutint victorieusement pendant quelques secondes; mais comme elle pouvait se prolonger, comme son courage pouvait l'abandonner, elle employa le seul moyen qui lui restait : celui d'appeler à son secours.

Ses cris perçants pénétrèrent dans la profondeur du bois et furent répercutés par les échos.

César les entendit.

Ses cheveux se dressèrent, un affreux pressentiment le saisit, et il accourut en toute hâte.

Il mit d'une main tremblante la clé dans la serrure du hangar, lui fit faire un tour et se trouva bientôt dans la pièce d'entrée de sa maison.

Ce peu de temps avait suffi pour fatiguer Albertine, au point que le comte put la précipiter sur son lit, où le plus lâche attentat allait être commis, lorsque le garde parut sur le seuil de la porte de la chambre de sa fille.

— Comte de Rochebrune, cria le père en voyant sa fille à moitié déshabillée sous les étreintes de son maître, comte de Rochebrune ! tu as vécu !

En même temps il épaulait son fusil, dont le bout du canon effleura la joue du séducteur se retournant vers son garde.

Albertine, de son côté, était retombée sur ses pieds et s'était mise à dire, haletante et remplie d'effroi :

— Arrêtez, mon père! arrêtez! je vous en supplie.

Aristide, cloué à sa place, n'osait faire un mouvement, car César, dont le fusil était toujours dirigé sur sa poitrine, paraissait bien décidé à venger son déshonneur.

— Veux-tu donc me tuer? demanda le comte à Lépernaux.

— Oui! répondit sèchement celui-ci en ne le quittant pas des yeux.

— Mon père! interrompit Albertine; mon père! pardonnez-lui, je suis encore digne de vous.

— Est-ce vrai, cela, demanda César.

— Je vous le jure!

— Le malheureux n'a pas eu le temps d'accomplir son œuvre, de consommer son crime? demanda le garde.

— Non, mon père.

— Tant mieux pour lui! fit-il alors en abaissant son arme; tant mieux pour lui, car je ne lui aurais pas fait plus de grâce qu'à un chien.

Et le comte, la tête baissée, dévorait en silence les injures que lui adressait son garde.

Et sa contenance était plutôt celle d'un condamné à mort que d'un maître devant son valet.

— Sortez, monsieur! dit impérieusement César. Seigneur de Bocourt, ne souillez pas plus longtemps ma demeure de votre présence. Quittez ces lieux, encore une fois, ajouta-t-il en frappant du pied ; partez, car je ne répondrais pas que ma colère ne se tournât encore une fois contre vous.

Le lâche Aristide, qui ne demandait qu'à fuir, quitta la chambre d'Albertine et se sauva comme un voleur, oubliant de reprendre son fusil qu'il avait laissé dans la salle commune.

IV.

Le meurtrier. — Noblesse oblige. — Le roturier. — Pauvre famille !

Lorsque César se trouva seul avec sa fille, il tomba sur une chaise, la tête dans ses deux mains, et se mit à pleurer comme un enfant.

— Malheur ! malheur ! disait il. Ce jour est le dernier qui me verra dans cette maison où j'espérais finir ma carrière. Que vais-je devenir, hélas ? Que vont devenir ma femme et mes enfants ? J'ai bien là-bas, dans le pays, de bons et braves amis qui m'ouvriront leurs bras ; mais que faire pour vivre? Pauvres bonnes gens de Fretin, de Lomme, de Pérenchies, me reconnaîtront-ils seulement? Et les cousins de ma Rose chérie, ceux-là de Capinghem, de Lambersart, voudront-ils nous recevoir? Ah! malheur, s'écria encore une fois le pauvre César en s'arrachant les cheveux. Malheur!!

Albertine n'interrompit pas son père, jusqu'au moment où, en prononçant ces derniers mots, il s'était affaissé comme anéanti sur sa chaise.

— Père! lui dit-elle de sa voix douce et charmante ; père, remettez vous, ma mère et mon frère vont revenir de la messe : qu'ils ne vous trouvent pas sans courage devant ce qui arrive, vous leur feriez bien du mal.

— Oui, ma fille, tu as raison, interrompit César en s'essuyant les yeux.

— J'approuve votre projet de retour au pays. J'espère qu'on ne vous y a pas encore oublié, et quant à la besogne que vous craignez de ne pas trouver, ne vous souvient-il plus que dans notre voyage à Lille, M. D'Arbelle, ce riche propriétaire de Lompret, nous a offert de venir chez lui.

— Tu as encore une fois raison, fille! Dans mon trouble, dans la confusion de mes idées, j'avais oublié cet excellent M. D'Arbelle, et M. Richard, son fils. C'est ça, j'irai les voir et je suis certain qu'il m'accueilleront. Mon père, Jean Guislain, est resté chez eux pendant trente ans. C'est un bail, ça! Allons, mon Albertine, tu m'as rendu à moi-même en me rappelant cet homme de bien. L'espoir m'est revenu, et je sens maintenant que j'aurai la force de m'arracher de ces lieux.

— Mon père! je suis heureuse de vous entendre parler ainsi.

César s'était levé de sa chaise, et il venait d'embrasser Albertine, lorsque Rose et Justin rentrèrent de Morbécourt.

Malgré l'appel qu'il avait fait à son sang froid, César encore sous l'impression de la scène qui venait d'avoir lieu, ne put cacher l'altération de ses traits à sa femme. D'un coup d'œil, celle ci s'aperçut du changement survenu sur la figure ordinairement épanouie de son mari.

— César, lui dit-elle, qu'as tu donc ? Je te trouve tout pâle. Qu'est il arrivé ?

— Ma Rosette chérie, répondit le garde ; il va falloir quitter cette maison.

— Est ce possible ?

— Oui, ma chère Rose, nous ne pouvons plus demeurer chez Aristide.

— Qu'a-t-il donc encore fait ?

A cette question, César raconta à sa femme ce qui s'était passé pendant la messe.

— Le misérable ! s'écria Rose, empourprée d'indignation. Tu as raison, César, il ne faut pas rester ici plus longtemps.

Puis, après une seconde réflexion :

— Mais où irons-nous ?

Ce fut Albertine qui se chargea de répondre, et elle fit part à sa mère du projet que son père et elle avaient formé de retourner en Flandre, peut être à Esquermes, son pays.

Ce projet qui réalisait les plus chères espérances de Rose, fut pour elle une cause de joie qu'elle ne dissimula point. Cette détermination de son mari la satisfaisait d'autant mieux qu'elle et sa famille allaient enfin s'éloigner de ce château maudit et du personnel abominable qui l'habitait.

Le dîner ne fut pas gai.

Le parti que venait de prendre César, bien qu'accueilli sans protestation, n'en préoccupait pas moins sa famille.

Quand le repas fut terminé, le garde envoya Justin chez Lafutaie, pour le prier de venir le voir dans la soirée, et, lorsque son fils fut parti, il commença les apprêts de son déménagement, voulant s'éloigner de Beaucourt dans la nuit même.

Mais avant son départ, il avait une visite à rendre au comte, afin de lui remettre ses armes et ses engins de chasse. Il avait aussi à lui demander le réglement de ses émoluments.

Tandis que Rose et Albertine faisaient leurs préparatifs de départ, Justin revenu de chez Lautaie, annonçait à son père, qu'il pouvait pour la brune compter sur la visite de son ami.

— Enfant ! dit César à son fils, tu vas m'accompagner à Beaucourt, tu m'aideras à porter tout cet attirail et le fusil d'Aristide laissé dans un coin de la cuisine.

Justin se chargea donc d'une partie des objets que l'on devait emporter et saisit avec crânerie le fusil du comte.

— 55 —

Lorsqu'ils arrivèrent au château, leurs oreilles furent frappées par des accents d'une gaîté folle, qui venaient de la salle à manger.

Du reste, ils ne rencontrèrent personne dans la cuisine, pas plus que dans le corridor qui conduisait de l'office à la salle d'où partaient de bruyants éclats de rire.

Nous devons dire ce qui causait cette hilarité.

On n'a pas oublié que le comte traitait ce jour-là les commensaux de sa maison, que le lecteur connaît déjà.

Excepté Duvivier qui était allé faire un tour dans le pays, la salle, au milieu de laquelle une table bien servie, était occupée par le comte de la Rochebrune, par ses amis de débauche et par Jeanneton, Lucie, Adrienne, Camille, Rosalie et Pierrot, ce goujat que le maître n'avait pas honte d'admettre parmi eux.

Lorsque César et Justin furent parvenus à la porte de la cuisine, l'orgie était arrivée à son paroxisme. Les hommes, la face enluminée, les yeux ardents, se livraient avec les filles éhontées que Pierre était allé chercher, aux plus hideuses passions des sens. Sans pudeur et sans frein, ces malheureuses, oubliant leur sexe, étaient à demi nues couchées sur chacun de ces hommes que l'ivresse rendait semblables à des brutes. Le désordre de leur accoutrement, attestait que la raison les avait abandonnées et qu'elles ne songeaient plus qu'à satisfaire leur appétit grossier ; ce à quoi du reste les encourageait Aristide de la voix et du geste.

Mais cette affreuse orgie devait avoir son terme.

Ce fut César qui y mit fin, en faisant tout à coup irruption dans la salle du festin.

A la vue du garde et de son fils, ce fut un sauve-qui-peut générale.

Ces malheureuses à moitié nues, les vêtements en désordre, se mirent à fuir par la grand'porte qui conduisait dans le parc, en titubant sur leurs jambes.

L'effet fut foudroyant pour Aristide et pour ses amis.

Ils demeurèrent un moment la bouche béante.

Lorsqu'ils furent remis de leur surprise, le comte prit la parole en s'adressant au garde :

— Misérable ! qui t'a permis d'entrer.

— Bien fâché de vous déranger ; mais d'abord, reprenez tout cela, dit César ; c'est à vous et moi, et comme je vous quitte, je ne veux rien emporter qui ne soit ma propriété... Voyez si je n'ai rien oublié.

En disant cela, César avait jeté sur le parquet de la salle, les carniers, les poires à poudre, les fusils et tous les engins de chasse.

— Tu as bien de l'audace, de venir ici sans te faire annoncer.

— Je l'aurais voulu, mais il n'y avait personne à la cuisine. D'ailleurs, je voulais vous remettre à vous même, entendez-vous, ce fusil que vous avez laissé dans ma maison.

— C'est bien, mets-le là, dit Aristide en indiquant du doigt un coin de la salle à manger.

— A cette heure, dit César, il faut faire mon compte.

— Ton compte?

— Sans doute. Vous me devez trois années de gages, à cent écus; cela fait trois cents écus qu'il me faut.

— Trois cents écus? répéta le comte devenu d'une pâleur mortelle. Je ne les ai pas, ajouta-t-il avec agitation.

— J'en suis bien fâché, mais il me les faut, car je compte partir aujourd'hui même.

Le comte devint livide.

Il était temps qu'on vint à son aide.

— Si tu es gêné, nous allons les faire, nous, ces trois cents écus, dit le marquis de La Mare. Allons, mes amis, vidons nos bourses et qu'Aristide se débarrasse de ce bandit.

— Bandit! grommela César, les dents serrées et les poings crispés. Bandit!...

Les nobles amis du comte étant parvenus à réunir les trois cents écus, Aristide dut subir la honte de se voir secouru par eux comme un vil mendiant.

Son visage devint cramoisi.

Prenant donc des mains du marquis le montant de la collecte, Aristide le jeta aux pieds de son garde avec un mépris insultant.

Justin s'occupa à ramasser l'or qui avait roulé jusque sous la table.

À cette action brutale du comte de Rochebrune, César sentit le sang lui monter au cerveau.

— Monsieur, votre conduite est celle du dernier des hommes, lui dit Lépernaux, ne voulant pas encore lui lancer l'épithète de lâche qui était venue sur ses lèvres.

Mais Aristide, encore sous l'impression de l'ivresse qui s'était emparée de lui tout à l'heure, releva les paroles de César et lui dit :

— Misérable brigand ! tu viens m'insulter jusque chez moi.

— Monsieur, vous prenez pour une insulte, ce qui n'est malheureusement que l'exacte vérité.

A cette affirmation du garde, le comte ne se connaissant plus, voulut sauter sur lui et le prendre à la gorge; mais Justin plus agile, Justin qui ne le quittait pas des yeux, en voyant la violence que l'on faisait à son père, prit Aristide par le milieu du corps, et l'enserra dans ses bras de quinze ans, avec une telle force, que son adversaire en perdit la respiration.

Tout ceci s'était passé en quelques secondes, et lorsque les amis du comte eurent détaché Justin du corps d'Aristide, auquel il s'était cramponné, César, debout, les bras croisés, paraissait jouir du plaisir de voir son fils lui donner ainsi une preuve de son dévoûment filial.

Mais le comte exaspéré d'avoir été en quelque sorte paralysé par un enfant, se mit à parcourir le lieu de la scène, comme un lion qui cherche à briser les barreaux de sa cage. Dans le paroxisme de sa colère, ses yeux rencontrèrent son fusil dans un angle de la salle.

Il bondit comme un tigre, s'en empara et, aussi prompt que la pensée, il le dirigea sur le pauvre Justin.

Le coup partit.

Deux formidables cris lui succédèrent, une épaisse fumée emplit la salle, et lorsqu'elle se fut dissipée, il n'y restait plus que César et son fils. César, couché sur le corps de Justin, que le plomb avait atteint sans mettre sa vie en danger.

Quand aux débauchés qui avaient été acteurs et témoins de cette scène affreuse, ils avaient fui, laissant le père et le fils livrés à la douleur la plus poignante.

Heureusement, tout cela avait fait beaucoup de bruit et s'était entendu jusque dans le parc, d'où le vicomte Duvivier revint au plus vite, lorsqu'il eût entendu le coup de feu tiré dans le château.

Il mit le pied dans la salle à manger au moment où César palpait le corps de son fils pour s'assurer qu'il n'était pas mort.

— Grand Dieu ! qu'y a-t il ? s'écria Duvivier.

— Il y a, monsieur, répondit César, il y a, que le comte de Rochebrune a peut-être tué mon enfant.

— Le malheureux ! s'écria le parent d'Aristide.

Et Duvivier aida Lépernaux à relever le moribond et acquit la certitude que Justin n'était qu'évanoui, et que, si quelques grains de plomb, étaient entrés dans les chairs du bras gauche, les blessures n'offraient aucun danger.

Duvivier à qui César apprit ce qui venait de se passer, ne s'étonna plus du silence qui régnait dans le château. Chacun avait cherché un refuge où il avait pu ; de telle sorte que César et lui, furent les seuls qui prirent soin du blessé.

L'enfant revint promptement à lui.

César, en présence de l'attitude de Duvivier, lui dit :

— Monsieur, comment reconnaître vos soins pour mon enfant ? J'en garderai le souvenir, soyez en sûr. Oh ! combien vous êtes différent de cet Aristide, qui fait tout ici pour être exécré, maudit.

Duvivier baissa la tête sans répondre ;

seulement, tandis que César ranimait tout à fait Justin, il l'entendit dire :

— C'en est assez ; cela ne peut durer plus longtemps.

Et comme on entendait les fuyards vers le château, César, soutenant son fils, quitta la salle accompagné par Duvivier, qui le conduisit jusqu'à la grille faisant face au tourne-bride.

V

Le serment de Justin. — Où Lafutaie révèle un caractère antique. — Retour en Flandre d'Albertine Ghislain.

Lorsque Rose et Albertine virent entrer dans la maison du garde, Justin le bras en écharpe, les deux femmes faillirent s'évanouir. Un mot de César les rassura sur le sort de l'enfant, et l'on ne s'entretint plus que de la scène scandaleuse et cruelle dont le château avait été le témoin.

Plus que jamais la résolution du garde dut être exécutée et l'on attendit avec impatience l'arrivée de Lafutaie.

Cet ami de la famille ne manqua point au rendez-vous, et quand il apprit la tentative de meurtre sur Justin, son courroux éclata en imprécations contre le comte de Rochebrune et ses pareils.

— Les gueux ! s'écria-t-il. Quand donc fera-t-on justice de cette engeance ? Pauvre peuple! Faudra t-il donc que tu courbes sans cesse l'échine devant ces maudits? Va, César : m'est avis qu'ils en feront tant qu'avant peu ils recevront la correction qu'ils méritent si bien. Pourvu que le bon Dieu me fasse la grâce d'être témoin de leur châtiment, je mourrai content.

— Ami, répliqua César, Dieu le permettra.

— Que le ciel t'entende. — Avance ici, Justin, ajouta Lafutaie en posant la main sur l'épaule de l'enfant. Tu vas avoir quinze ans ; dans peu tu seras un homme. Souviens-toi toujours de l'action du Rochebrune ; car il voulait te tuer, vois-tu, te tuer comme un chien, parce que, pour cette ribaudaille de nobles, un homme — un enfant surtout — c'est moins que rien. Tu t'en souviendras, n'est ce pas, enfant?

— Jacques, répondit Justin les yeux levés, je m'en souviendrai, et quand je serai grand, j'espère bien que j'aurai l'occasion de me retrouver avec celui qui a traité mon père de brigand et qui m'a envoyé du plomb dans le corps.

— Bien, bien, enfant ! reste le digne fils de ton père.

— Je suivrai son exemple, ami Jacques.

— Je réponds de lui, ajouta César, en embrassant son fils.

Rose était demeurée en admiration devant son fils ; Albertine partageait sa satisfaction.

Cette petite scène terminée, on s'occupa des moyens à employer pour gagner Pont-à-Marcq et Fretin.

— César, dit Lafutaie, je n'ai pas attendu à ce soir pour réquisitionner un char, afin de transporter tes meubles. D'après ce que m'a dit Justin, tu veux filer au plus vite.

— C'est vrai.

— Aussi, ai-je arrêté pour cette nuit la voiture et les chevaux du voisin Laurent.

— Et il a consenti à faire un aussi long voyage ?

— Avec bien du plaisir !

— Il sera cinq jours au moins en route.

— Qu'importe.

— Puisqu'il en est ainsi, j'accepte ce service que Laurent veut bien me rendre.

— Tu as raison, et j'y comptais ! fit Lafutaie. — Maintenant, une chose. A quelle heure le départ ?

— A minuit, afin d'arriver demain de bon matin à St Omer.

— Tu passes par St Omer ?

— Oui ! De là nous nous dirigerons sur Merville, Estaires et Lille. Une fois là, nous serons en famille et en pays de connaissance, car Fretin ne sera pas loin alors.

— Il y a d'ici là, quinze à dix-huit lieues, dit Lafutaie.

— Oui, répondit César.

— Je vais au plus vite prévenir Laurent, de se rendre ici à onze heures et demie. Ce ne sera pas trop d'une demi-heure pour charger tout le butin que je vois-là.

— Cela suffira dit César.

— Eh bien ! A cette nuit, répliqua Lafutaie. Je viendrai avec Laurent.

— Brave et bon ami, interrompit César en saisissant la main du bûcheron.

Albertine, Rose et Justin, accompagnèrent Lafutaie jusqu'à la lisière du bois et s'en revinrent achever de réunir ce qu'ils devaient emporter.

A l'heure indiquée, le char était devant la maison.

Il fut chargé aussitôt, et Laurent, fouettant ses chevaux, l'on partit.

Albertine et Rose ne voulurent monter dans le véhicule qu'après sa sortie de Norbécourt. Ce village traversé, elles se placèrent en avant de leurs meubles avec Justin; mais César, qui voulait faire la route à pied, accompagna le conducteur.

Les adieux de la famille avec Lafutaie, furent touchants. On ne pouvait se séparer et ce ne fut que lorsque le braconnier eût promis à son ami de l'aller voir quelque soit le lieu qu'il se choisirait, que les figures se ranimèrent un peu.

Lafutaie rentra chez lui, le cœur gros.

Quant à la famille de César, elle quitta Bocourt presque sans regret. Elle n'y avait pas été heureuse, et l'avenir lui paraissait trop sombre depuis qu'Albertine était devenue le point de mire du comte de Rochebrune.

Nous ne suivrons pas César Guislain dans son voyage. Nous le retrouverons bientôt.

Retournons donc au château de Bocourt, où vont se passer des événements d'une nature autre que ceux qui viennent de s'y dérouler.

Le vicomte Duvivier avait été fortement impressionné par l'attentat d'Aristide sur l'enfant de César. Ce qu'il apprit de l'orgie qui avait eu lieu pendant la promenade dans le parc, le détermina à frapper un grand coup ; c'est-à-dire à mettre un obstacle aux déréglements du comte.

A cet effet et sans en rien dire à son cousin, il se mit en voyage, réunit leur famille commune et parvint à lui faire comprendre qu'il était de toute nécessité qu'Aristide cessât la vie de garçon et se mariât.

La famille qui connaissait les débordements du comte, accueillit avec joie les avances que venait lui faire le vicomte, et chacune se mit en campagne pour enlacer si bien le seigneur de Bocourt, qu'il ne put se soustraire au vœu de ses parents.

Non loin de Bocourt, vivait un vieillard fort riche et d'excellente famille.

C'était le marquis de Prélart.

Il avait deux filles : charmantes toutes deux.

Le vicomte avait, depuis longtemps déjà, jeté les yeux sur l'une d'elles. L'autre, d'un an plus âgée, était celle que dans la famille de Rochebrune l'on choisit pour Aristide.

Au moyen de ces deux mariages, le comte Aristide et le vicomte Du Vivier deviendraient beaux-frères.

Ceci convenu, le cousin du comte retourna à Bocourt et commença l'attaque, afin d'amener le débauché à épouser la fille du marquis.

Triste cadeau que la famille de Rochebrune allait faire à mademoiselle de Prélart.

On en jugera tout à l'heure.

Six semaines suffirent pour déterminer Aristide à se rendre aux désirs de ses parents. Non pas qu'il fût susceptible de tendresse à l'égard de la charmante Louise de Prélart : Non. Le lecteur connaît assez cet homme abruti pour ne pas lui accorder un sentiment de cette nature. Le seul désir de posséder une femme, qui avait pour elle tous les attraits d'une rare beauté, le détermina plutôt que les qualités morales, nées d'une éducation sévère et d'un excellent cœur, que Louise possédait au plus haut degré.

Aristide ne vit encore une fois dans cette union que la satisfaction de ses sens et non celle d'un devoir à remplir envers la société et sa famille.

Le mariage de Duvivier et de son cousin eurent lieu le même jour.

Le vicomte et sa femme, Emma de Prélart, se retirèrent près du marquis, tandis que le comte de Rochebrune — dans un but peu avouable — demeura dans son château de Bocourt.

Il faut cependant lui rendre cette justice qu'il avait éloigné de chez lui ses compagnons de débauche et les femmes qui, jusque-là, les avaient partagées.

Un mois s'était à peine écoulé que le comte recommença la vie qu'il avait déjà menée.

Il avait trouvé ailleurs un aliment à ses passions.

Louise ne s'aperçut point tout d'abord que son mari faisait de fréquentes absences; mais elle ne put s'empêcher de reconnaître que ses procédés envers elle n'étaient en aucune façon ceux d'un gentilhomme.

Peu à peu, les époux en vinrent à vivre dans des appartements séparés, et ce ne fut que lorsque la jeune femme sentit dans son sein les symptômes précurseurs d'une maternité qui la combla de joie, qu'elle se rapprocha d'Aristide, afin de lui faire partager le bonheur de se voir revivre dans un héritier. Le comte reçut assez froidement cette nouvelle. Rien ne pouvait émouvoir cette nature grossière. Louise en fut attristée, mais elle se résigna.

Pendant les quelques mois qui s'écoulèrent à la suite de la révélation que la comtesse avait faite à son mari, celui ci, délivré de la contrainte qu'il était obligé de s'imposer, et afin de laisser sa femme tout entière aux soins à donner pour recevoir son nouveau né, Aristide, disons-nous, avait noué une intrigue avec la jeune camériste au service de sa femme.

Cette nouvelle passion du suborneur, devait avoir des suites funestes.

Le terme de la grossesse de Louise, étant arrivé, elle mit au monde une fille, que tint sur les fonts baptismaux, le vicomte Duvivier, qui lui donna le nom de Valérie : celui de sa mère qu'il avait tant aimée.

L'abominable intrigue du comte dura près de deux années ; mais le secret ne put en être tellement gardé, que Louise n'en apprit quelque chose.

Toute entière aux soins qu'elle donnait à sa fille élevée auprès d'elle, la pauvre femme laissa les commentaires aller leur train. Cependant, sa santé se ressentit bientôt de l'inconduite presque publique de son mari. Elle évitait de le rencontrer et ne le voyait guère qu'aux heures de repas. Mais cette situation ne pouvait durer plus longtemps.

Elle était intolérable pour la comtesse.

D'ailleurs, Aristide ne mettait plus de mystère à satisfaire sa nouvelle passion.

On le voyait sans cesse avec la camériste, dans le parc, dans les appartements, dans les bois ; partout enfin, où il pouvait trouver l'ombre et les moyens de se réunir à elle.

Une circonstance imprévue, mit la comtesse à même de juger à quel degré d'abjection était arrivé son mari.

Un jour que, cachée derrière sa persienne, elle regardait s'ébattre les cygnes dans la pièce d'eau du château, Aristide qui se promenait à quelques pas de là avec Euladie, « c'était le nom de la camériste » Aristide disons-nous, se croyant seul, après avoir pris la taille de celle-ci et lui avoir donné un baiser sur le cou, la prit par la tête, et ses lèvres joignirent bientôt celles de l'indigne fille, qui s'échappa en riant aux éclats.

La comtesse ne douta plus dès ce moment, et elle résolut d'exercer une active surveillance.

Quoiqu'elle eût honte de descendre à un semblable rôle, elle ne pouvait, pour son honneur et pour l'avenir de sa fille, endurer plus longtemps l'inconduite d'Aristide. Il fallait à tout prix un éclat qui y mit un terme.

Il ne se fit pas attendre.

Un matin qu'elle était assise dans le parc, avec la femme qui allaitait sa fille, elle se sentit prise d'une indisposition subite et fut obligée de rentrer seule sans avoir terminé sa promenade.

Elle monta dans sa chambre qu'elle avait quittée une demi heure auparavant, et comme la porte en était restée ouverte, elle en franchit le seuil sans bruit.

Elle n'avait point fait deux pas que la comtesse se trouva en présence d'un spectacle auquel elle ne s'attendait pas, malgré tout ce qu'elle pensait de son mari. Celui-ci avait précisément choisi le lit conjugal pour théâtre de ses honteuses amours, et la malheureuse Louise à cette vue contaminative d'Aristide et de sa complice, jeta un cri d'angoisse et tomba inanimée sur le parquet.

Les deux misérables ainsi troublés dans leur action honteuse se précipitèrent au dehors, et, sans bruit, ils gagnèrent, chacun de son côté, une retraite qui put les cacher à leurs propres yeux.

Louise, laissée seule, y resta jusqu'au retour de la nourrice, et ce fut cette dernière qui donna l'alarme aux gens de la maison.

Bientôt, tout le monde, le comte excepté, ainsi que sa complice, furent dans la chambre de Louise. On la déposa sur son lit souillé par l'adultère, et comme elle ne reprenait pas ses sens, on se hâta d'appeler le médecin de Bocourt.

A l'arrivée du médecin, la comtesse ouvrit les yeux, puis, après avoir jeté un regard autour d'elle, on l'entendit dire d'une voix éteinte :

— Je me meurs ! Aristide, où est-il ? Il était là tout à l'heure avec Euladie ! Oh les infâmes !...

Puis, se frappant le front, comme pour y rappeler ses souvenirs :

— Valérie ! mon enfant ! ton père est un monstre. Quant à elle, qu'on la chasse..., qu'elle ne reste pas ici. Oh oh ! fit-elle au milieu d'un sanglot étouffé. Je suffoque... Je ne puis respirer..., ma tête est en feu. Les misérables ; ils seront cause de ma mort. Mon enfant ! ma Valérie ! je ne te verrai plus !...

La pauvre femme s'agitait sur sa couche.

Les assistants étaient demeurés pétrifiés.

Le docteur, impuissant à la contenir, impuissant aussi à lui porter secours, dût appeler à son secours quelques-uns de ceux qui se trouvaient là.

Il essaya d'une saignée, mais la veine ne produisit rien, et comme le visage de la malade prenait des teintes de pourpre, il hocha la tête, laissa retomber sur le lit le bras d'où le sang n'avait pu coulé et regardant les gens du château avec tristesse, il leur dit :

— C'est une congestion cérébrale ! Plus d'espoir, madame va mourir !

Ce peu de mots jeta la stupeur et la désolation parmi les gens du château, et comme ils avaient parfaitement compris le sens des paroles de Louise, les uns cherchèrent leur maître, tandis que les autres fouillèrent tous les coins du château, afin de faire retomber sur sa complice la colère qui les animait.

Il ne la trouvèrent point, car le comte, avait facilité sa fuite à travers le parc, et lui avait ainsi permis de gagner la campagne.

Le bruit de la mort de Louise se répandit partout en un clin d'œil.

Le comte de Rochebrune en apprit la nouvelle avec terreur, et l'âme en proie cette fois aux remords de sa conscience, il ne quitta pas le rez de chaussée du château et n'osa pas monter jusqu'à la chambre de sa femme, redoutant de se trouver en présence de sa victime.

Depuis que la pauvre Louise avait en quelque sorte confessé les crimes de son mari, la valetaille regardait celui-ci avec horreur.

Après qu'il eût constaté la mort, le docteur s'était hâté, sans les ordres d'Aristide, de prévenir la famille de Prélard et celle de Rochebrune.

Elles furent bientôt réunies autour du lit mortuaire de la comtesse.

Le docteur les avait instruites des causes du décès de Louise ; ces causes les avaient rendu implacables à l'égard de l'auteur de cette catastrophe?

Elles exigèrent de lui, qu'il remit sa fille aux soins de la vicomtesse Duvivier, et que, sitôt l'inhumation de Louise terminée, le château serait fermé, les domestiques renvoyés et qu'il quitterait l'Artois pour se mettre en voyage.

En écoutant cet arrêt des deux familles, le débauché baissa la tête, ne trouva rien à répondre et promit de remplir toutes les obligations qu'on lui imposait.

Huit jours après cet évènement dramatique, le comte de Rochebrune se mit en route pour Paris, car il n'avait pas oublié l'invitation de Maximilien, et Valérie que sa nourrice avait emportée, était installée chez sa tante, la vicomtesse Duvivier.

Quant aux propriétés du comte et à son château, sa famille se chargea de les faire administrer par un homme de confiance, qui devait en envoyer les revenus à leur propriétaire, là où il lui plairait de résider.

VI.

La fermière à Esquermes. — Rochebrune révolutionnaire. — Scipion Tillman.. — Les faux monnayeurs.

Détournons un moment nos regards de ces tristes tableaux, reportons les sur des scènes plus riantes et voyons ce que sont devenus César et sa famille, depuis leur départ de Bocourt.

Le garde du comte de Rochebrune, après avoir passé quelques jours dans sa famille, à Fretin, alla rendre visite à M. d'Arbelle, qui l'accueillit parfaitement dans sa belle propriété de Lompret, et qui le prit à son service.

Il fut chargé, dès son entrée chez son nouveau maître, de la surveillance des nombreux ouvriers qu'il occupait, et Rose Labiche, de celle des femmes attachées au service intérieur de la maison. Quant à Justin, sa mine éveillée et son adresse au tir lui valurent tout de suite les bonnes grâces de Richard d'Arbelle, qui l'attacha à sa personne.

Il y avait à peine six mois qu'ils étaient chez le père de celui ci, auquel César avait raconté les tentatives d'Aristide sur sa fille, qu'il lui proposa pour Albertine un mariage qui, selon lui, devait mettre un terme aux obsessions du comte, en donnant à l'épousée un protecteur naturel en même temps qu'un mari réunissant toutes les qualités qui devaient faire son bonheur.

Le jeune homme que M. d'Arbelle destinait à la fille de César se nommait Pierre Deleplanque et habitait une cense aux portes de Lille : à Esquermes.

Le mariage fut bientôt conclu.

M. d'Arbelle fit aux jeunes époux un

grand avantage, en diminuant, pour cadeau de noces, une partie de la redevance que le père de Deleplanque lui payait chaque année pour les terres qu'il lui louait.

Il fut donc convenu qu'Albertine Guislain irait s'établir à Esquermes et que son père et sa mère demeureraient à Lompret. De cette façon, ils n'étaient pas assez éloignés les uns des autres pour qu'ils ne pussent se voir très souvent.

Albertine, que le lecteur connaît déjà, sut se faire aimer de sa nouvelle famille et conquérir la sympathie de tout ce qui l'entourait. Affable avec les gens qu'elle occupait, donnant l'exemple du travail, secondant son mari dans ses occupations, et cela, avec une ardeur infatigable, elle fit de la ferme d'Esquermes une des plus belles des environs de Lille.

Tandis que tous ces changements s'opéraient au nord, au midi, c'est à dire à Paris, la société minée par les novateurs, sentait que le terrain était mouvant sous ses pieds, et que, d'un moment à l'autre, le vaisseau de l'Etat sombrerait, guidé qu'il était d'ailleurs par des mains inhabiles.

Aristide, qui voyait très souvent Maximilien, loin de s'effrayer des sombres nuages qui couvraient la France, applaudissait avec son ami à toutes les réformes sociales que celui-ci lui montrait comme le port auquel le pays devait toucher sous peine de périr.

L'Etat politique et moral du royaume était déplorable. On voulut y rémédier en convoquant les Etats Généraux. Ils s'assemblèrent. Mais les trois ordres ne purent s'entendre, et chacun connaît la fameuse séance du Jeu de Paume, où le Tiers-Etat délibéra sans la noblesse et le clergé.

Depuis 1789 que la Bastille était tombée aux mains du peuple, Paris se crut le maître des destinées de la France. Dieu sait combien cette idée fit commettre de crimes au nom de la liberté,

Le comte de Rochebrune avec la dissolution de ses mœurs et son tempérament, depnis longtemps jeté en dhors de la voie qui mène au bien, faisait alors partie de tous les clubs, de tous les rassemblements tumultueux ; et pour entrer dans les vues de son ami Maximilien, il embrassa avec ardeur la cause de la révolution ; ce qui devait l'amener à faire d'un noble un anarchiste de la pire espèce.

Il suivait en cela l'exemple de beaucoup d'autres.

De Saint-Hurugues et le marquis d'Antonnelle, étaient ceux qu'il prenait pour types de sa conduite dans les évènements. Cela devait être.

En 1790, il en était arrivé déjà à faire argent de tout. Il vendait à vil prix ses propriétés de l'Artois, parce que Maximilien lui avait dit qu'on ferait de celles de la noblesse et du clergé, une razzia au profit du peuple. Donc, sans songer au sort de sa fille, il la dépouilla volontairement et n'attendit point qu'il y soit forcé par la loi.

L'année suivante la panique s'empara des deux classes de la nation qui avaient résisté aux députés du Tiers-Etat: le clergé sommé de prêter serment à la Constitution s'y refusa pour la plus grande partie, le reste émigra et suivit dans l'exil la noblesse affolée de terreur.

Le vicomte Duvivier, dont la femme mourut en couches d'un enfant qui ne vécut pas, en voyant vendre les biens d'Aristide, prit aussi le parti de quitter la France, ce qu'il fit en emmenant sa nièce, la jeune Valérie, sur laquelle il avait reporté toute sa tendresse.

De toute sa famille, il ne restait que cette pauvre orpheline.

Nous dirons plus tard dans quel coin du monde cet excellent parent du plus vil des hommes était allé demander une hospitalité que sa patrie lui refusait.

Robespierre eût bientôt franchi tous les échelons du pouvoir, et tandis que son ami dissipait avec des gens tarés la plus grande partie des sommes que produisait la vente de ses biens, Maximilien, devenu puissant à la Convention ainsi qu'au Comité de salut public dont il faisait trembler les membres, Aristide était descendu lui, au rôle de garde du corps du dictateur et juré au tribunal révolutionnaire, tout comme Duplay père et fils, chez lesquels demeurait son compatriote. Et comme à cette époque — ainsi qu'on l'a vu de nos jours — l'élément étranger sut se faire une large place parmi les fauteurs de désordre, Aristide se lia avec le citoyen Scipion Tilman, un Allemand de la plus belle venue, un ennemi acharné de la France, qu'il servait, en aidant de tout son pouvoir à la précipiter dans le gouffre que ses pareils ouvraient chaque jour sous ses pas.

Ce Tilman, Bavarois d'origine, était la terreur du quartier qu'il habitait. Nommé chef de section, il faisait, pour le motif le plus futile, comparaître devant lui tous ceux qu'on lui dénonçait comme aristocrates. C'était un moyen fort simple de se débarrasser d'un voisin gênant ou d'un créancier trop exigeant, car il arrivait rarement que Tilman n'envoyât point à Fouquier-Tinville l'homme accusé d'incivisme.

D'ailleurs, cet indigne Allemand était presque toujours ivre; il hantait tous les mauvais lieux, s'entourait de prostituées auxquelles il donnait des dîners de Lucullus, tandis que le peuple faisait queue aux portes des boulangers.

Aristide, qui fournissait une partie des fonds de ces joyeuses réunions, ne manquait jamais d'y assister Il eût même, un jour, l'avantage de recevoir à sa table, chez un restaurateur à la mode, *l'incorruptible* Robespierre qui lui fit cet honneur sur la recommandation spéciale du chef de section qui avait, comme nous venons de le dire, une grande influence dans son quartier.

On voit que leur ancienne amitié ne ne suffisait déjà plus pour obtenir les faveurs du maître.

Cependant, le pouvoir relatif de Tilman et les prodigalités de Rochebrune allaient avoir un temps d'arrêt.

L'argent était devenu tellement rare que l'on ne trouvait plus d'acquéreurs pour les terres appartenant aux nobles. La défiance était entrée dans l'esprit pratique des gens de la campagne, et personne ne voulut plus, dès lors, risquer son pécule. On préféra l'enfouir jusqu'au moment où il serait possible de le faire circuler avec sécurité.

Ce fut un coup de foudre pour notre homme, mais Scipion Tilman trouva bientôt un moyen pour combler le vide de la caisse d'Aristide et, dans ce but, il lui proposa une association qui devait leur donner des millions.

Aristide s'accrocha à cette branche de salut et, avant même de savoir ce qu'allait lui proposer le cosmopolite Allemand, il accepta d'avance le plan de cette affaire qui devait lui rapporter de si beaux bénéfices.

Et voilà comment, de chûte en chûte, le comte de Rochebrune, issu d'une des meilleures familles de l'Artois, descendit à l'ignoble métier de faussaire, en se faisant le complice du chef de section qui, depuis longtemps, rêvait fabrication de faux assignats.

Grâce à la position de Tilman et au peu de crédit dont semblait jouir Aristide auprès de Robespierre, les choses allèrent assez bien pendant quelque temps : Mais il fallut aux faussaires des complices incorruptibles ? C'était chose assez difficile à trouver.

L'atelier où se fabriquaient les faux assignats, était placé dans un lieu sûr. Mais Tilman et son *alter ego* ne pouvaient-ils pas craindre les indiscrétions du graveur et de l'homme qui maniait la presse ?

Pendant que ces criminels projets s'exécutaient, Maximilien en était arrivé à l'apogée de sa puissance. Louis XVI mort, les Girondins exécutés, les Rollandistes et les Hébertistes, tombés sous la hâche révolutionnaire, avaient déblayé le terrain autour du dictateur. Encore un pas, il allait peut être prendre le titre de roi ? Qui pouvait savoir ?

Mais sa marche rapide avait mis en éveil les députés que Maximilien se proposait de décréter d'accusation. Le secret de cette mesure ne fut pas si bien gardé qu'il n'en transpirât quelque chose et, un beau jour — le 9 thermidor 1784, — il fut renversé, et ses adhérents, poursuivis, traqués de toutes parts, furent obligés de se cacher pour échapper au sort que leur réservait la réaction.

Le lendemain de la chûte de Maximilien, la mèche du travail souterrain de Tilman et d'Aristide fut éventée, et ils n'eurent le temps, tous les deux, que de bourrer leurs poches d'assignats et du peu de numéraire qu'ils purent emporter, et de gagner, avec la plus grande peine, le port le plus voisin afin de s'y embarquer.

VII.

Départ de Justin pour l'armée. — Les émigrés français. — Belgique et Hollande. — Où il est question des brigands du Nord.

Retournons un peu sur nos pas.

On a vu qu'Albertine avait épousé le jeune Deleplanque, que M. d'Arbelle lui avait choisi, parmi ceux qu'il avait remarqués comme étant dignes de la fille de César.

Pierre Deleplanque était, en effet, un garçon accompli, actif, laborieux. Doué d'un physique agréable, il était réellement un campagnard hors ligne.

Marié à Albertine Guislain en 1783, il y avait de cela onze ans, celle ci, pendant ce long espace de temps, avait perdu sa mère ; la pauvre Rose, enlevée en quelques jours à la tendresse de son mari et de ses enfants.

La cause de cette mort que rien ne pouvait faire prévoir, fut le départ de Justin pour l'armée, lors des réquisitions fréquentes que la République opérait, afin de les opposer à la coalition étrangère, qui était devenue formidable, depuis la mort de Louis XVI, et qui essayait chaque jour d'envahir le territoire.

Justin était parti le cœur bien triste, car il laissait au pays une fiancée qui avait toutes ses affections.

C'était la fille d'un voisin.

Catherine Droulers, dont le père avait une cense auprès de celle de Deleplanque.

Albertine serait morte de chagrin comme sa mère lors du départ de Justin, si elle n'avait eu à reporter sa tendresse sur son père d'abord et sur son jeune enfant, Henri Robert-Joseph Deleplanque, né un an après son union avec Pierre.

A l'époque où nous sommes arrivés de cette histoire, Albertine avait été bien éprouvée déjà. Indépendamment de la mort de sa mère, elle a eu la douleur de voir M. D'Arbelle et Richard, son fils, quitter la Flandre pour chercher, comme tant d'autres, un refuge à l'étranger. Ils n'enmenèrent avec eux qu'un seul domestique, le vieux Gautier, serviteur flamand dans toute l'acception du mot, c'est-à-dire fidèle, incorruptible et dévoué jusqu'à la mort.

César, resté seul, fut chargé d'administrer au nom de ses maîtres, les biens qu'ils laissaient dans leur patrie, et comme la charge lui en parut lourde, il se fit autoriser à appeler près de lui Lafutaie, le vieil ami qu'il n'avait revu que rarement depuis son départ de Bocourt.

Il eut là une excellente idée, car depuis quelque temps des rumeurs sinistres parcouraient le pays et de nombreuses attaques avaient lieu sur la route et jusque dans les fermes isolées.

On ne parlait encore que vaguement de ces associations de malfaiteurs désignées sous le nom de Chauffeurs. Mais, sans être encore réunis, les bandits qui sillonnaient le territoire, n'en étaient pas moins devenus la terreur des gens de la campagne.

Il fallait déjà soigneusement fermer sa porte à la nuit, refuser impitoyablement un asile aux rôdeurs inconnus, et exercer une active surveillance sur tout étranger qui se présentait isolément dans les communes.

Lafutaie, dans ce cas, devint un auxiliaire très utile. César demeurait dans la maison de M. D'Arbelle avec quelques domestiques seulement.

Quant à Pierre Deleplanque, logé aux portes de Lille, au milieu du village d'Esquermes, il était moins exposé aux attentats et aux déprédations des malfaiteurs. Et puis il avait dans son voisin Droulers, le père de Catherine, un homme décidé à défendre sa cause, comme la sienne propre.

Cependant, les bandes s'organisaient dans la forêt d'Orgères, près de Chartres.

Elles échappèrent tout d'abord aux recherches de la justice, mais elles finirent par être capturées.

On racontait que leur retraite était une vaste carrière, d'où ils sortaient la nuit, le visage couvert d'un masque, pour s'introduire dans les fermes et dans les maisons ; qu'ils en garottaient les habitants et leur exposaient au feu la plante des pieds jusqu'à ce que la chaleur les forçât à indiquer le lieu où ils avaient caché leurs richesses : d'où le nom de *Chauffeurs* qu'on leur donnait. Enfin, on se répétait en tremblant, toutes les infamies, toutes les horreurs que commettaient ces brigands ; et des gens des environs de Lille, dans leur terreur folle, annonçaient déjà leur présence dans la contrée, bien que la chose ne fût pas vraie, tant la peur leur faisait grossir les objets et prendre des illusions pour des réalités.

Quoiqu'il en fût, personne n'était rassuré.

Tout le monde était dans la consternation.

Il est vrai que si les Chauffeurs n'exploitaient pas encore le département du Nord, des bandits non moins redoutables étaient venus s'abattre sur ses côtes et s'étaient répandus fort avant dans les terres.

Nous voulons parler des corsaires qui infestaient la Manche et jusqu'aux rivages du Zuyderzée et de la Hollande.

Ces pirates croisèrent souvent entre Dunkerque et Gravelines. Leur lieu de réunion sur la terre ferme, était un marais d'une vaste étendue, dans lequel leur chef les convoquait, et d'où partaient les bandes, pour se disperser dans le Nord et le Pas-de-Calais.

Quant à leurs bâtiments, ils venaient le plus souvent s'embosser dans l'Aa, toujours prêts à livrer combat.

Les autorités locales ne prêtaient qu'une médiocre attention à ces allées et venues de bâtiments qui, bien armés, ne pouvaient être poursuivis que par la marine de l'Etat, occupée ailleurs, comme on verra plus tard. L'Etat, du reste, avait autre chose à surveiller que ces bandits, qui savaient gagner le large en cas d'alerte.

C'est donc à la présence de ces écumeurs qu'il faut attribuer la frayeur des habitants du Nord, dont beaucoup eurent à souffrir de la présence de ces flibustiers.

Ecoutons un peu la conversation de deux hommes dont l'accoutrement est celui de nos pêcheurs de la côte, ils nous apprendront peut-être ce que nous ignorons sur l'association de ces brigands de la mer.

Ils sont assis sur la dune de Loon, à la pointe de Gravelines. De là, leurs regards peuvent embrasser une partie de la mer du Nord, et à l'horizon, la ville, dans le port de laquelle flottent les pavillons des navires qui peuvent encore s'y abriter.

Cachés derrière l'une de ces montagnes de sable et de calcaires qu'on appelle moëres, qui protègent les riverains de la Manche contre la fureur des flots, ils peuvent sans craindre d'être entendus, causer de leurs affaires.

— Eh bien ! dit l'un d'eux, sais tu que depuis un an notre petit commerce ne va pas trop mal.

— Qui te dit que je m'en plains? répondit l'autre avec un ton d'autorité qui indiquait assez qu'il était le supérieur de son interlocuteur. Je ne m'en plains pas, tant s'en faut.

— Et ce n'est pas sans raison. Car enfin, depuis notre départ de Paris, nous sommes parvenus, grâce à notre or, grâce aux recommandations que nous avons su nous procurer avant de nous faire coffrer, nous sommes parvenus à acheter le plus fin voilier de toute la mer du Nord, à nous approvisionner de munitions de guerre, à tirer de la Hollande les jolies petites pièces de quatre qui font le plus bel ornement de l'*Eclair*, et enfin, à recruter une trentaine de gaillards qui, à eux seuls, valent cent hommes des équipages de la République.

— Mais dont l'entretien coûte assez cher, répliqua celui dont nous avons remarqué la supériorité sur son compagnon.

— De quoi t'occupes tu? fit l'autre. Les braves qui nous accompagnent ne savent-ils pas tous les jours renouveler les fonds nécessaires à leur entretien?

— Je sais, je sais...

— Rien ne nous manquera, te dis-je.

— Depuis près d'un an que je les ai associés à mon sort et que je reviens périodiquement dans les environs de Dunkerque, qui me sont familiers, ne leur ai-je pas indiqué les meilleures captures à faire, les coffres les mieux garnis à vider et les châteaux les plus opulents à exploiter?...

— C'est vrai.

— Eh bien! de quoi nous effrayer, alors? Va, va, l'argent ne nous manquera pas. Ce soir, près des huttes, à deux pas de Gravelines, je réunirai mon monde, je lui donnerai mes instructions, et demain dans la nuit, ils feront une abondante récolte, je t'assure. — Les chevaux sont-ils prêts? demanda-t-il.

— Toujours.

— Il va leur falloir parcourir les environs de Bergues, de Cassel et d'Hazebrouck ; il faudra peut-être même qu'ils aillent jusqu'à Lille.

— Diable ! c'est une traite, çà.

— Je ne dis pas non, mais il le faudra, car j'ai là, près d'Armentières, une visite à rendre à certain intendant que mes coureurs m'ont désigné comme un homme devant avoir cent mille livres déposées entre ses mains par un noble émigré.

— Tu comptes expédier ce dépositaire ?

— Dans la nuit de demain.

— As tu pris tes précautions ?

— C'est inutile. On m'a indiqué le lieu, on m'en a donné la topographie, on m'a dit à combien de gens nous aurions affaire, c'est tout ce dont j'ai besoin.

— Prends garde, Robert ; nous avons eu de la chance jusqu'à ce jour et je crains...

— Monsieur Scipion, fit le chef d'un ton à moitié sévère, si vous faiblissez, gare à vous. Nous sommes entrés dans une voie qui ne nous permet pas de reculer, or, il ne faut plus me faire d'objections, entendez-vous ? J'ai résolu de terminer dans quelques jours mes visites aux départements du Nord et du Pas-de-Calais ; il me faut un théâtre plus vaste, il faut au capitaine de l'*Eclair* toute la mer du Nord à exploiter.

— Robert ! Robert ! où t'arrêteras tu ?

— Quand nous aurons tous les deux une fortune suffisante pour vivre comme nous le faisions à Paris.

— Quelque chose comme cinquante mille livres de rente, n'est-ce pas ?

— Tu l'as dit, cinquante mille livres ! En attendant, terminons notre campagne en allant caresser les sacs d'écus de l'émigré.

— Sais tu bien que tu as un fier front ?

— Pourquoi ça ?

— Parce que je comprends parfaitement qu'un homme comme moi, un étranger, pille, vole et assassine même les Français pour satisfaire son appétit des richesses ; mais toi qui viens jusque dans ton pays pour cela, je trouve encore une fois que tu ne manques pas d'audace.

— De l'audace ? il en faut, comme disait Danton à la tribune, il en faut toujours, si l'on veut réussir.

— Eh bien, cher capitaine, tu réussiras, tu iras même fort loin, si tu n'es pas arrêté en chemin.

— Laisse faire, estimable Bavarois, laisse faire ; sers moi bien, et tu partageras ma fortune.

— Bonne ou mauvaise ?

— Cela va sans dire. Ainsi donc, voilà qui est convenu. Ce soir aux huttes, et fais en sorte que personne n'y manque, excepté toutefois les hommes nécessaires à la manœuvre du bâtiment en cas de surprise. Moi, je vais rentrer à Gravelines et m'occuper des précautions à prendre pour un voyage de deux jours.

Le lecteur un peu perspicace a sans doute reconnu dans les deux malandrins qui projetaient de s'emparer des dépouilles de quelque malheureux exilé, le noble comte Aristide de Rochebrune et son non moins noble ami, le chef de section, Scipion Tilman.

Ils avaient fait du chemin, comme on voit, et les assignats fabriqués et volés par eux, leur avaient permis de former un établissement lucratif, mais peu honorable : celui de Corsaire. Et comme il était dit qu'Aristide accumulera sur sa tête toutes les hontes, toutes les infâmies, ce fut par son pays qu'il voulut commencer ses rapines, ses violences et ses exactions. Traitre, lâche et voleur, il ne lui manquait plus que d'être un assassin, et il le devint.

VIII.

Les Pirates de la Manche. — Aristide est leur chef. — Sac de la maison de l'émigré. — Mort de César Guislain. — Désespoir de la fermière.

Le lendemain du jour où Tilman et son chef s'étaient entretenus dans les moëres de la pointe de Gravelines, un groupe de cavaliers bien montés suivait le chemin peu praticable d'Armentières à Lompret. Ces cavaliers dépassèrent l'Epinette, le Fromet, et s'arrêtèrent à la Varache pour laisser souffler leurs chevaux avant de descendre à l'habitation qu'ils avaient l'intention de visiter.

Il était dix heures du soir.

Laissant leurs bêtes à la garde de deux des leur, ils s'engagèrent dans un ravin qui devait les conduire au Grand-Logis, entre Pérenchies et Lompret.

La nuit étant venue depuis longtemps, et protégés par de grands arbres qui croissaient çà et là, il leur fut facile d'approcher de la maison de campagne de M. d'Arbelles, car c'était là le but de leur excursion.

Aristide connaissait le propriétaire du lieu depuis longues années, il s'était même trouvé quelquefois à Dunkerque avec Richard.

La bande explora minutieusement les alentours de l'habitation. Cela lui fût d'autant plus facile, comme nous l'avons dit, que la nuit venue aucun habitant de la campagne ne sortait de chez lui.

Il n'y avait, ce jour-là, dans la maison de M. d'Arbelle, que César, Lafutaie, le jardinier et une femme de basse cour.

Lorsque les mesures eurent été bien prises par Tilman et par son chef, les huit bandits qui les accompagnaient escaladèrent les murailles, et firent, sur un signal convenu, irruption dans l'habitation, en brisant les volets des fenêtres et ceux qui fermaient le vestibule donnant sur le jardin.

Ils détruisirent en un clin d'œil tout ce qui pouvait faire obstacle à leur passage.

Quelques secondes suffirent donc à cette besogne.

Mais, elle ne se fit pas sans bruit, comme on le pense bien, et, au premier choc des armes dont se servirent les brigands, César, Lafutaie et le jardinier furent sur pied et s'armèrent, qui d'une paire de pistolets, qui d'un fusil, qui enfin d'un sabre frais émoulu que l'ancien garde avait pendu au chevet de son lit.

Aux cris de Lépernaux, la fille de basse-cour sauta à son tour à bas du lit et remplit la maison de ses clameurs. L'un des brigands, en l'apercevant sur les marches du perron, lui déchargea presque à bout portant son pistolet, et la malheureuse tomba foudroyée sur le seuil de l'habitation où elle avait encore eu la force de se traîner.

— Enfants! s'écria Robert, exaspéré de la résistance qu'il rencontrait au début de l'affaire; enfants, la besogne est commencée, en avant!

Il avait à peine terminé cette exclamation que les trois habitants de la maison parurent dans la salle où était réunie la bande, portant avec elle une lanterne sourde. Mais le nombre en était déjà bien réduit ; car aux cris de la femme de basse-cour, les gens de Lompret s'étaient éveillés, et, malgré la crainte que leur inspiraient les bandits, ils n'eurent pas moins le courage d'appeler au secours.

A cet appel que le silence de la nuit rendait formidable, les paysans s'armèrent et quatre des brigands se mirent en embuscade à la porte de la rue, pour empêcher l'irruption des paysans dans la maison.

C'est ainsi que César et ses deux auxiliaires, n'eurent plus à combattre que quatre hommes.

Lafutaie, qu'éclairait une chandelle allumée par le jardinier, Lafutaie, qui visait juste, étendit à ses pieds, d'un coup de pistolet, l'un de ses adversaires et César lâchant un des deux coups de son fusil, brisa la mâchoire d'un autre.

La partie désormais était égale.

Seulement il aurait fallu pouvoir recharger ses armes.

C'était chose difficile.

Tilman et son chef étaient pâles de colère et de terreur.

Celui-ci n'avait pas encore fait usage du sabre d'abordage dont il s'était armé.

C'était le moment de s'en servir, car une grande rumeur venant du dehors lui annonçait que le village était sur pied et qu'on se portait au secours des malheureux attaqués.

Il bondit comme un tigre et il eût la suprême satisfaction de porter au pauvre César, un coup qui lui fendit le crâne.

Il tomba sans jeter un cri, entre le bandit mort et celui qui se roulait sur le carreau en proie à d'horribles douleurs et en rendant le sang par la plaie béante qu'il lui avait faite.

Quelques mots s'échappèrent alors des lèvres mourantes de l'ancien garde.

— Albertine!.. ma fille... Justin... mon enfant!

Ce peu de mots fit tressaillir le chef de bande.

Cette voix surtout lui rappelait d'étranges souvenirs.

Cette âme de boue fut comme bouleversée.

— Albertine, dis-tu ? fit le brigand en se penchant sur César.

— Oui... oui... Albertine!... ma fille!... Justin... mon fils.

— Bonheur! exclama l'assassin du garde. C'est lui... C'est César... Enfin, l'insulte est lavée, l'insolence est punie ! s'écria-t-il avec une joie féroce.

Ces exclamations, entendues par le père d'Albertine, lui donnèrent la force de se mettre un moment sur ses pieds et d'appliquer une de ses mains pleines de sang sur le visage de son assassin, et comme la lumière venait de frapper celui-ci en plein visage, César trembla de tous ses membres, son sang, rendu plus fougueux par cette apparition, coula avec plus d'abondance, ses yeux s'ouvrirent démesurément, en même temps que ses dents s'entrechoquèrent avec violence ; puis, vaincu par la douleur, il retomba sur le carreau.

Il avait reconnu le comte de Rochebrune.

Tandis que ceci se passait dans la salle où avait commencé le combat, le jardinier et Lafutaie l'avaient dégagée, en poursuivant, avec l'aide des paysans, ce qui restait de la bande, effrayés, effarés, terrifiés, et ne sachant si leur chef était mort ou vivant.

Ils se dirigèrent en toute hâte vers le lieu où leurs montures étaient restées, et, après s'être comptés, ils constatèrent que quatre des leurs étaient tués ou blessés.

Les habitants de Lompret, guidés par Lafutaie et le jardinier, coururent au secours de César, qu'ils trouvèrent étendu, presque inanimé, sur les dalles de la salle.

En les entendant l'appeler, le père d'Albertine r'ouvrit un œil mourant, essaya de se lever sur son coude, mais il ne le put et retomba par terre.

Un médecin fut appelé aussitôt.

Pendant qu'on était allé le chercher, Lafutaie, à genoux près de son ami, lui disait avec les larmes aux yeux :

— Mon pauvre César, comme ils t'ont arrangé, les brigands. Si encore on savait qui...

— Je le sais, répondit d'une voix faible le moribond.

— Tu le sais, ami, répliqua vivement Lafutaie. Tu connais ton meurtrier ! Dis-nous son nom, afin que nous puissions le punir.

— Tu ne saurais t'en douter.

— Non. Mais qui donc ? Parle !

Tout le monde se pencha et prêta l'oreille, car c'était à peine si la parole de César était encore intelligible.

— Qui ? demandes-tu. Ne le devines-tu pas ?

— Non !

— Le brigand de Bocourt.

— Aristide ?

— Oui !... cet infâme comte de Rochebrune.

— Lui ! le chef de ces bandits ! exclama Lafutaie. Oh ! cela ne me surprend pas.

Et après une pause :

— César, mon pauvre ami, ajouta le braconnier à qui l'on avait donné du linge et de l'eau pour faire un premier pansement avant l'arrivée du médecin, César, si le malheur voulait que tu nous fusse enlevé, je te jure que, dussé je mourir à la peine, je ne serai heureux que quand je t'aurai vengé, que quand j'aurai mis six pouces de mon sabre dans le ventre du gredin.

César pressa la main que son ami lui avait tendue et un sourire de satisfaction fut sa seule réponse.

Les habitants de Lompret, n'ayant pu se mettre à la poursuite de ce qui restait de la bande, tant la nuit était obscure, relevèrent le cadavre de la malheureuse fille de basse-cour et ceux des brigands tués, puis, lorsque le docteur arriva, il s'empressa de visiter César, dont la plaie affreuse laissait peu d'espoir de guérison.

Quant au bandit dont la mâchoire avait été fracassée, il fut placé sur une charrette, pour être mené dans un hôpital.

Seulement, quand la force armée, chargée de l'accompagner à Lille, voulut le faire descendre pour l'incarcérer, elle ne put que constater sa mort.

Sachant que c'était l'échafaud qui l'attendait, il avait eu le courage, dans la charrette où il était couché sur de la paille, et, cela malgré la surveillance de la maréchaussée, de s'enfoncer dans le cœur un poignard qu'il tenait caché dans la poche de sa culotte et qu'on retrouva dans la plaie.

Il n'avait sur lui aucun papier qui put le compromettre, non plus que sa bande.

Après une pareille affaire, le corsaire n'eut plus qu'à se rembarquer, et c'est ce qu'il fit au plus tôt.

Il eut raison, car, le lendemain, la force-armée battait la campagne. Mais ce fut sans succès.

Les cent mille livres lui tenaient pourtant bien au cœur ; mais il ne pouvait plus, sans risquer sa tête, revenir sur ses pas, car toute la justice de Douai et de Lille s'était mise à ses trousses, et ce fut un miracle qu'il put rejoindre son bord et gagner le large. Et comme Lafutaie savait le nom de l'assassin de son ami, il dénonça le comte de Rochebrune comme meurtrier et chef de bande, ce qui le fit condamner à mort par contumace.

C'était la deuxième condamnation de cette nature qu'Aristide avait à purger.

Il fallait bien annoncer à Pierre Deleplanque et à sa famille la mort du pauvre César.

Et qui pouvait se charger d'une aussi cruelle mission, si ce n'était son vieil ami, le brave Lafutaie ?

Le père d'Albertine avait succombé une heure après l'arrrivée du médecin.

Jacques n'attendit pas une minute de plus pour se diriger sur Esquermes.

Il y fut en peu de temps.

Albertine et son mari, à la vue de la figure bouleversée de Lafutaie, pressentirent un malheur.

Le jeune Henri lui-même, ne put s'empêcher de dire :

— Papa Jacques ! qu'est ce que tu as donc ? Tu es tout pâle.

— En effet, dit Pierre Deleplanque en regardant fixement Lafutaie.

— Qu'y a t il ? demanda la fermière avec anxiété.

— Un grand malheur est arrivé cette nuit ! répondit Jacques en laissant couler quelques larmes.

— Vous pleurez, dit Albertine. Il faut que vous ayez à nous annoncer quelque chose de bien grave.

— Oui, madame Pierre, bien grave en effet.

— Parlez, Jacques, dit Deleplanque. Est-ce que ça nous concerne ?

— Oui, mes enfants.

— Pour Dieu, Jacques, dites nous-le tout de suite.

— Est ce que vous avez de mauvaises nouvelles de M. d'Arbelle, de son fils ?

— Pis que ça, répondit le braconnier, ne sachant comment venir au fait.

— Pis que ça ! exclama Deleplanque, anxieux.

— Mais, j'y pense, ajouta la fermière en se frappant le front ; comment se fait-il que ce ne soit pas mon père, qui vienne nous apprendre la nouvelle que vous nous apportez ?

Albertine avait, comme on le voit, le pressentiment de ce qui était arrivé ; aussi renouvela-t-elle sa question.

— Voyons, Jacques, pourquoi mon père n'est-il pas venu ?

— Parce qu'il n'a pu, répondit Lafutaie d'une voix tremblante.

— Est-il donc malade ? reprit le fermier.

— Hélas ! fit Jacques, à bout de ses forces.

— Lafutaie, vous nous cachez quelque chose de cruel, je le vois, dit Albertine. Maintenant, au nom de la vieille amitié, que vous avez toujours eue pour la famille, j'exige que vous parliez.

— Ma femme à raison, interrompit Pierre. Parlez, parlez.

— Que vous dirai-je, grand Dieu, fit en sanglottant le vieux braconnier : Si César n'est pas venu... Eh bien !

— Eh bien quoi ? firent le fermier et sa femme, les yeux fixés sur Jacques dont les traits reflétaient son immense douleur.

— Eh bien, si ce pauvre ami n'est pas venu... c'est qu'il a été victime d'une affreuse catastrophe.

— Victime ?

— Oui...

— Il est donc mort ? demanda Pierre d'une voix tremblante.

— Je craignais de vous le dire.

— Il est mort !... fit Albertine en jetant un cri déchirant et en tombant sur une chaise, où son fils Henri la reçut dans ses bras.

— Mort !... répéta Deleplanque atterré,

en essayant, avec Jacques et Henri en pleurs, de rappeler à la vie la fermière évanouie. — Mort !... Et comment, grand Dieu ?

— Mort asssassiné ! répondit Jacques.
— Par qui ?
— Par celui dont tu as entendu parler si souvent. Tu sais, celui-là de Bocourt ?
— Le comte de Rochebrune ?
— Non, plus le comte de Rochebrune, dit Jacques, mais le chef des brigands qui désolent depuis quelque temps nos contrées autrefois si paisibles.
— Comment le savez vous ?... demanda Pierre.
— Silence ! dit Lafutaie ; Albertine revient à elle. Silence ! Je vous dirai tout à l'heure ce qui s'est passé à Lompret depuis hier soir.

Et comme la fermière venait de reprendre ses sens, on lui laissa le temps de se reconnaître ; puis, lorsqu'elle se fut un peu remise, ses larmes coulèrent abondamment, et sa poitrine soulagée put lui permettre de reprendre la parole.

— Mon pauvre Pierre ! dit elle en se jetant dans les bras de son mari ; je n'ai plus de père ! Et toi, cher petit, ajouta-t-elle en s'adressant à son fils, qui était venu placer sa tête inondée de larmes sur la poitrine de sa mère, oui, pleure avec moi le meilleur des hommes, le plus tendre des pères !

Quoique n'ayant que douze ans, Henri Deleplanque sentit bien qu'un grand deuil venait d'entrer dans sa famille. Et, pour en rendre le spectacle moins douloureux, il s'ingénia à consoler son père et sa mère, affaissés tous deux sous le coup que Lafutaie venait de leur porter.

Pour satisfaire à la juste impatience de la fermière et de son mari, Jacques se hâta de leur raconter les péripéties de la nuit cruelle qui venait de s'écouler, il leur dit comment les bandits avaient envahi la maison de M. d'Arbelle, comment César s'était défendu, comment enfin la pauvre domestique était tombée victime de son dévouement à ses maîtres.

Le jeune Henri trépignait de colère à ce récit de Jacques, et ses petits poings menaçaient l'ennemi invisible de ses parents.

Pierre Deleplanque, tout entier à sa femme, ne s'occupait qu'à lui rendre moins cruelle la perte qu'elle venait de faire. Quant à elle, résignée au sort que Dieu lui faisait, après avoir essuyé ses larmes, elle voulut partir immédiatement pour Lompret.

Elle avait hâte de se rendre auprès de son père mort.

Jacques et Deleplanque y consentirent.

Ils devaient emmener Henri, afin que toute la famille put rendre les derniers devoirs à celui que Dieu venait de leur enlever.

D'après la prière d'Albertine, Jacques réunit tous les domestiques de la ferme, leur annonça que le maître allait s'absenter pour vingt-quatre heures avec sa femme et son fils, et qu'il comptait bien que chacun ferait bonne garde en leur absence.

Ces braves gens le promirent.

Ils ignoraient encore la cause du voyage de Deplanque et de sa famille.

Quand ils l'eurent apprise, ce ne fut plus que larmes et gémissements dans la cense.

Le départ de Pierre et de sa famille fut bientôt répandu dans Esquermes et dans les environs.

On les plaignit, on sympathisa avec leur douleur, mais on ne put s'empêcher de frémir à la pensée que d'audacieux malfaiteurs couvraient le pays et pouvaient, d'un moment à l'autre, surgir sur d'autres points que celui qu'ils venaient d'ensanglanter.

On redoubla de précautions.

Mais ces précautions étaient inutiles, on le sait.

Le brigand des mers n'avait nulle envie de rester sur le sol de la France, où le terrain pouvait bien un jour manquer sous ses pas.

IX.

Les Français dans les Pays Bas. — L'estaminet de maître David. — Les prisonniers de guerre — Leurs occupations. — Le lieutenant Beausoleil (1).

Il y a des natures prédestinées.

Les unes marchent sans effort vers un avenir exempt de tribulations ; les autres, au contraire, ne rencontrent sous leurs pas que des écueils et des déceptions.

Albertine Guislain était de celles-ci.

Depuis quinze ans, bien des afflictions étaient venues fondre sur sa tête.

Après la tentative du misérable Aristide, elle avait vu mourir sa mère, elle avait vu partir Justin, et aujourd'hui, lorsqu'elle croyait voir s'écouler tranquillement ses jours auprès de son fils et de son mari qui l'adoraient, un coup plus funeste peut-être que tous les autres venait la frapper dans ses plus chères affections.

Et pourtant, qui plus qu'elle méritait la

(1) Toute la partie historique de ce roman est empruntée à l'*Histoire de la Révolution française*, par M. Thiers, à l'ouvrage de M. Cuvelier : la *Prise de la Flotte*, ainsi qu'aux pièces du procès criminel qui suivit le drame d'Esquermes et qui furent recueillies par M. Lejosne, juge d'instruction à Lille en 1845. C'est aux héritiers de ce magistrat que nous devons la communication de ces pièces, dont le lecteur appréciera l'importance.

bénédiction du ciel ? Bonne autant que douce, vertueuse et chrétienne, Albertine ne recueillait autour d'elle que des bénédictions pour le bien qu'elle faisait. Charitable, compatissante, aimant sa famille jusqu'à l'adoration, comment Dieu lui envoyait-il tant de calamités? Ah! c'est que ses desseins sont impénétrables et que celui qui guide le monde a les mains pleines de faveurs célestes pour ceux qui souffrent sur la terre.

A ce compte, Albertine n'avait-elle pas droit à ces faveurs ?

Mais les fera-t-il tomber sur elle ?

Nous n'osons le prévoir.

Depuis un an, la guerre avait été, par la République, portée au Nord de l'Europe.

Pierre Deleplanque et sa femme savaient que Justin faisait partie des bataillons qui venaient de conquérir la Belgique et la Hollande, qu'un dernier effort allait livrer toute entière aux Français. Ils savaient que Pichegru avait reçu l'ordre de marcher sur le Wahal. Mais l'hiver était si rigoureux que les pauvres fermiers d'Esquermes étaient inquiets, à juste titre, sur le sort de leur frère.

La dernière lettre de celui-ci, arrivée quelques jours après la mort de César, eût comblé le pauvre père d'une joie immense, car le jeune Guislain annonçait à sa famille qu'il venait d'être nommé lieutenant dans sa compagnie.

Cette lettre calma un peu les vives appréhensions d'Albertine, et dès lors, elle fut moins épouvantée de la rigueur de la saison, parce qu'elle pensait que son frère, au moyen du grade qu'il venait d'obtenir, pourrait sans doute trouver quelque adoucissement à la position que faisait à nos soldats le climat meurtrier du Zuyderzée.

C'était une illusion, car l'on verra plus tard qu'officiers, fantassins et cavaliers étaient dans le plus pitoyable état.

Mais, n'anticipons point.

D'après les ordres du général Pichegru, l'armée française, en cet hiver de 1795, longeait le fleuve Wahal et s'était répandue sur ses bords, vers Millingen, Nimègue et tout le long de l'île de Bommel, dont nos troupes avaient pris possession. L'officier-général ennemi Walmoden, voyant que Pichegru, vers Bommel, n'avait laissé que quelques avant-postes sur la rive droite, replia ses troupes et commença un mouvement offensif. Cet officier-général, de peur d'un échec, proposa au prince d'Orange de se joindre à lui, pour former de leurs deux armées une masse importante qui put arrêter par une bataille les Français, qu'on ne pouvait plus contenir maintenant par la ligne du fleuve. Mais le prude s'y refusa.

De leur côté, les armées républicaines appelaient de tous leurs vœux la gelée, qui devait leur permettre de manœuvrer plus facilement, et, en l'attendant, elles livrèrent de glorieux combats, qui eurent pour résultat de leur livrer la place de Grave, qu'elles réduisirent en cendres.

C'était la dernière forteresse des alliés de ce côté.

Presque tout le territoire de la Hollande était donc envahi.

Il ne restait plus que le Zuyderzée à conquérir ; mais la chose était assez difficile sans la gelée qui devait les y aider.

Eparpillés dans les environs du Helder et du Texel, les républicains prisonniers de guerre, essayaient de charmer leurs loisirs par le jeu et par toutes sortes de distractions.

Les gens du pays, très affables, quoiqu'ennemis, faisaient assez bon accueil aux pauvres soldats, que les hasards de la guerre avaient réduits en captivité.

C'est ainsi que, dans un village, non loin du Helder, nous en voyons quelques-uns causer et faire la partie de dames et de dominos, avec le maître de la maison où ils étaient logés.

Cet endroit, du reste, était un lieu public, de ceux que nous appelons aujourd'hui une brasserie et qu'à Lille on nommerait un estaminet. Amis et ennemis trinquaient à qui mieux mieux et vidaient ces énormes vidrecomes, pleins d'une bière mousseuse, dont la couleur d'ambre fait tant de plaisir à voir.

Cette espèce de casino hollandais, chauffé au moyen d'un poêle énorme, n'était pas sans élégance.

C'était une salle quadrangulaire assez spacieuse, dont l'un des quatre côtés donnait sur la mer, qui en baignait les murs et que l'on apercevait à travers une grande porte vitrée, à deux battants, qui s'ouvraient sur un large balcon couvert ; espèce de véranda, de laquelle on jouissait du spectacle sans cesse renouvelé de nombreux bâtiments qui voguaient de la Zélande au Texel ; c'est à dire, de l'île Valcheren jusqu'à celle de Vlieland, à l'extrémité nord de Zuyderzée.

Ce casino avait encore plusieurs portes, qui, du rez-de-chaussée conduisaient à l'étage supérieur, et le mobilier se composait de tables, de chaises et de dressoirs ; tout cela d'une excessive propreté.

Une lampe de cuivre suspendue au plafond, éclairait cette salle, où français et hollandais, fumaient et causaient chacun de son côté : les français de leur libération prochaine, les hollandais du progrès que faisaient nos armées dans leur pays.

Le maître du Casino, un gros hollandais aux joues fraîches et à la mine épanouie, fumait tranquillement sa pipe, qui devait contenir au moins une demi-once de tabac.

Il était assis auprès du poêle, les cartes

à la main et ayant à ses côtés la vieille Juditti, sa domestique, et une charmante hollandaise : Lydie sa nièce.

Les deux femmes s'occupaient à préparer le thé sur le poêle, tandis que les fumeurs continuaient à s'ingurgiter de la bière à la manière hollandaise; c'est à dire en vidant chaque fois leurs vidercomes.

Bientôt parut un nouveau personnage. C'était un officier français, prisonnier de guerre, le bras gauche en écharpe, et vêtu d'une vieille capote qui était loin de rehausser son physique, d'apparence souffreteuse.

Il était jeune, comme nous venons de le dire, et ses traits, quelque peu flétris par la fatigue et les marches forcées, n'en conservaient pas moins une régularité qui attestait que ce jeune homme, en bonne santé, devait être beau.

Cela est si vrai que dans son régiment il n'était autrement connu que sous le nom de lieutenant *Beausoleil*.

A son entrée, tous les Français présents dans le Casino se levèrent et s'empressèrent autour de l'officier. Celui-ci distribua d'excellentes poignées de sa main restée libre, et secouant le givre qui couvrait ses vêtements, il s'approcha du poêle sur lequel il étendit ses doigts engourdis par le froid.

Mais, comme il avait trop approché sa main de la fonte presque rouge, il la retira vivement en s'écriant :

— Maître David, il fait bien froid dans votre Hollande, mais quand on veut se chauffer, on se brûle.

— Monsieur, répondit le maître du Casino, auquel l'officier venait de s'adresser, il fait froid, en effet, mais j'espère bien qu'il va dégeler aujourd'hui.

— Tant pis, tant pis, fit l'officier.

— Comment ! tant pis ! interrompit David en quittant le jeu.

— Parce que nos Français ne peuvent pas avancer pour vous battre, maître David, répondit le lieutenant en souriant.

— Nous battre ?

— Sans doute. Et, quoique malheureusement je sois prisonnier de guerre, je ne suis pas moins satisfait de voir mes camarades, plus heureux que moi, marcher à de nouveaux succès.

— C'est très bien. Mais la Hollande n'est pas encore entièrement conquise, fit le gros David.

A peu près, mon estimable hôte. A peu près.

La jeune Lydie vint interrompre cette conversation en offrant à l'officier une tasse de thé que celui-ci accepta et but d'un trait.

— Aimable Lydie, ce liquide me réchauffe et me réconforte, dit le lieutenant en jetant à la dérobée sur la jeune fille un coup d'œil rempli de malice.

— Vous dites, monsieur l'officier, reprit

David, que le pays tout entier tombera entre vos mains.

— Je l'espère, répondit le lieutenant. Avec des soldats comme les nôtres, la chose n'est pas douteuse. Ecoutez, mon excellent monsieur David, écoutez la preuve de ce que j'avance.

— Voyons... j'écoute :

— Figurez-vous que nous étions devant Gorcum, dont les remparts nous couvraient de mitraille de tous côtés...

— Très bien !...

— Comment, très bien.

— Je veux dire que nos soldats se montraient courageux.

— Derrière les murs de Gorcum? fit l'officier d'un air narquois.

— Oui! oui! affirma le Hollandais ; courageux...

— Enfin!... A six cents francs les canons ennemis! s'écria tout à coup notre général. Adjugé! répliqua une vieille moustache. Adjugé et au profit des familles de nos blessés, ajouta-t-il.

— En avant! s'écria-t-on sur toute la ligne. En avant! Et nous nous élançons avec furie dans la demi lune où, malgré un feu d'enfer, sans la maudite prune qui est venue me chatouiller le bras gauche, j'enlevais l'ouvrage à la baïonnette.

— Oui, mais c'est vous qui avez été enlevé, monsieur l'officier.

— C'est vrai! Et conduit près du Helder,

prisonnier sur parole ; près du Helder, où j'ai trouvé dans cette maison, chez vous, *meinherr* David, le meilleur accueil. l'accueil le plus désintéressé.

— A propos, monsieur l'officier, interrompit le Hollandais qui ne perdait pas la carte, Judith vous a-t-elle remis la petite note ?...

— Non, répondit Beausoleil.

— La voici, fit la vieille servante qui avait entendu la question de son maître.

— Diable! diable! monsieur le Hollandais, dit le lieutenant après avoir jeté les yeux sur le papier ; votre désintéressement se paie un peu cher.

— Vous trouvez?

— C'est égal, répliqua le Français avec insouciance, comme tout cela ne durera pas longtemps, je ne veux point y regarder de si près.

Puis tournant le dos à David, notre officier, sans être vu, arracha un des boutons de sa capote et jeta sur la table un double louis en disant :

— Tenez, payez vous.

Le Hollandais s'écarquillait les yeux devant la pièce d'or qui brillait à la lumière de la lampe.

— Est-ce que vous en avez beaucoup comme ça? demanda-t-il à l'officier.

— Que vous importe! payez vous, répondit brusquement celui-ci.

— La note se monte?...

— Pour six jours, à la somme de vingt-quatre francs ; c'est un peu cher, mon hôte désintéressé

— C'est pour rien, répliqua David.

— Quatre francs par jour, c'est juste la moitié de ce que votre gouvernement nous alloue. Mais n'en parlons plus. Rendez-moi vingt-quatre francs et nous serons quittes, brave Hollandais.

Et lorsque David se fut exécuté, l'officier ajouta :

— Je crois vraiment que c'est la dernière fois que je serai rançonné par vous.

— Rançonné ! rançonné ! grommela le maître du casino.

— Allons ! allons ! mon cher hôte, ne m'en veuillez pas. Un peu de vivacité...

— Moi, vous en vouloir ? et pourquoi ? Parceque vous payez rubis sur l'ongle ! Non, non, mon officier. Je ne vous en veux nullement.

Puis, changeant de ton :

— Savez-vous que je suis étonné de voir combien vous avez d'indifférence lorsqu'il s'agit de faire la guerre si loin de votre pays, au milieu des frimats du Nord de la Hollande.

— Que voulez-vous ; quand la patrie vous appelle, il faut partir. J'ai quitté ma famille pour lui obéir, et j'en suis déjà récompensé, puisque je suis sorti du rang et que me voilà lieutenant.

— Dans quel coin de la France êtes-vous né ? Je connais un peu la France.

— Je suis du pays d'Artois, et ma famille est de la Flandre.

— Et vous l'avez quittée ?

— Il le fallait, vous dis-je.

— Quel dévouement !

— Il n'y a pas de mérite à cela, mon cher M. David. Tous nos jeunes Français en font autant. A peine enrégimenté, mes camarades me nommèrent leur officier Je n'avais pas le temps de justifier leur préférence en m'instruisant dans l'art militaire. L'ennemi était sur les frontières. Je m'en dédommageai en me montrant toujours le premier au poste le plus périlleux, et c'est ainsi que je suis arrivé au grade qui me permet de commander à mes compatriotes

— Mais comment se fait-il qu'étant prisonnier vous ayez encore de l'argent ?

— Ceci, c'est mon affaire ! dit sèchement l'officier.

— Mais, si on vous avait dépouillé ?

— On n'y a pas manqué, croyez-le bien : Armes, chapeau, uniforme, bijoux, on m'a tout enlevé.

— En ce cas, je ne conçois pas...

L'officier ouvrit son vêtement et le montra à David.

— On ne vous a laissé que la chemise !... exclama David en contemplant l'officier.

— Avec cette culotte, ces guêtres et cette mauvaise capote.

Pl s c un soupir :

— 'Mes pauvres compagnons d'armes n'en ont pas encore de semblables.

— C'est vrai ! et je ne conçois pas comment ils peuvent, à moitié vêtu, avec des effets en lambeaux, des culottes et des guêtres trouées, comment ils peuvent, dis-je, faire la guerre dans la neige et sur la glace, sans mourir de froid.

— C'est la poudre à canon qui nous réchauffe.

— Mauvaise, mauvaise chaleur, répliqua David en avançant sa lèvre lippue.

— Oui, mais la France nous crie : Marchez et la victoire vous récompensera de vos peines !... Et nous marchons!

— Je ne comprends pas cela ! fit le Hollandais, la bouche béante.

— Je n'ai pas de peine à vous croire, répondit le lieutenant en lui frappant familièrement sur l'épaule.

Cette longue conversation avait eu lieu auprès du poêle et personne n'y avait pris part.

Aux derniers mots, un personnage important du village, entra dans la salle commune du casino.

Tout le monde se leva.

Le lieutenant mit la main à son bonnet de police.

— Mon oncle ! dit la jeune Lydie qui avait précédé le nouvel arrivant, voici M. le Bourgmestre qui veut vous parler à l'instant.

David fit quelques pas pour le recevoir.

Le lieutenant, de son côté, s'approcha de Lydie et lui dit, assez bas pour n'être entendu que d'elle :

— A quand le baiser que vous m'avez promis, belle Lydie ?

— Quand les Français seront vainqueurs, répondit la jeune Hollandaise.

— Alors ce sera bientôt, répliqua le lieutenant.

Lydie fit un signe de tête négatif et tourna les talons à l'officier avec un petit air boudeur.

X

La Gazette de La Haye. — Le bourgmestre Axel. — L'écumeur de mer. — Les prisonniers français armés. — Leur noble conduite.

— Soyez le bienvenu, maître Axel, dit le gros David au bourgmestre ; soyez le bienvenu dans mon auberge.

— Bonjour, voisin.

Ils échangèrent une poignée de main, puis le maître du Casino reprit :

— A quoi puis-je vous être utile, M. le bourgmestre ?

Et le fonctionnaire, prenant un ton doctoral, répondit avec lenteur :

— Voisin, suivant les apparences, d'accord avec mes sages calculs, — car j'avais toujours dit que nos braves Hollandais seraient victorieux, — il paraît que notre armée a fait sur les Français une grande quantité de prisonniers, puisqu'il en arrive aujourd'hui même plus de dix dans notre bourg.

— Dix prisonniers français? dit en riant le lieutenant.

— Oui, monsieur l'officier, dix !

— Dans la dernière affaire, sur le Wahal, riposta celui-ci, ma compagnie en a fait à elle seule plus de quinze cents. C'était une division hanovrienne : armes, bagages, canons, tout y a passé.

— Monsieur le lieutenant, dit le bourgmestre avec une sorte d'incrédulité, je ne sais pas trop où sont vos prisonniers, mais je tiens les nôtres et je ne veux pas les laisser échapper : or, n'ayant dans mon village ni tour, ni prison, je viens demander à mon voisin David sa grange; elle ferme à clé ; je mettrai toute la milice que je commande sur pied, et, moyennant trente hommes de garde à la porte du bâtiment, j'espère bien que mes prisonniers ne s'echapperont pas.

— Qui sait, cher M. Axel? Ne vous y fiez pas trop, dit Beausoleil, nos camarades en ont fait bien d'autres. Tenez, nous avons dans nos tirailleurs un sergent qui n'est pas plus haut qu'une botte de cavalier, eh bien, à lui tout seul, il a fait mettre bas les armes, devant Bréva, à quarante de vos miliciens, le bourgmestre en tête.

— Ta ta ta, un bourgmestre se laisser prendre comme un sot...

— C'est vous qui le dites, M. Axel, riposta l'officier. Tenez, ajouta-t-il, si vous voulez m'en croire, au lieu de renfermer vos prisonniers, laissez-les comme moi, comme mes camarades, qui sont ici, laissez-les libres sur parole, vous aurez moins de chances à courir.

— Vous n'y songez pas, répondit le bourgmestre; il n'y a que les militaires gradés qui peuvent jouir de cette faveur.

— Je sais, je sais! mais c'est que, voyez-vous, chez nous quand il s'agit d'honneur, la parole d'un soldat vaut celle d'un officier.

— C'est possible, fit Axel en se frottant l'oreille, mais les ordres...

— Les officiers qui sont ici et moi répondrons pour eux.

— Vous savez? qui répond paie.

— C'est tout clair.

— Eh bien, monsieur l'officier, pour vous être agréable, je tâcherai d'arranger l'affaire.

— Touchez là, mon brave bourgmestre, dit Beausoleil en lui tendant la main.

— Mais, plusieurs de vos soldats sont blessés... légèrement, c'est vrai.

— Comme moi, qui vais demain me débarrasser de cette maudite serviette, qui tient ma main emmaillottée comme un nouveau-né.

— Ah! vous êtes guéri, à ce qu'il paraît?

— A peu près, et je veux que les nouveaux venus ne manquent de rien.

— Mais... fit le bourgmestre avec embarras.

— Je paierai ce qu'il faudra, dit l'officier en voyant l'hésitation d'Axel.

— Oh! alors, c'est différent.

— Monsieur David, dit le lieutenant, vous donnerez aux prisonniers qui vont venir tout ce qui leur sera nécessaire.

— Vous êtes un bon et brave Français, répondit l'aubergite, qui ne voyait qu'une affaire devant lui rapporter quelques pièces d'or. Je ferai tout pour vous satisfaire.

Et tandis que le bourgmestre et l'aubergiste se parlaient bas en se frottant les mains de satisfaction, le lieutenant dit à part lui :

— Ma pauvre capote, tu seras bientôt sans boutons.

Et en effet, il en arracha encore deux en ajoutant :

— Que je remercie le bon Dieu de ma sage prévoyance. — Vous voyez, M. le bourgmestre, que j'ai encore de quoi soulager mes compagnons d'infortune.

Et il lui montra les deux double louis qu'il venait d'extraire de l'enveloppe qui les cachait.

— Où sont les prisonniers? demanda l'officier.

— Là bas, devant ma porte, où ils m'attendent.

— Je vais leur porter quelques consolations, dit le lieutenant en faisant un pas pour sortir.

— Recommandez-leur de se bien conduire, je vous en prie. Car c'est moi, Albertus Axel, magistrat suprême de ce bourg, qui suis responsable de la tranquillité publique.

— Soyez tranquille, M. le bourgmestre, fit le lieutenant en riant, elle ne sera pas troublée, je vous en réponds. Les Français ne sont redoutables que les armes à la main et en face de l'ennemi.

— Quel étourdi! dit à demi-voix la nièce de David. Mais il est aussi bon que brave.

Et l'officier gagna la porte de sortie, non sans avoir envoyé un baiser à la jeune fille, tandis que les deux vieillards s'entretenaient dans un coin de la salle.

— Je vous disais donc, voisin David, que notre général a obtenu de grands succès.

— Vous croyez, M. Axel, dit la jeune fille en prenant part à la conversation, vous croyez donc que l'armée française a été battue?

— Sans doute, mademoiselle, répondit le magistrat; elle périra tout entière dans les glaces, je vous en réponds.

— C'est une erreur, M. Axel, car les Français sont partout vainqueurs! dit la jeune fille.

— Qui est-ce qui fait de pareils contes? demanda le bourgmestre.

— Les prisonniers eux-mêmes.

— Et vous êtes assez bonne pour les croire ?

— Monsieur le bourgmestre, répondit avec un ton sérieux la nièce de David en lui mettant un papier sous les yeux. Donnez vous la peine de lire cette gazette.

— Voyons ces belles nouvelles !

Et le magistrat lut :

« Les Français sont entrés avant-hier dans Amsterdam. La tranquillité publique n'a pas été troublée un seul instant et la Bourse est restée ouverte. »

— Eh bien, mon cher oncle ! fit Lydie d'un air mutin, que vous disais-je ?

— C'est bien singulier !... répondit celui-ci.

— C'est pourtant bien le timbre des États-Généraux, ajouta le bourgmestre en retournant le journal dans tous les sens.

— Est-ce qu'il n'y a pas autre chose ? demanda David.

— Si... si mon oncle. Voyez, monsieur le bourgmestre, à cette colonne... à gauche.

— Voyons donc !

Et le magistrat, la main tremblante, continua la lecture.

— De La Haye...

— Ah ! c'est de La Haye ? fit David.

— Oui !

Axel lut donc :

« Ce matin, le stathouder s'est embarqué pour l'Angleterre, en ordonnant à tous ses officiers de rester de service dans son palais pour y recevoir le général français auquel il remet le dépôt de sa légitime autorité, voulant que ce brave général soit traité comme lui-même. »

— Je n'en reviens pas, s'écria le bourgmestre en laissant tomber ses bras avec désespoir et en froissant dans ses mains la malencontreuse gazette.

— Goodferdum! s'écria David. Ils vont venir ici, monsieur le bourgmestre; il faut avoir de grands égards pour les prisonniers qui vous sont arrivés.

— Vous avez raison, David. Cet officier et ses camarades pourront nous servir de sauve-garde. C'est vraiment un excellent jeune homme, ajouta-t-il avec une sorte d'attendrissement.

— Je suis bien de votre avis, ajouta la nièce de l'aubergiste.

— Et depuis qu'il est prisonnier dans ce village, fit en continuant messer Axel, je lui ai toujours accordé ce qu'il voulait. Vous en êtes témoin, David?

Comme on le voit, l'article de la Gazette avait opéré un changement total dans l'esprit du bourgmestre, aussi bien que dans celui de David. Quant à Lydie, le lieutenant lui avait toujours paru ce qu'il était, c'est-à-dire aussi bon que brave, et, de plus, il avait su lui inspirer par ses saillies et sa gaieté un sentiment qui l'avait rendue souvent soucieuse; et sans la distance qui la séparait de lui et comme étrangère et comme position, il est certain qu'elle eût fait moins de façons pour lui accorder le baiser qu'elle lui avait promis.

Un coup de canon vint interrompre l'entretien du bourgmestre avec David.

— Qu'est-ce que cela? demanda celui-ci tout tremblant.

— Il faut voir! répliqua le bourgmestre devenu pâle d'effroi.

Lydie alla ouvrir la fenêtre qui fermait le balcon.

La mer était agitée, et comme la brume était venue, le ciel couvert de nuages n'était éclairé que par quelques rayons de lune perçant par intervalles le noir rideau qui couvrait l'horizon.

Le bruit de l'artillerie venant de la mer continua, et les spectateurs qui étaient sur le balcon ne doutèrent pas que la flotte hollandaise n'eût mis à la voile malgré le gros temps et qu'elle ne cherchât en ce moment à regagner le mouillage du Texel.

Le canon avait remué jusque dans leurs entrailles les prisonniers répandus sur la plage du bourg; aussi les vit-on bientôt, ayant à leur tête le lieutenant Beausoleil, faire irruption dans le casino.

— Mon Dieu! s'écria le bourgmestre affolé de terreur et suivi de David non moins affrayé. Monsieur l'officier, qu'est-ce que c'est donc que tout cela ?

— Calmez votre inquiétude, mon cher monsieur, dit le lieutenant. Un de ces écumeurs de mer qui paraissent depuis quelque temps sur nos côtes restées sans défense vient d'attaquer un bâtiment sous pavillon batave.

— Je vais, interrompit Axel, je vais faire rassembler notre milice pour protéger le débarquement des malheureux qui sont poursuivis.

Et comme le bourgmestre fit un mouvement pour sortir, l'officier l'arrêta et lui dit :

— Ne vous donnez pas cette peine-là, vos miliciens ont marché au premier coup de canon...

— Je savais bien que l'on pouvait compter sur eux, s'écria le bourgmestre avec une pointe d'orgueil.

— Oui, mais au second coup, continua le lieutenant, au second coup ils ont battu en retraite.

— Diable ! diable ! fit le bourgmestre. C'est que la canonnade se rapproche. Entendez vous ?

— Oui, répondit l'officier en se plaçant sur le balcon, éclairé cette fois par la lune que les nuages n'obscurcissaient plus. Les voyez-vous s'enfuir ? ajouta-t-il en étendant le bras vers la mer.

— Qui ça ?

— Vos miliciens donc, répondit le lieutenant.

Puis il ajouta :

— Le vaisseau marchand fait force de voiles pour gagner le rivage.

A ce moment, tout le monde avait pris place sur le vaste balcon.

— Monsieur le bourgmestre, dit l'officier, il faudrait pour éloigner l'audacieux pirate, montrer sur la plage quelque troupe armée et engager une vive fusillade. Si vous vouliez nous faire donner des armes ; mes camarades et moi, nous vous répondons du poste.

Officiers et soldats prisonniers s'écrièrent avec enthousiasme :

— Oui, oui, des armes, et nous chasserans ces bandits.

— Braves ! braves ! s'écria Axel les larmes aux yeux.

— Nous n'en avons pas d'autres, répondit le lieutenant.

— Français ! exclama le bourgmestre, je me confie à votre générosité. Suivez-moi, je vais vous donner des armes.

La salle du casino fut presque vide en un clin d'œil.

Il n'y resta que David, Lydie et la vieille Judith qui tremblait de tous ses membres.

XI.

La chasse au forban. — Le coffre fort. — Le père et la fille. — Bravoure et désintéressement de nos soldats. — Erreur du lieutenant Beausoleil.

Le cabaretier avait dans quelque coin de sa maison une cachette qui renfermait tout ce qu'il possédait de plus précieux. Aussi laissa-t-il bientôt les deux femmes se lamenter, chacune à sa façon, c'est-à-dire la vieille voyant déjà la mort devant elle, et Lydie pensant au Français qui allait risquer sa vie pour préserver la sienne.

David courut donc à sa cachette, multiplia devant elle les obstacles, afin que l'ennemi ne puisse parvenir à la découvrir, et, satisfait de sa besogne, il alla devant sa porte chercher des nouvelles.

Pendant cette opération du gros Hollandais, les deux femmes demeurées seules étaient plus mortes que vives.

— Je n'ai plus une goutte de sang dans les veines ! exclama la vieille Judith en tombant sur une chaise.

Le bâtiment hollandais, harcelé par son adversaire, se montrait les voiles déployées et lâchait de temps à autre quelque bordée. On entendait aussi une vive fusillade.

Lydie, qui ne manquait pas de courage,

était allée en se baissant se placer sur le balcon, afin de mieux voir.

La mer était si grosse que les lames déferlaient et venaient se briser sur le balcon qu'elles couvraient d'écume. De gros nuages étaient venus de nouveau obscurcir le ciel en vomissant de la grêle et de la pluie, en même temps qu'un vent impétueux venait s'engouffrer dans la salle en menaçant d'y tout détruire.

Une éclaircie vint permettre à la jeune fille d'admirer le grandiose de ce tableau. Et comme elle ne quittait pas des yeux l'horizon, elle s'écria tout à coup :

— Le bâtiment hollandais entre dans le golfe... le pirate veut le suivre...

Une vive fusillade partie à peu de distance du casino l'empêcha de continuer ; mais elle remarqua que le corsaire s'était arrêté.

— Oui, dit-elle, le bâtiment hollandais vire de bord. Il est sauvé! Judith! Judith! ajouta-t-elle, viens donc voir.

— Voir quoi, mademoiselle.

— Voir la tempête ; cet épouvantable chaos !

— Je n'en ai pas le courage, mademoiselle, dit la vieille en retombant sur son siége.

— Mais viens donc voir, ma mie! Le bâtiment hollandais touche au port. Le pirate s'éloigne à toutes voiles. Victoire! s'écria de tous ses poumons la nièce de David en battant des mains.

— Victoire ! dis tu, mon enfant, hasarda le maître du casino en passant sa tête dans l'entrebâillement de la porte.

— Oui, mon oncle, victoire ! et complète, encore.

— Jésus Maria ! je vous rends grâce, dit d'une voix chevrottante la vieille Judith à ces paroles de Lydie.

— Ils sont partis ? demanda David.

— Oui, mon oncle.

— Nous avons fait bonne contenance, j'espère.

— Vous, mon oncle ?

— Sans doute ! N'avons nous pas, Axel et moi, consenti à l'armement de nos défenseurs ?

Lydie se mit à sourire de la bravoure de son oncle, et, comme le calme avait succédé à la canonnade et à la mousqueterie, elle retourna au balcon et jeta un œil inquiet sur le bâtiment embossé à quelques pas du casino.

— Mon oncle, dit-elle, les passagers débarquent. J'aperçois un monsieur et une jeune dame qui se dirigent de ce côté.

Aidée de la vieille Judith, Lydie referma les battants de la fenêtre du balcon, tandis que David, la figure rayonnante, et après avoir ordonné de rallumer la lampe éteinte pendant la tourmente, disait avec une satisfaction qui lui était habituelle, chaque fois qu'il voyait le moyen d'augmenter son magot ;

— Excellente affaire pour mon auberge. A quelque chose malheur est bon. Allons, Judith, Lydie, vite à la besogne, rangez, essuyez les meubles, couverts d'eau et de sable. Depuis une heure, tout a été mis sens dessus-dessous ici.

— Oui, maître, fit Judith en se pressant le plus qu'elle put.

— Mon oncle, voici les étrangers ! annonça Lydie, qui était allée jusque sur la porte de la rue.

Les paysans du bourg, des torches de résine à la main, accompagnaient quelques matelots portant un coffre-fort. Les Français armés par le bourgmestre les suivaient, le fusil sur l'épaule, les vêtements souillés de boue, les capotes déchirées ; les uns sans couvre-chefs, d'autres avec des bonnets de police, dont la flamme leur pendait sur les épaules.

Le voyageur qui venait de débarquer était un homme de quarante à quarante-cinq ans, d'une tournure distinguée et d'un physique accusant une noblesse de race.

Sans doute encore quelque émigré français.

La jeune personne qui l'accompagnait ne manquait pas non plus de noblesse dans ses manières et dans son maintien. Vêtue fort simplement avec une ample robe garnie de fourrures, coiffée d'une espèce de turban bordé d'astrakan, elle n'avait pas besoin de toilette pour faire valoir ses charmes, que rehaussaient sa jeunesse et une timidité qui sied si bien à cet âge — elle n'avait pas plus de quinze ans — cette jeune personne, d'une taille élevée, d'une force physique qui la faisait paraître plus âgée de cinq ans qu'elle ne l'était en effet, avait la démarche masculine et la voix sympathique, en conservant toutefois dans le ton celui d'une exaltation qui lui permettait de moduler sa voix d'après sa pensée Ce n'était plus une jeune fille, c'était une femme parvenue à l'épanouissement de toutes ses facultés physiques et intellectuelles.

— Courage, mon père ! dit-elle en soutenant le voyageur qui l'accompagnait et qui semblait très fatigué. Courage, nous voici enfin sous un toit hospitalier.

— L'émotion !... l'inquiétude pour toi, ma chère enfant !

Lydie et Judith, qui étaient allées au-devant des voyageurs, approchèrent un fauteuil dans lequel prit place celui qui venait de parler.

— Je me sens mieux, dit-il en saisissant la main de sa fille qu'il pressa dans les siennes.

Et comme ses yeux exploraient le lieu où on l'avait introduit, ils s'arrêtèrent sur les soldats français.

— Ah ! c'est vous, mes amis, dont la bravoure nous a sauvés des mains de ce forban ?...

— Quelques coups de fusil les ont intimidés, dit un sous officier qui se trouvait là ; cela ne vaut pas la peine d'en parler.

— Regardez donc, mon père, comme ils ont l'air malheureux ! dit la jeune fille en montrant l'accoutrement des prisonniers.

— En effet, mes amis, ajouta-t-il en se levant. Je vous dois ma fortune, mon existence, celle de ma fille ; il n'est que juste que je partage avec vous. Prenez cet or !...

Et il tendit une bourse aux soldats français.

— Mille cartouches ! Qu'est-ce que c'est que cela ? fit avec orgueil le sous-officier de tout à l'heure.

— Peu de chose pour un aussi grand service ! répondit le voyageur.

— Le Français ne se bat pas pour de l'argent !

— Quoi, vous refuseriez ?...

— Carrément, encore. Nous sommes républicains, prisonniers de guerre, et en défendant ce pays contre des brigands, ennemis de tous les peuples, nous répondons à sa confiance qui nous a mis les armes à la main, nous remplissons les devoirs de l'hospitalité, et, mille carabines ! ça vaut mieux que de l'or.

— Braves soldats ! mes compatriotes ! vous me faites verser des larmes de joie.

— Vous êtes Français, monsieur ?

— Oui ! et à ce titre, voici ma main.

— A la bonne heure, fit le sous-officier ; ça ! nous l'acceptons avec infiniment de plaisir. Mais, il se fait tard, ajouta-t-il, nous allons remettre nos armes au bourgmestre et prendre un peu de repos ; nous en avons besoin. Allons, camarades : En avant ! marche !

La petite colonne qui avait si bien défendu le brick hollandais, fit demi tour à droite et précédée des paysans munis de torches, elle disparut dans les rues du bourg.

— Si le général Pichegru a beaucoup de soldats comme ceux-là, il ne doit pas être facile de les vaincre, dit le voyageur.

Puis, s'adressant à David :

— Monsieur l'aubergiste, sommes-nous encore loin du village de Mordick ?

— Deux lieues au plus.

— Chère enfant, dit le voyageur à sa fille, c'est là que Richard possède cette charmante habitation qui va nous servir de retraite. Après avoir fui la France, obligés de quitter le Brabant envahi par les républicains, de nous embarquer pour fuir les vainqueurs, — nos compatriotes cependant, — nous aurions perdu tout ce que nous possédions, si je n'avais d'avance réalisé à Bruxelles toute ma fortune pour nous retirer dans ce pays, près de celui que tu dois épouser un jour.

— Que de peines, mon père !

— L'image de ton bonheur, ma chère

enfant, pourra seule me dédommager des malheurs de famille qui ont tourmenté ma vie.

— Mais il me semble, mon père, que M. Richard tarde bien à venir.

— Il est resté sur le bâtiment pour donner les derniers ordres.

— La nuit est déjà bien avancée.

— Nous la passerons ici, dit le père de la jeune femme. Monsieur, ajouta-t-il en s'adressant à David, avez vous un appartement à nous donner ?

— Il est tout prêt, monsieur.

— Fort bien.

Puis, aux matelots qui portaient le coffre-fort :

— Suivez-nous, mes amis, leur dit-il en marchant avec sa fille sur les pas de Lylie, qui les conduisit à leur chambre un flambeau à la main.

La salle du casino n'étant éclairée que par la lampe, était devenue un peu obscure.

Lydie, dès qu'elle eut indiquée aux voyageurs la pièce que maître David leur destinait, redescendit.

Elle avait entendu la conversation du père et de la fille, relative au prochain mariage de celle-ci.

— Elle est bien heureuse, cette jolie demoiselle, dit elle. Elle va se marier ! et toi pauvre Lydie, tu as beau aimer, tu n'as pas l'espoir d'être jamais à celui...

Nous ne jurerions pas que la jeune hollandaise ne pensât point en ce moment au lieutenant Beausoleil.

Elle était devenue rêveuse.

Il est, dit-on, un Dieu pour les amoureux ! Il sait les réunir au moment où ils s'en doutent le moins.

C'est ce qui arriva.

Lydie, dont les pensées voltigeaient autour du bel officier français, ne fut pas peu surprise de le voir entrer dans la salle où elle venait de se montrer.

Elle demeura un moment, interdite et troublée.

— Je vous trouve donc seule enfin, dit Beausoleil. Je puis donc, sans craindre les importuns, vous dire que je vous aime à la folie.

— Encore un conte comme les Français en savent faire à toutes les femmes qui ont la bonté de les écouter.

— Et vous aurez cette bonté là, n'est-ce pas, belle Lydie ? fit Beausoleil d'un air câlin.

Il essaya alors de lui prendre la main, qu'elle retira assez brusquement.

— Moi ? dit-elle, point du tout.

— Quoi, vous seriez assez méchante pour ne pas prendre en pitié le pauvre prisonnier ?

— J'ai affaire auprès de cette étrangère, ne me retenez pas, dit-elle, en faisant un pas pour sortir.

— Encore une minute, je vous en prie.

— Mon oncle m'attend, monsieur l'officier !

Celui-ci, étant parvenu à lui passer son bras autour de la taille, lui dit avec animation :

— Et ce baiser que vous m'avez promis si les Français étaient vainqueurs ?

— Promettre et tenir sont deux, répondit la jeune fille avec malice.

— En France, peut-être ; mais on m'a dit qu'en Hollande, une simple promesse valait un billet au porteur.

— Quelque belle demoiselle de Paris l'acquittera, répondit la nièce de David en se dégageant du bras de l'officier et en allant se cacher derrière la porte par laquelle elle était venue.

Beausoleil, craignant d'être surpris, courut à l'entrée du casino pour écouter.

Pendant ce peu de temps, Lydie s'échappa, sans qu'il ait vu ce mouvement, et lorsqu'il eût cherché un moment dans la pénombre de la salle, il crut la voir revenir, et, dans la demi-obscurité qui l'entourait, il prit son baiser sur la joue de la jeune femme qui accompagnait le voyageur et qui entrait à ce moment.

Celle-ci jeta un cri.

— Ah ! tu me refuses mon paiement. Eh bien ! je vais le prendre une seconde fois, dit l'officier

— Laissez-moi ! laissez-moi, monsieur. C'est une insulte !

Le Français, repoussé par la jeune femme, fut comme terrifié en ne reconnaissant pas la voix de Lydie.

— Quel est l'insolent ? s'écria un homme qui fit irruption dans le casino avec deux pistolets à la main.

Et, comme Judith, Lydie et David arrivaient, suivis de deux matelots portant des lumières, les deux hommes qui ne s'étaient jamais vus restèrent confondus.

— Ce n'était pas Lydie! s'écria Beausoleil.

Et tandis qu'il détournait la tête en se cachant la figure, Richard d'Arbelle — car c'était lui — Richard déposa ses pistolets sur la table de jeu.

— Mais qu'y a-t-il donc, ma fille ? demanda le voyageur se montrant à son tour.

— Rien, mon père ! répondit la jeune femme en se précipitant dans ses bras. Rien... une méprise.

Puis, le prenant à part, elle lui dit quelques mots à l'oreille, tandis que la vieille Judith plaçait des flambeaux sur la table et que les matelots regagnaient le bâtiment.

XII.

Un duel inévitable. — Où Richard d'Arbelle et Du Vivier se découvrent — Quel est le père de Valérie. — Encore Aristide de Rochebrune.

— Monsieur! dit Richard avec emportement, une pareille conduite envers une femme...

— Je proteste sur l'honneur...

— L'honneur! vous l'outragez.

— Monsieur! je suis offici r français, dit avec fierté l'interlocuteur de Richard.

— Eh bien! répondit celui-ci en montrant ses pistolets, demain au point du jour...

— Je ne refuse jamais une semblable invitation, dit l'officier.

Pendant ce petit dialogue débité presque à voix basse, la fille du voyageur avait montré Lydie à son père, en lui racontant l'erreur de Beausoleil. Celui-ci avait franchement tendu la main à Richard, qui ne fit aucune façon pour la prendre, ce qui donna occasion au père de l'offense de dire :

— Je suis heureux de vous voir d'accord, messieurs. Ma fille vient de me faire connaître une erreur...

— Dont je n'ai pas l'injustice de l'accuser, continua Richard.

— Mon cher ami, dit le voyageur à celui-ci, ma fille est fatiguée du voyage, nous allons nous retirer. Demain matin, monsieur l'officier, ajouta-t il en s'adressant à Beausoleil, demain, avant mon départ pour la campagne de mon ami, j'aurai l'honneur de vous témoigner toute ma reconnaissance du service que vous m'avez rendu.

Beausoleil s'inclina sans répondre.

— Bonne nuit, ma chère enfant! dit le

père à sa fille en l'embrassant. A demain.

— Vous entendez? dit Beausoleil à Richard, d'un ton dégagé, mais bas.

— Oui, à demain. répondit le jeune homme en lui serrant encore une fois la main.

L'officier salua et sortit par la porte qui donnait dans la rue, tandis que David et Judith emmenaient la jeune femme dans son appartement.

Vandeek — c'est le nom du voyageur que nous avons cru devoir taire jusqu'ici — Vandeek, disons nous, resté seul avec Richard, lui dit :

— Enfin, nous pouvons donc causer un moment sans témoin.

— Cher vicomte !...

— Chut ! fit Vandeek un doigt sur la bouche, il n'est pas encore temps de nous découvrir.

— Que nous gardions l'incognito devant le public, c'est bien, mais lorsque nous sommes seuls... dit Richard.

— Vous avez raison ; la contrainte me pèse depuis trop longtemps. Que je sois Vandeek le négociant pour le vulgaire ; je veux être et demeure toujours entre nous deux le vicomte Du Vivier.

— De même que je veux rester pour vous et pour la charmante Valérie, Richard D'Arbelle.

— Mon cher ami, je verrai arriver avec joie le jour où j'abdiquerai entre vos mains les droits que je puis avoir sur Valérie; mais je prévois que votre union ne se fera pas sans obstacle.

— Que me dites vous là?

— Si vous le voulez, cher Richard, nous laisserons pour aujourd'hui ce sujet qui occupe toutes mes pensées.

— Comme il vous plaira, monsieur le vicomte, En attendant ce fortuné moment, j'ai fait passer mes instructions au vieux Gauthier, mon fidèle serviteur, et tout sera prêt dans l'habitation où j'ai l'intention de vous recevoir.

— Avant de former un lien indissoluble, il faut pourtant, mon cher d'Arbeile, que je remplisse auprès de vous un devoir sacré. Mon cœur a besoin de s'épancher dans celui d'un ami.

— Le mien vous est ouvert, monsieur le vicomte.

— Votre père est mort sur la terre d'exil, il y a quelques mois à peine?

— Oui, monsieur.

— Vous étiez tous deux depuis longtemps, dans cette partie de la Hollande?

— Il y avait cinq ans.

— Dans un voyage que je fis à Bruxelles, j'eus le bonheur de vous rencontrer, votre père me reconnut pour un de ses compatriotes; il était de la Flandre et moi j'étais de l'Artois: deux provinces étroitement liées ensemble. Nos malheurs nous réunirent, et dès lors, l'exil nous parut moins cruel.

— C'est vrai.

— Lorsque votre père eût quitté ce monde, vous vous rappelâtes ces exilés, avec lesquels vous aviez passé dans le Brabant quelques jours paisibles. Vous voulûtes bien vous souvenir de ma pauvre Valérie et vous m'avouâtes que vous seriez bien heureux d'en faire votre femme.

— L'estime et l'amour, furent les sentiments que m'inspira votre charmante fille ! dit Richard.

— En approuvant une union qui réaliserait mes plus chères espérances, je commis une faute.

— Une faute ?

— Oui. Craignant de troubler votre bonheur, je vous cachai un secret à tous les deux.

— Un secret ?

— Un secret que Valérie elle-même ne doit apprendre que de son mari.

— Le partage de vos chagrins de famille peut en adoucir l'amertume, et, puisque je dois un jour faire partie de cette famille, c'est à moi qu'il appartient d'en recevoir la confidence. Oui, cher vicomte, je me trouverai bien heureux si mon amitié peut vous aider à partager vos chagrins.

— Mais, si ce que j'ai à vous confier, dit le vicomte en dirigeant un regard scrutateur sur le jeune d'Arbelle, si ce que j'ai à vous dévoiler était de nature à diminuer l'affection que vous avez pour Valérie ?

— Pouvez-vous le croire ?

— Si son père avait forfait à l'honneur ?

— Vous ! vous... Cela n'est pas possible, s'écria Richard en reculant d'un pas. Oh ! dites-moi donc que vous ne me parlez ainsi qu'afin de m'éprouver.

— Non, mon ami, ceci n'est point une épreuve.

— Je reste confondu.

— Seulement... fit le vicomte dans un trouble extrême.

— Seulement?

— Je ne suis pas le père de Valérie.

— Vous n'êtes pas...

— Non.

— Mais, quel est-il donc son père ?

— Mon beau-frère, le mari de la sœur de ma femme... le mari d'une malheureuse créature qui mourut quelques mois après la naissance de sa fille, pauvre enfant que j'ai adoptée lorsque le ciel m'eût enlevé celle que j'ai perdue.

— Enfin ! le père de Valérie, vous le nommez?...

— Le comte Aristide de Rochebrune, autrefois seigneur de Bocourt en Artois.

— Ainsi, Valérie, votre nièce ?

— Fut élevée par mes soins comme ma fille.

— Et... son père ? fit avec hésitation Richard d'Arbelle.

— Son père, répondit Du Vivier en essuyant quelques larmes; son père,.. il n'est plus ! Je le crois, du moins.

— Calmez-vous, monsieur le vicomte, ne vous restera t-il pas pour vous consoler de sa perte, l'amour de votre nièce et l'amitié de son mari ?

— Son mari ! répéta le vicomte en regardant Richard avec anxiété. Mais les fautes de son père ?

— Quelles quelles soient, la mort a dû les effacer, et je ne verrai jamais dans Valérie, que la fille unique, la fille chérie de l'ami de ma famille.

— Puisse le ciel exaucer vos vœux et les miens!

— Du Vivier était tremblant, car il lui restait à terminer ses révélations.

Il hésita un moment ; puis, appelant à lui toute son énergie, il ajouta :

— A la confidence que je viens de vous faire, il en est une autre qui doit la compléter, puisque sans elle, le mariage projeté entre nous, ne pourrait s'accomplir.

— Quoi donc encore ? s'écria Richard, dont le visage se couvrit d'une pâleur mortelle.

— Prenez cet écrit, dit le vicomte en lui remettant un papier. Bien des événements ont surgi depuis que le coupable a tracé ces lignes ; si, après les avoir lues, vous ne craignez pas de faire partie d'une famille sur laquelle une éventualité possible, une révélation nouvelle que l'on doit redouter pourrait un jour imprimer une tache ineffaçable! alors, venez vous jeter dans mes bras, ils seront prêts à vous recevoir.

Richard prit le papier que Du Vivier lui présentait, et il allait s'éloigner le cœur gonflé, lorsqu'il se retourna et vit la consternation peinte sur les traits du jeune D'Arbelle.

Par un mouvement spontané, le vicomte tendit ses bras, dans lesquels Richard se précipita ; puis, la réflexion lui venant, il l'éloigra doucement et sortit en lui indiquant du doigt l'écrit fatal qu'il venait de lui remettre.

Le jeune D'Arbelle resta quelques secondes sans déplier le papier qu'il tenait à la main. Un funeste pressentiment s'était emparé de son esprit ; bien que désirant savoir ce qu'il contenait, il avait peur d'y jeter les yeux.

Après quelques minutes d'hésitation, il se décida enfin à en faire la lecture.

Sa main tremblait, tout son corps tressaillait, comme si un malheur le menaçait.

Voici le contenu de cette lettre :

« 14 frimaire an II de la République.

» A mon beau frère.

» Je sais que vous êtes à Bruxelles. Un ami commun qui l'habite m'a fait parvenir votre adresse et il se charge de vous porter cette lettre. Quand vous la recevrez, je serai loin de la capitale.

» Sans entrer dans de plus longs détails, je dois vous avouer que ma fortune n'existe plus ; la République aidant, j'ai tout perdu. Je suis resté pendant quelque temps dans la plus profonde misère, et sans un ami qui m'a aidé de son argent, je serai mort de faim. Il m'a fallu faire un peu de tout, et, pour satisfaire mes goûts, je suis devenu criminel. Je vous dois un aveu sincère, à vous qui êtes chargé du soin d'élever mon enfant, qui me maudira peut-être un jour.

» Je suis devenu faussaire ! J'ai volé la République en me faisant fabricateur d'assignats. La police en a eu vent, elle a découvert le lieu où j'opérais et un acte d'accusation a été lancé contre mon complice et contre moi.

» Le procès ne fut pas long, et tous les deux nous fûmes, par contumace, condamnés à mort par le tribunal criminel.

» Je ne sais où je vais diriger mes pas, où je vais cacher une tête que réclame le bourreau.

» Ayez pitié de moi ! Que ma fille ignore le sort de son père ; c'est tout ce que je vous demande.

» Votre cousin et beau-frère,
» A... DE R... »

Richard D'Arbelle resta comme pétrifié parès la lecture de cette lettre.

— Je suis anéanti ! dit-il. Ainsi donc, Richard, le fils du plus noble et du plus vertueux des hommes s'unirait à la famille d'un faussaire, d'un misérable que réclame l'échafaud! Est-ce possible? Je ne saurais mettre ma main dans celle de la fille d'un.. Oh! non!... non!...

Son esprit était tellement bouleversé, ses idées tellement confuses qu'il ne savait plus à quel dessein s'arrêter. Cette horrible nouvelle l'avait jeté dans une sorte de catalepsie morale, d'où il ne sortit que pour jeter de nouveau un regard sur l'avenir; et, en pensant qu'il lui faudrait abandonner Valérie, son cœur se brisait, sa raison semblait devoir s'abîmer dans l'immense douleur à laquelle il croyait qu'il allait succomber.

Cependant, une réaction subite se fit dans son cerveau, une réflexion vint s'y fixer, et il s'écria:

— Mais, Valérie n'est-elle pas le modèle de toutes les vertus? N'est-ce pas un ami qui m'offre sa main? Loin donc de moi l'affreux préjugé qui confond l'innocent avec le coupable. On ne répond que de ses actes. Le misérable qui a donné le jour à Valérie, a peut-être cessé de vivre...

Il s'arrêta un moment, se frappa le front, secoua la tête comme pour en chasser une idée importune.

— Oui, mais!.. s'il existait encore? Ah! je sens que peut-être l'honneur serait plus fort que mon amour.

Et il se mit à marcher précipitamment

de long en large dans la salle du casino.

Un visiteur parut.

Cela contraria Richard.

Ce visiteur n'était autre que le lieutenant Beausoleil.

XIII

Assaut de générosité. — Le secret du lieutenant Guislain. — Sa manœuvre contre les pirates. — Bataille dans une auberge. — Meurtre de Du Vivier.

— Je vous cherchais, monsieur, dit celui-ci en entrant.

— Ah! oui, je sais que demain matin...

— Il ne doit plus être question de cela, répondit le lieutenant.

— Comment?

— Le bâtiment qui nous est arrivé cette nuit était porteur de lettres passées en fraude, et parmi celles-ci, il s'en trouve une qui me dispense, pour le moment du moins, de donner suite à notre rencontre.

— Expliquez-vous, monsieur.

— Je le veux bien, répondit l'officier, dont la figure exprimait la plus profonde tristesse.

— Qu'avez-vous donc, monsieur? Les nouvelles que vous avez reçues sont-elles donc mauvaises?

— Oui, monsieur, très mauvaises, car l'une d'elles m'annonce la mort de mon père.

— Pauvre monsieur! fit Richard avec compassion.

— Un misérable s'est introduit nuitamment dans la maison qu'il habitait et l'a massacré, ainsi qu'une domestique qui était à son service.

— Où donc cela?

— En Flandres, près de Lille.

— Ah!... Et comment nommez vous cet endroit?

— Lompret.

— Lompret?... Le pays de mon père et le mien! s'écria Richard.

— Votre père, monsieur? dit le lieutenant surpris

— Monsieur D'Arbelle! L'auriez-vous connu?

— C'est chez lui qu'habitait César Guislain.

— Oui.

— Eh bien, César Guislain était l'auteur de mes jours.

— Vous avez une sœur?

— Albertine!.. pauvre Albertine!...

— La femme de ce brave Deleplanque, notre fermier d'Esquermes.

— Elle même, monsieur!

— Touchez-là, lieutenant, et croyez que je partage la douleur que vous cause cette terrible nouvelle.

— Je vous remercie, monsieur, de votre sympathie.

— Elle vous est acquise toute entière. Il

ne peut plus être question aujourd'hui de cette misérable querelle qui allait nous mettre les armes à la main. Soyons bons amis monsieur le lieutenant ; le voulez-vous ?...

— Trop d'honneur. monsieur, répondit Justin Guislain. Combien je bénis la providence de nous avoir réunis... ajouta-t-il.

— Mais, vous ne m'avez pas encore dit le nom de l'assassin de votre père ? Je le connais peut-être.

— Ma sœur me dit dans sa lettre, que c'est un misérable forban qui, depuis quelque temps, écumait la mer dans les environs de Dunkerque.

— Son nom... vous a t-elle dit son nom ?
— Oui, monsieur !
— Quel est-il ?
— Un brigand que j'ai beaucoup connu, un affreux coquin qui a essayé autrefois de séduire ma sœur ; qui a fait mourir sa femme de chagrin et de mauvais traitements ! Un monstre qui a quitté son pays, pour y revenir, la torche de l'incendie à la main et suivi de bandits qui désolaient nos malheureuses provinces du Nord.

— Son nom ! je vous en supplie... son nom ?...

— Le comte Aristide de Rochebrune.

— Je m'en doutais ! exclama Richard d'Arbelle.

— Oh ! que le ciel me l'envoie ! s'écria le

lieutenant Guislain, l'œil menaçant et les poings fermés. Que le ciel le jette sur mes pas, et je jure que je vengerai sur lui mon père, ma sœur, et toute ma famille, dont l'infâme s'est fait le bourreau.

Depuis que Richard avait appris de la bouche de Justin, quel était l'assassin de l'homme de confiance que M. d'Arbelle avait laissé à Lompret, il n'avait pu s'empêcher de songer que cet assassin était le père de Valérie, et cette coïncidence l'avait jeté dans une affreuse perplexité. Car enfin, si Justin allait pénétrer ce mystère d'iniquité, qu'arriverait-il alors?

Il frissonna de tous ses membres.

Et comme il était plongé dans ces réflexions pénibles, Beausoleil se rapprocha de lui.

— Monsieur D'Arbelle, lui dit-il, j'étais venu pour vous entretenir d'une chose bien grave. La mort de mon pauvre père me l'avait fait oublier, et cependant elle intéresse tous les habitants de cette maison, et peut être du bourg tout entier.

— Que voulez-vous dire?

— Tenez, monsieur, jetez un regard par cette croisée. Voyez-vous aux rayons de la lune... sur les flots assez calmes en ce moment?...

— Oui... c'est une chaloupe armée en guerre

— C'est bien cela. Ecoutez, ajouta le lieutenant en baissant la voix. Tout à l'heure, en me promenant sur la digue, j'ai vu cette chaloupe s'approcher du rivage ; je me suis caché derrière les rochers, d'où j'ai pu saisir quelques mots qui parvenaient jusqu'à moi. En prêtant l'oreille et en sondant des yeux la place qu'occupait la barque, je me convainquis que j'étais en présence de notre pirate et de ses hommes.

— Quel peut être leur dessein ?

— Ils attendent que l'obscurité soit plus profonde pour venir attaquer cette maison, séparée du bourg par la ramée qui y conduit.

— Dans quel but ?

— Pour la piller et enlever un coffre-fort qu'ils ont vu débarquer du bâtiment que vous montiez.

— Les coquins !

— J'ai cru comprendre encore que leur intention était d'enlever la jeune personne qui vous accompagne.

— Grand Dieu !

— Aussi me suis je empressé de venir ici pour vous prévenir et vous aider, ainsi que mes camarades, à empêcher le rapt qu'ils méditent.

— Cher monsieur Guislain, et moi qui avais l'injustice de vous accuser, dit Richard.

— N'en parlons plus, si vous le voulez, et pensons au plus pressé.

Un bruit étrange venant de la mer, suspendit ce dialogue.

— Silence! fit Justin à voix basse. Entendez-vous le bruit des rames ?

— Je l'entends, répliqua Richard sur le même ton. Il faut éveiller les gens de la maison.

— Nous n'en aurions pas le temps, dit le lieutenant. Mes camarades sont prévenus ; je les ai embusqués dans les rochers qui bordent le rivage. N'ayez donc aucune inquiétude. La chaloupe ne contient que quelques hommes. Nous en aurons raison. Et d'abord, éteignons cette lampe. Il faut leur laisser croire que tout le monde est livré au sommeil et qu'ils peuvent, en toute sécurité, approcher de cette maison.

La lampe éteinte, les deux jeunes gens prêtèrent l'oreille et s'avancèrent près du châssis qui fermait le balcon.

— Ils sont au pied de ces murailles ; ils parlent bas : cachons-nous, il en est temps dit Justin.

Richard et lui se placèrent dans les deux angles de la salle, qui séparaient le balcon des murs latéraux

La lune avait à ce moment disparu derrière de gros nuages noirs.

Le moment d'agir était favorable aux assaillants.

Aussi, quelques secondes s'étaient à peine écoulées, que l'un des pirates, du nom de Bruno, montra sa tête au-desssus de l'appui du balcon.

Il était monté là avec toutes sortes de

précautions, en écoutant si quelque bruit ne venait pas de la maison. Assuré du silence qui y régnait, il fit manœuvrer l'ais de sa lanterne sourde, qui éclaira Crombach, un autre bandit qui le suivait de près.

Tous deux, ils enjambèrent la balustrade.

Pendant cette action, les deux Français avaient gagné la porte qui conduisait aux appartements, où ils se tinrent cachés, tenant en main les pistolets de Richard d'Arbelle.

En un tour de main, les bandits eurent, presque sans bruit, fait voler l'un des carreaux de la fenêtre qu'ils ouvrirent.

Lorsqu'ils furent dans la salle du Casino, Crombach dit à Bruno.

— Je n'entends rien ; tout dort dans la maison ! Tu peux ouvrir ta lanterne.

— Oui ! examinons avec soin, dit Bruno en levant le bras, pour éclairer les deux côtés de la salle.

— Personne ! dit Crombach.

— Est-tu bien sûr? répliqua Bruno.

— Oui, faisons signe au capitaine.

Celui-ci n'avait pas attendu l'appel de ses hommes.

Il était déjà à moitié chemin de la fenêtre.

— Capitaine, envoyez nous deux camarades, et que le reste se cache dans la barque en cas d'alerte.

Le capitaine, à voix basse, héla ses bandits et leur donna l'ordre que venait de formuler son lieutenant ; puis, il escalada à son tour la balustrade.

— Cache ta lumière, dit-il ensuite à Bruno, et reste sur le balcon.

Lorsque le capitaine fut seul avec Crombach, celui-ci lui dit :

— Capitaine, voici la grande salle de l'auberge ; les chambres de l'étranger et de la jeune femme sont à droite. Je connais cette maison d'ancienne date.

Puis, allant au fond :

— Fermons d'abord cette porte, qui conduit au bourg, afin qu'on ne puisse venir porter aucun secours. Je crains surtout ces diables de soldats français, dont le feu si bien nourri nous a empêché de prendre ce bâtiment, vide à l'heure qu'il est. On les a vus rentrer dans leurs cantonnements ; le bourg est séparé de cette auberge par une ramée qui fait obstacle ; il n'y a rien à craindre de ce côté.

— Ah ! fit avec une espèce de hurlement le chef de la bande, ah ! s'ils tombent jamais sous ma main, je veux les exterminer jusqu'au dernier.

— C'est ce que nous allons voir, dit le lieutenant Beausoleil en se montrant brusquement.

La foudre venait de tomber sur la tête du pirate.

Bruno était accouru à ces paroles véhémentes et était allé rejoindre Crombach sur le balcon ; mais Richard, arrivant à son tour, se hâta de fermer la fenêtre, laissant ainsi les deux bandits sur la terrasse de la véranda.

Le chef, écumant de fureur, s'écria : Tonnerre de dieu! nous sommes trahis!

— Tu as vécu, ajouta Justin.

Mais bientôt la fenêtre du balcon vola en éclats, brisée par Bruno et Crombach, qui firent alors un appel désespéré à leurs camarades restés dans la barque.

Le lieutenant et Richard n'attendirent pas une seconde pour se jeter sur le chef et ses bandits. Des coups de pistolets furent échangés, mais avec la demi obscurité qui régnait dans la salle, les coups portèrent mal et cette décharge n'eut d'autre résultat que celui d'éveiller les habitants du Casino et d'appeler les camarades de Justin, qu'il avait eu la prévoyance de cacher dans les rochers voisins.

La fenêtre du balcon n'étant plus gardée, plusieurs pirates de la barque l'escaladèrent et se précipitèrent sur les deux braves. Ils les pressèrent, les entourèrent, et malgré des prodiges inouis d'adresse et de courage, ils allaient succomber sous le nombre, lorsque les prisonniers sortirent de leur cachette, enfoncèrent la porte extérieure, se mirent à lutter corps à corps avec les bandits qu'ils désarmèrent ou mirent en fuite, les uns se sauvant par la porte du dehors, les autres par la fenêtre. Un seul resta. Ce fut Bruno qui, étant blessé, s'avisa de se blottir derrière le poêle.

Les gens du bourg et les prisonniers, accourus au bruit de la détonation des armes à feu, parurent à leur tour, maître Axel à leur tête.

Il se mirent immédiatement à la poursuite des bandits; seulement, le bourgmestre, en essayant de rejoindre la colonne, se trouva tout à coup arrêté dans sa course par la vue de Bruno, caché derrière le poêle, ayant à ses côtés la lanterne qui projetait sur lui sa lumière.

A la vue du bandit, à la figure sanglante et rébarbative, Axel recula de deux pas. Bruno profita de la distance que le bourgmestre venait de mettre entre eux par ce brusque mouvement, et s'esquiva à toutes jambes.

Crombach, de son côté, pressé par Beausoleil, était repoussé sur le balcon où, ne pouvant plus ni avancer ni reculer, fut obligé de se précipiter dans la mer.

Richard, qui s'était acharné sur le chef de la bande, parvint à l'acculer sur la porte de sortie, où il se trouva en face du peloton de prisonniers français victorieux.

A cette vue, qui lui enlevait tout espoir d'échapper, Robert Burckart, ne sachant de quel côté fuir, avisa l'entrée des appartements, et il allait s'y engager, lorsque Judith, David et Valérie, accompagnés de Du Vivier, se montrèrent.

La vieille Judith, pâle comme une morte, portait un flambeau dans sa main tremblante.

Robert Burckart, le chef de la bande, n'eût pas plutôt aperçu le vicomte qu'il laissa tomber ses armes et recula terrifié.

Il l'avait reconnu.

— Grand Dieu! s'écria-t-il. Mon frère!

— C'est lui! exclama à son tour le vicomte. Lui...

— Que ce brigand meure à l'instant! dit Justin en se précipitant sur lui dans le paroxisme de sa fureur.

A cette exclamation de l'officier, les Français entourèrent le chef de bande, le terrassèrent, et armant leurs fusils, ils les dirigèrent tous sur sa poitrine.

— Arrêtez! arrêtez! fit Du Vivier avec une sorte d'effroi. Arrêtez...

Mais un coup de feu était parti et le malheureux était tombé inanimé sur le carreau de la salle.

Valérie s'était évanouie dans les bras de Beausoleil.

Richard et Justin, de leur côté, s'empressèrent autour de Du Vivier, aidant de leur mieux Lydie et Judith à prodiguer leurs soins à la jeune femme et à son père.

Les Français, arrêtés par les exclamations de Du Vivier, s'étaient retournés, ne sachant s'ils devaient faire usage de leurs armes.

Robert profita de ce moment d'hésitation et du tohu-bohu causé par ces rencontres inattendues, pour se jeter comme un sanglier forcé, sur ce mur d'hommes qui l'entourait; puis, bondissant comme un cerf aux abois, il courut jusqu'à la fenêtre restée ouverte, franchit le balcon et sauta dans la mer.

Les Français, surpris par cette action hardie, se ruèrent à leur tour sur le balcon, en dirigeant leurs fusils sur la plage, tandis que le gros David et le bourgmestre mouraient d'effroi dans un coin.

Cependant le vicomte, grâce aux soins de Valérie revenue promptement à elle, grâce à Lydie surtout, le vicomte, disons-nous, avait repris ses sens.

Richard, interdit de la fuite du chef de bande, avait saisi son pistolet et indiqué aux soldats le point sur lequel ils devaient diriger leur feu. Le lieutenant se chargea d'autre part de les y aider, et bientôt une décharge faite de toutes les armes ébranla le casino.

Cette décharge fut suivie de cris déchirants et d'un concert de blasphèmes et de malédictions, qui prouvaient de la justesse du tir et témoignaient que les balles avaient frappé juste.

XIV

Le brigandage recommence dans le Nord. — L'Enfant adoptif. — L'Histoire de l'exilé russe. — Comment il parvient à gagner une terre étrangère. — Il est au service de M. D'Arbelle.

Nous ne suivrons pas, — pour le moment du moins, — le misérable bandit, indigne du nom français, qu'il déshonore par ses crimes, et nous retournerons à la ferme d'Esquermes, que nous avons laissée dans le deuil et les larmes à la mort de César.

On a vu qu'Albertine était parvenue à faire passer une lettre à son frère. Ce ne fut pas, comme on le pense bien, sans difficultés et sans payer fort cher le patron de barque qui voulut bien s'en charger.

L'hiver qui suivit le décès de César Guislain fut très rigoureux, comme on l'a vu par les chapitres qui précèdent. Aussi la misère était elle grande, particulièrement dans le département du Nord, sillonné sans cesse par les troupes qui, du midi, se dirigeaient vers les contrées où la république avait porté ses armes. La rapine et le brigandage recommençaient, et les longues nuits de la saison permettaient aux déprédateurs de satisfaire leur passion pour le vol, et cela d'autant mieux que la police, peu nombreuse, était sur les dents, et que la maréchaussée, impuissante à tout prévenir, ne paraissait guère que lorsque les crimes étaient dénoncés par la rumeur publique.

Les malfaiteurs sillonnaient le pays par bandes et leur arrivée dans un village en terrifiait tellement les habitans qu'aucun d'eux n'aurait osé aller jusqu'à Lille signaler leur présence. Ils savaient qu'en faisant cela c'était la mort pour eux ou l'incendie pour leurs habitations.

Nous avons omis de dire que Richard d'Arbelle, peu après la mort de son père, avait reçu la visite d'un personnage étrange, d'allures et d'un aspect misérable.

C'était, à l'en croire, un de ces juifs que l'on voit toujours à la suite des armées, qu'elles soient triomphantes ou battues, et qui ne cherchent qu'à s'enrichir des dépouilles du vaincu.

Il n'en était rien quant à celui-ci, comme on le verra plus tard.

Cet homme avait appris, en parcourant une partie de l'Europe, que beaucoup d'émigrés français s'étaient réfugiés dans les Etats du Stathouder hollandais et dans la Belgique.

Venu dans ces pays à la suite de l'armée coalisée contre la France, il fut bientôt dégoûté du métier auquel il s'était soumis, et comme il approchait du territoire de la république, qu'il voulait atteindre à tout prix, cet individu, qu'on avait cru dénué de tout, faisait au contraire des sacrifices d'agent inouis pour se rapprocher de la frontière qu'il voulait traverser, dût il pour cela affronter tous les périls.

C'est ainsi qu'en faisant tantôt deux pas en avant, en reculant un quand l'ennemi était poursuivi par nos troupes, c'est ainsi, disons-nous, qu'il arriva quelques mois avant les événements que nous venons de raconter, dans le village hollandais où était située la maison de Richard d'Arbelle.

Celui-ci était depuis peu revenu de Bruxelles, où nous avons vu commercer la liaison qui devait, si aucun obstacle ne surgissait, aboutir au mariage de Valérie avec celui-ci.

Donc, un matin, celui qui se disait juif à la suite de l'armée, alla frapper à la porte de M. d'Arbelle.

Sa mise, sa tournure et sa figure ne prévenant pas en sa faveur, Richard se disposait à l'éconduire, lorsque l'homme en question lui dit en bon français :

— Monsieur, ayez pitié d'un pauvre diable qui cherche un asile contre les cruels effets d'une condamnation qu'il a peut être méritée, mais que sa conscience ne lui reproche point.

Ce langage, et le ton que l'inconnu y mit, changea les intentions de Richard qui le fit entrer dans son jardin, près d'une serre garnie de fleurs exotiques et de produits du sol de la Hollande.

Lorsqu'ils furent assis sur le banc près de la porte de ce lieu délicieux, Richard demanda à cet homme d'où il venait, qui il était ; ce à quoi le prétendu juif se mit en devoir de répondre.

A ces questions faites avec bienveillance, le visage de l'inconnu se transfigurat ses yeux brillèrent d'un éclat extraordinaire, et malgré le misérable vêtement sous lequel il e cachait, Richard ne put s'empêcher d'admirer la noblesse de son maintien, la sobriété de ses gestes, qui dénotait une noble origine ; et comme il était désireux de savoir à quoi s'en tenir à son égard, il l'engagea à lui dire dans quel but il s'était arrêté chez lui plutôt qu'ailleurs, et puisqu'il demandait qu'on lui accordât l'hospitalité, qui enfin, il allait introduire dans sa maison.

L'étranger répondit qu'il était Russe et né d'une mère française, qu'il ne s'était jamais battu contre les compatriotes de celle qu'il avait tant aimée, et que le métier qu'il exerçait n'était qu'une ruse pour gagner la France. Il ajouta qu'il avait, pour le cas où il arriverait à la frontière, des papiers émanant de la chancellerie russe qui lui permettaient de la franchir et de se mettre sous la protection des lois de cette belle France, où la liberté brillait dans tout son éclat.

— Je veux vous croire, répliqua Richard, mais tout cela ne me dit pas pourquoi vous vous êtes adressé à moi.

— Je vais vous le dire franchement, répondit le Russe ; c'est que, tout renseignement pris, on m'a assuré que vous me feriez bon accueil, et c'est ce qui m'a décidé. D'ailleurs, monsieur, je ne veux en rien vous être à charge. On m'a dit que vous étiez d'un département qui touche à la Belgique, et j'ai pensé que vous m'aideriez à passer en France.

— Je ne demande pas mieux. Seulement, il faut que je sache...

— A qui vous avez affaire ? répliqua l'inconnu ; je le comprends, et je suis prêt à vous satisfaire.

Déposant alors, sur le banc où ils étaient assis, une petite valise assez lourde, comme en portaient alors les israélites à la suite des armées, il raconta ce qui suit :

— Joseph Karty qui, à seize ans, était entré au service, revint après quinze années d'absence, dans son pays natal. Tous les membres de sa famille étaient morts ou dispersés, et il ne restait plus qu'un vieil ami de son père, qui lui donna l'hospitalité et le reçut comme un fils. Ce vieil ami, du nom d'Ali Miza, avait une fille unique âgée de vingt-trois ans. Dans la maison d'Ali vivait un jeune enfant de quatre à cinq ans, et que surveillait avec la plus grande sollicitude Ali et sa fille.

— On ignorait le sort de cet enfant ; il avait été recueilli dans un village saccagé par la guerre.

— Fatma, la fille d'Ali, était riche et belle, aussi de nombreux prétendus s'étaient ils présentés pour obtenir sa main; mais elle avait obstinément refusé tous les partis qui lui avaient été offerts. Joseph Karty, à son tour, ne put être insensible aux charmes de Fatma et, après quelques mois de séjour dans la maison d'Ali, lorsqu'il crut s'apercevoir que ses assiduités n'étaient repoussées ni par Fatma, ni par son père, il hasarda une proposition formelle. Ali la reçut avec embarras.

— Ton père était mon frère d'armes, lui dit il, et toi, je te regarde comme mon fils bien aimé; ainsi ce serait pour moi une joie bien vive, que de voir s'accomplir le projet dont tu me parles, mais, il y a à cela une condition, et peut-être la refuseras-tu ?

— Joseph Karty protesta de son amour et de son obéissance.

— Ecoute donc ! lui dit Ali : tu as vu ce jeune enfant, qui est dans ma famille comme un fils de ma chair. Ismaël, que Dieu m'a envoyé pour veiller sur lui et l'aider dans la vie ; il n'a que moi pour soutien et si je meurs, que deviendra-t-il ? Veux-tu l'adopter, lui donner ton nom, l'appeler ton fils, ne jamais l'abandonner ? Si ta bouche le jure et si ton cœur le pense, je te donne ma fille.

— Joseph Karty consentit à tout et le mariage fut conclu.

» Pendant deux ans que dura cette union, Ismaël passa en effet pour être l'enfant des deux époux, et Karty ne tarda pas à ressentir pour lui la vive affection que lui portaient Ali et Fatma. Cependant, quelques indiscrétions et quelques propos qui, jusqu'alors, avaient sourdement circulé sur la naissance d'Ismaël, vinrent frapper les oreilles de Joseph Karty, et un sentiment d'horrible jalousie commença à germer dans son cœur.

» Fatma s'en aperçut, et, comme il lui semblait que les caresses qu'elle prodiguait à Ismaël irritaient profondément son mari, elle prenait à tâche d'éloigner l'enfant de ses yeux, et c'était à la dérobée et comme une coupable qu'elle osait lui donner quelque témoignage de tendresse.

» Ces précautions n'échappèrent pas à Joseph Karty et ce fut un nouvel aliment donné au sentiment de jalousie et de défiance qui s'était emparé de lui : il était jaloux d'un passé dont pourtant il n'avait pas à demander compte, mais surtout il pensait que sa confiance avait été trahie; il ne pouvait plus supporter sous ses yeux et chaque jour le témoignage vivant de ce qu'il appelait sa honte et son déshonneur.

» Un jour, — c'etait en novembre, — Joseph Karty reçut une lettre de Méhémet Ghiraï, son ami, comme lui ancien lieutenant dans l'armée irrégulière du Caucase. — Je ne vous ai pas dit que tout ceci se passait en Crimée. — Cet ami lui annonçait sa prochaine arrivée à Bech St-Seraï. Karty, pour lui ménager une honorable réception, ordonna un splendide festin, auquel il invita les principales familles de la ville.

» Durant le repas, Méhémet Ghiraï, qui vit Ismaël près de Fatma, demanda à son ami quel était cet enfant.

— C'est mon fils, répondit sèchement Karty.

— Ton fils ! Par allah, le prophète n'eût pas mieux fait : deux ans de mariage et voilà un jeune homme déjà en état de dompter un cheval.

— C'est vrai, reprit Karty, c'est vrai !.. C'est que... c'est que l'aiglon s'emplume vite, plus vite que le corbeau.

Méhémet ne remarqua pas que Joseph Karty pâlissait de colère et que ses lèvres tremblaient convulsivement.

Après le repas, les invités, suivant l'usage russe, sortirent pour se livrer à l'exercice du pistolet. Ismaël les suivit sans être aperçu par son père adoptif, et lorsqu'après avoir échangé quelques coups les convives prenaient un moment de repos, le jeune enfant saisissant un pistolet, ajusta le but et l'effleura.

— Ressini Ali soit béni! s'écria Méhémet ; la jeune aiglon a dépassé l'aigle.

— Malheureux enfant! dit Joseph Karty en agitant le pistolet dont lui-même venait de s'armer.

Alors, quelques nouvelles plaisanteries sur la précocité d'Ismaël se firent entendre ; les convives, échauffés par le repas, redoublèrent leurs sarcasmes en voyant l'irritation de Joseph Karty.

— Joseph, reprit Méhémet, dis nous donc le jour où ton fils est né ?

— Le jour où il est né, répondit Karty, rouge de colère; le jour où il est né! je n'en sais rien... mais le jour où il est mort, je le sais !

Et déchargeant son arme sur Ismaël, qui accourait vers lui en souriant, il l'étendit mort à ses pieds.

— Horreur! s'écria Richard d'Arbelle, interrompant ainsi le narrateur.

— Veuillez m'écouter jusqu'au bout, monsieur, je vous en prie, dit l'inconnu visiblement ému.

Joseph Karty avait jeté le pistolet loin de lui, et s'était écrié :

— J'ai tué l'enfant qui portait mon nom, mais l'enfant qui n'était ni mon sang ni ma chair.

Cet acte de froide vengeance, mais qui n'est pas rare au Caucase, avait glacé de terreur tous les témoins de cette terrible scène. Bientôt, Fatma et son père arrivèrent; leur douleur, leurs sanglots, laissaient Joseph Karty impassible.

Le soir même, il fut conduit à la prison de la ville, comme accusé d'assassinat sur la personne de son fils.

Cependant, Ali, revenu de sa première douleur, ne tarda pas à comprendre qu'il fallait dire toute la vérité. En conséquence, il remit au capitaine Yermoloff, chargé de faire l'enquête, une lettre écrite par Fatma à son mari, et conçue à peu près en ces termes :

« Tu as tué mon enfant, mais il faut que je te dise la vérité. Oui, je suis coupable, je suis la mère d'Ismaël, mais je n'ai jamais aimé son père : le prophète m'en est témoin. Et toi, je t'ai aimé, Joseph, je t'aime comme l'âme de ma pensée... comme le soleil de ma vie... et tu as déchiré mes entrailles ; mais je suis coupable, car tu étais malheureux, je pouvais te donner l'ombre de la consolation et je ne l'ai pas fait ! La volonté de Dieu soit faite. Ecoute donc mon histoire :

» Pour la dix septième fois, j'avais vu la neige fondre sur le sommet de nos montagnes, lorsque mon père m'envoya à Derbent, pour aller retrouver son frère. Durant le voyage, je prenais plaisir à parcourir les steppes sauvages, à contempler leurs forêts de chardons roses, à admirer les hauts sommets du Caucase. Mais ma vieille tante qui m'accompagnait me défendit de mettre ma tête hors de la kibitka ; elle ne voulait même pas que je tournasse les yeux du côté de la toile, sitôt qu'elle entendait le sabot des chevaux frapper la terre et le bruit s'approcher de notre kibitka.

» Nous arrivâmes ainsi à Boujnaki. On nous avait dit que la route de Boujnaki à Derbent était fort dangereuse et qu'elle était infestée par les montagnards Circassiens. Aussi, ma tante demanda-t-elle au gouverneur de Boujnaki, une escorte qui nous fut accordée. »

» Durant le trajet, je parvins à tromper la vigilance de ma tante, et à travers la fenêtre de la kibitka, j'aperçus l'officier qui commandait l'escorte : je ne pus voir son visage, il marchait devant nous, faisant caracoler un cheval noir et fier comme l'aigle, qui baigne sa tête dans les nuages. Je m'imaginai qu'il devait être beau, et dans ma pensée, il était comme le héros de ces contes que ma nourrice m'a tant de fois répétés... Mais Joseph, crois-le bien, je ne l'ai jamais aimé. C'était une pensée de ma tête, ce n'était pas un sentiment de mon cœur. »

» Vers le soir, nous entendîmes un grand bruit, puis des coups de fusil retentirent. Les Circassiens nous avaient attaqués... Alors, je perdis connaissance, et quand je revins à moi, j'étais dans une tente seule au milieu de la nuit ! Un homme était près de moi. Que se passa-t-il, hélas ? Quand le jour parut, cet homme n'était plus là.

» Le général Ratsowski, qui se rendait aussi à Derbent, se joignit à notre escorte, et nous arrivâmes enfin ! »

» Quelques mois après, une affreuse réalité vint me tout révéler, et je mis au monde Ismaël, l'enfant que tu as tué.

» Je ne voulais plus me marier. J'aimais tant mon Ismaël ! Mon père l'aimait aussi, lui si bon. Il le soignait avec moi. Quand tu vins à Acouchta, Joseph, je ne sais quel charme s'est emparé de moi, je commençai à t'aimer à l'instant où je te vis ; je le dis à mon père, et notre union fut accomplie. J'ai prié mon père de te dire toute la vérité ; il me l'a défendu, et la défense d'un père est de l'ordre divin. Je n'osais caresser Ismaël devant toi ; et cependant, je l'aimais si tendrement. Je le caressais lorsque tu étais absent, et cela faisait tant de bien à mon cœur. Le destin a voulu que celui que j'aime m'ôtât ce que j'aimais tant. La volonté d'Allah soit faite. Je t'aime... je pleurs... mais je te pardonne. Pardonne-moi... »

Tous les faits racontés dans cette lettre étaient exacts.

Au moment où l'escorte de Fatma était attaquée par les montagnards du Caucase, le bruit de la fusillade était parvenu aux avant-postes d'une brigade de l'armée campée entre Boujaki et Derbent. Un officier d'ordonnance envoyé immédiatement avec cinquante Cosaques, arriva au moment où le chef de l'escorte, grièvement blessé et ses hommes en déroute, les brigands allaient s'emparer des deux femmes. Il n'eut pas de peine à les repousser, et il fit diriger la kibitka vers le camp. La nuit était déjà avancée. Le jeune officier fit placer la plus âgée des deux femmes dans la tente d'un de ses amis et la plus jeune, Fatma, il la recueillit dans la sienne.

Dieu sait ce qui se passa dans cette nuit.

Dès l'aube du jour, une alerte fit prendre les armes au jeune officier; quand il revint, Fatma était déjà partie. Il voulut chercher à découvrir qu'elle pouvait être la malheureuse jeune fille dont il avait si indignement abusé. Mais le lendemain, sa brigade fut dirigée sur Tiflis, et plus tard, il vint prendre garnison à Saint-Pétersbourg.

Ainsi se trouvaient confirmés tous les faits racontés dans la lettre remise au capitaine rapporteur Yermoloff.

Lorsque cette lettre fut communiquée à Joseph Karty, un mouvement terrible de douleur vint le saisir; il tomba anéanti, et après plusieurs heures d'un calme effrayant et qui semblait de l'imbécilité, il s'écria en se tordant les mains :

— Mon fils!... mon fils! c'est moi qui ai tué mon fils!

Joseph était cet officier de l'armée du

Caucase qui, pendant cette nuit fatale, dirigeait les cinquante cosaques qui vinrent au secours de l'escorte de Fatma.

Ces cruelles révélations ne pouvaient arrêter la marche de la justice, et le capitaine Yermolost présenta au tribunal criminel de Crimée l'enquête de laquelle le *Journal de Kasan* a rendu compte.

Que vous dirai-je? Le tribunal a reconnu que le meurtre avait été prémédité, mais qu'il ne pouvait être considéré comme le meurtre d'un fils par son père, et il a condamné Joseph Karty a être déporté dans les mines de la Sibérie.

En apprenant cette sentence du tribunal, Fatma en mourut.

— C'est un bien cruel supplice que celui-là, dit Richard.

— Si cruel que je n'ai pas voulu m'y soumettre.

— Quoi! vous seriez?

— Joseph Karty lui-même, monsieur! Joseph Karty qui, grâce aux nombreux amis de sa mère, grâce à l'or qu'il a fait pleuvoir partout, a pu s'échapper du véhicule qui le transportait en exil, et à gagner, en traversant la Pologne, un port de la Baltique, où il trouva un bâtiment qui le déposa sur les côtes du Zuydersée.

Puis, après une pause :

— Et comme je ne veux pas que vous puissiez douter de moi, voici les papiers dont je vous parlais tout à l'heure, et parmi ces papiers, la lettre d'un de vos compatriotes, d'un Français, qui me recommande à ses frères.

— Voyons, dit Richard, après que Joseph eût retiré de sa valise les papiers en question.

Il commença par la lettre. Voici ce qu'elle contenait :

« Recommandation est faite à tous ceux de nos compatriotes que visitera Joseph Karty, de le recevoir comme ils le feraient pour nous. C'est un homme brave, loyal et digne de l'intérêt que lui porte toute la colonie française établie à Saint-Pétersbourg.

» Signé : Marquis de BURY,
» attaché d'ambassade. »

— Mon cher hôte! s'écria D'Arbelle, je ne doute plus maintenant, et je suis tout prêt à vous rendre les services qui seront en mon pouvoir. Que comptez-vous faire en France? ajouta Richard.

— J'ai là de quoi vivre facilement pendant trois ou quatre ans ; mais je vous avoue franchement que j'aimerais mieux occuper un emploi quelconque.

— Un emploi? interrogea Richard.

— Oui, monsieur.

— J'y songerai, dit le jeune D'Arbelle. Mais vous devez être fatigué ; peut-être auriez-vous besoin de repos et de quelque nourriture.

—Je vous remercie bien d'y avoir pensé,

monsieur. En effet, je n'ai rien pris depuis hier.

— Suivez-moi donc! dit Richard, et, tout en déjeûnant, je vous dirai ce que j'ai résolu.

Joseph Karty ne se fit pas trop prier, et Richard, après avoir appelé le vieux Gautier, lui donna l'ordre de préparer la table.

XV

Lafutaie et l'exilé russe. — La fermière d'Esquermes. — Son mari. — L'entrevue avec Joseph Karty. — La cachette. — Le notaire de l'émigré. — Les paysans armés.

Deux mois après l'apparition de Joseph Karty chez Richard D'Arbeille, et tandis qu'Aristide, ou plutôt Robert Burkart, se livrait en Hollande aux exploits que le lecteur connaît, il s'était accompli un grand changement chez le fermier d'Esquermes et, à Lompret, dans la maison de M. D'Arbelle

Un matin, sur le chemin de Quesnoy-sur-Deûle à Pérenchies, un cavalier, qui avait couché la nuit précédente à Menin, pressait le pas de sa monture comme quelqu'un qui veut se hâter d'arriver. Lorsqu'il eût dépassé Wambrechies et traversé la route d'Ypres à Lille, il se dirigea vers Lompret, qu'il atteignit bientôt.

Après s'être renseigné, il alla droit à la maison de M. d'Arbelle, attacha son cheval à la grille et demanda à parler au représentant du propriétaire.

Lafutaie parut. Le voyageur fut introduit, et lorsqu'il fut entré dans la selle où nous avons vu se dérouler le drame qui l'avait ensanglantée, le gardien de la maison, le bonnet à la main, demanda au nouvel arrivant ce qu'il y avait pour son service.

Celui-ci répondit qu'il venait de la part de M. Richard d'Arbelle.

L'étonnement de Lafutaie fut extrême. Il crut avoir mal entendu. Et comme celui qui se présentait était vêtu d'une façon presque luxueuse, cela en imposa à l'ex-braconnier.

— Je conçois votre étonnement, dit l'homme qui venait d'arriver; mais il cessera quand je vous aurai dit comment j'ai connu votre maître, comment je le quittai il y a six semaines avec une mission de confiance pour les gens qui s'occupent de ses intérêts et quels sont, enfin, les ordres que j'ai reçus de lui.

— Mais monsieur, dit Lafutaie, qui êtes-vous? Je ne vous connais point, et par ce temps de troubles on ne se fie pas au premier venu. Nous avons été déjà si cruellement éprouvés...

— Je conçois vos craintes et je vais vous rassurer tout de suite. Connaissez-vous l'écriture de M. Richard d'Arbelle?

— Oui, monsieur. J'ai même encore là

une des dernières lettres qu'il a écrite de Bruxelles à celui que je remplace ici.

— A César Guislain?

— Oui, monsieur. Ce bon César, que des brigands ont assassiné sous mes yeux, à la place où vous êtes.

— J'en ai appris les tristes détails en passant à Halluin, où je me renseignai après avoir passé la frontière. A cette heure, ajouta le voyageur, vous allez pouvoir confronter cette écriture avec celle qu voici.

Et il montra à Lafutaie un papier qui, disait-il, contenait les volontés de son maître.

Cette confrontation ne laissa plus de doutes dans l'esprit de Lafutaie ; aussi se hâta-t-il d'ajouter :

— Maintenant, monsieur, que faut-il que je fasse ?

— Je vous le dirai tout à l'heure ; mais je vous prie, avant toute chose, de mettre mon cheval à l'écurie, car il doit être horriblement fatigué.

Lafutaie, qui s'était adjoint quelques paysans pour lui aider à garder la maison, envoya l'un d'eux prendre le coursier, en recommandant qu'on en ait le plus grand soin.

— Monsieur D'Arbelle m'a fait le plus grand éloge de votre fidélité, dit le voyageur à Lafutaie; cela est si rare de nos jours de trouver des gens dévoués. Il m'a dit encore de faire appeler un de ses fermiers, Pierre Deleplanque, et sa femme, auxquels j'ai de sa part des instructions à donner touchant leur sécurité, car il sait que le brigandage s'exerce dans vos contrées sur une vaste échelle.

— Hélas ! fit Lafutaie avec un profond soupir.

— Vous allez donc envoyer chercher ces braves gens ; il faut que je les voie aujourd'hui. Combien y a t-il de distance d'ici chez eux ?

— Une lieue et demie à peu près.

— Pour un bon marcheur...

— C'est l'affaire de cinq quarts d'heure.

— Ce sera donc une heure et demie qu'il lui faudra pour aller et revenir ?

— Oui, monsieur.

— J'aurais bien pu donner mon cheval pour faire cette course, mais il est tellement harassé de fatigue... La pauvre bête a fait plus de cent lieues depuis quinze jours.

— Je vais vous donner un jeune garçon qui a du jarret, et vous verrez qu'il ne perdra pas son temps. — Que faudra-t-il dire à Pierre et à sa femme ?

— Qu'un envoyé de M. Richard d'Arbelle les attend à Lompret.

— C'est bien, monsieur, votre commission sera fidèlement remplie.

— A propos ! dit le voyageur à l'ex-braconnier, vous apporterez ici le porte-manteau qui est attaché à la selle de mon cheval.

— Oui, monsieur.

— Je vous le recommande.

— Soyez sans inquiétude.

Et pendant que Lafutaie allait s'entendre avec le paysan qui devait aller à Esquermes, Joseph Karty — car c'était lui, — s'était assis dans un fauteuil près de la fenêtre du jardin, examinant la campagne qu'il trouva pleine de charmes.

Après quelques secondes de contemplation, il se mit à dire :

— Quel noble cœur que celui de M. D'Arbelle, et comme nous nous sommes entendus tout de suite. Il y avait à consoler un malheureux, à lui venir en aide : il n'a pas hésité Noble, noble cœur ! Je veux justifier sa confiance, en me substituant à lui ; c'est-à-dire en m'appliquant à rendre heureux tous ceux qu'il m'a désignés et qui seront mes auxiliaires dans le bien que je compte faire en son nom. C'est un moyen du reste de me faire, sinon oublier ma patrie, du moins de me rendre plus doux les instants que je dois passer loin d'elle.

Lafutaie, qui pensait à tout, revint en apportant à Joseph Karty un repas frugal, que celui-ci dévora en un clin d'œil. La longue traite qu'il venait de fournir lui avait donné de l'appétit.

Cet ambigu lui permit d'attendre sans trop d'impatience l'arrivée de Pierre Deleplanque et de sa femme.

Pour l'intelligence des détails qui vont suivre, il ne faut pas oublier que Joseph Karty n'eût son entrevue avec Richard, dans sa maison de Mordick, que quelques semaines avant l'apparition des pirates dans les eaux du Zuyderzée et que le jeune D'Arbelle était à la veille de partir pour Rotterdam, où il devait rencontrer Du Vivier et Valérie, venant de Bruxelles, dans le but de procéder au mariage convenu entre eux.

Richard n'avait donc pu parler ni du lieutenant Beausoleil, le frère d'Albertine Guislain, ni de Du Vivier, ni de Valérie qu'il attendait et pour lesquels il allait fréter, à Rotterdam, le bâtiment que nous avons vu aux prises avec la bande d'Aristide de Rochebrune.

Le drame de l'auberge de David, n'ayant eu lieu qu'après son départ de la Hollande, il en ignorait les détails. Aussi, ce qu'il apprit sur César et sur Lafutaie dans l'hôtellerie d'Halluin, tout en l'affligeant, lui traça la conduite qu'il avait à tenir avec Pierre.

Lorsque Deleplanque et sa femme furent arrivés à Lompret, Joseph Karty leur fit part des intentions de M. d'Arbelle, qui voulait qu'il se chargeât de veiller sur la ferme et sur ses habitants, comme il désirait que sa maison fut mise hors de tout danger en y ajoutant un nombreux domestique.

— Monsieur Deleplanque, et vous madame, dit Joseph aux fermiers, vous pourrez m'aider dans la tâche que j'ai entreprise. Je suis muni de pouvoirs que je vais déposer demain chez M° Desrousseaux, de Lille, notaire de M. d'Arbelle ; puis, nous nous occuperons de rechercher, parmi les jeunes gens qui nous entourent, les plus braves, les plus courageux et les plus honnêtes, afin de nous conformer aux intentions de M. Richard.

— C'est bien, monsieur, dit Deleplanque; mais vous ne nous parlez point du père de M. Richard.

— Il n'est plus ! répondit Joseph.

— Mort ?... s'écria Albertine. Pauvre monsieur.

— Oui ! mort dans l'exil, loin de ceux qu'il aimait.

Les fermiers essuyèrent une larme, et Joseph leur demanda s'ils pouvaient, dès aujourd'hui, se mettre à la recherche des auxiliaires qu'il avait projeté de leur donner.

— Nous ne demandons pas mieux ! fit Pierre. Cela nous est d'autant plus nécessaire que depuis huit jours, les voleurs se sont introduits dans les fermes de nos environs. Ils ont visité Lambersart, Lomme, Capinghem et jusqu'à Pérenchies. Qui sait? ce sera peut être demain notre tour.

— Que Dieu nous en préserve ! exclama Albertine Guislain toute tremblante,

— Je suis heureux d'être venu à temps, dit Joseph, et je veux, dès aujourd'hui, me mettre à la besogne. Pouvez-vous, ajouta-t-il, réunir avant ce soir dix hommes intelligents et vigoureux ?

— Nous le pourrons, monsieur, mais...

— Il faut les bien payer, n'est-ce pas ?

— Oui !

— Toute peine mérite salaire, et je vous promets que l'argent ne manquera pas : M. D'Arbelle le veut ainsi. Indépendamment des fonds que j'apporte, M. Richard m'a indiqué certaine cachette qui pourra nous être utile au besoin.

— Comment, monsieur, vous savez... dit Lafutaie, vous savez...

— Oui, fit Karty, je sais...

— Mais la cachette est changée de place depuis la catastrophe...

Lafutaie n'osait prononcer le nom de César devant Albertine.

Pourtant, à ce souvenir, la fermière pâlit, et ses yeux se couvrirent de larmes.

Elle se remit peu à peu et dit à Joseph Karty que le dépôt en question avait été transporté à sa ferme, où il était si bien caché qu'il serait difficile de l'y découvrir.

— Peu importe ! fit Joseph Karty ; nous n'y toucherons que lorsqu'il ne me restera plus un seul rouble dans ma valise, et elle en contient dix mille, ce qui équivaut à quarante mille livres de France.

— Savez-vous bien, monsieur, qu'il est au moins imprudent de voyager, en ce temps-ci, avec une pareille somme ? dit Pierre Deleplanque.

— Je ne dis pas non ; mais je vais bientôt me débarrasser de cet ennui en soustrayant ce trésor à tous les regards ; et vous m'y aiderez, n'est-ce pas ? ajouta-t-il en s'adressant au fermier et à sa femme.

— Certainement, certainement, monsieur, répondirent-ils.

Lafutaie crut devoir placer un mot.

— Monsieur, dit-il, un petit conseil, s'il vous plaît...

— Parlez, mon ami.

— Je serais d'avis que votre valise ne passât point la nuit ici, et, puisque Pierre va retourner à la ferme, j'aimerais mieux la voir là qu'à Lompret. Esquermes est aux portes de Lille, et, malgré les craintes d'Albertine, je ne crois pas que les malfaiteurs auraient l'audace d'aller jusque là.

— Qui sait ? fit la fermière.

— Allons, femme, tu as toujours peur

— Madame Deleplanque a peut-être raison, et pour la rassurer, nous allons, si vous le voulez, retourner chez vous, afin de mettre mes fonds en sûreté, et comme il n'est encore que midi, j'irai à Lille visiter Me Desrousseaux, auquel j'ai à remettre ma lettre de recommandation, et, à mon retour chez vous, je trouverai peut-être, réunis par vos soins, les gens qui doivent nous aider à repousser les attaques des brigands, s'il en vient.

Puis, s'adressant à Lafutaie :

— Vous, mon cher ami, pendant mon absence, vous parcourerez les environs, afin de nous recruter au moins cinq bons gaillards, que vous aurez soin d'installer ici.

— J'en ai déjà trois, répondit Lafutaie, trois sans compter le jeune homme qui a été chercher Pierre à Esquermes.

— Tâchez de compléter le nombre, afin que je trouve tout mon monde en revenant ici.

— Mais si monsieur revient tard.

— Ne serai-je pas accompagné par ceux que M. Deleplanque va chercher? dit Joseph Karty.

— Encore un mot? hasarda Lafutaie.

— Parlez, mon brave, vos conseils me semblent excellents.

— Si vous m'en croyez, et puisque vous allez chez un notaire à Lille...

— Eh bien ?

— C'est là que je déposerais mon argent.

— En effet.

— De cette façon, vous débarrasseriez d'un fameux souci ces deux enfants, qui ont déjà une bien lourde charge : vous savez, la cassette de M. D'Arbelle?

— Vous avez mille fois raison, répondit Joseph. Il sera fait comme vous le dites.

Tout cela convenu, on se prépara au départ. La carriole qui avait amené le fermier et sa femme fut attelée et Lafutaie y déposa la lourde valise de Joseph Karty ; puis l'on se dirigea vers Esquermes, avec promesse par ce dernier de revenir le soir.

L'impression produite sur les fermiers et sur les gens de Lompret par l'urbanité et les manières polies de l'exilé russe fut excellente. Il semblait à ces gens-là qu'avec lui la crainte allait faire place à une sécurité qu'on ne connaissait plus depuis longtemps.

Nous verrons bien.

Le trajet ne fut pas long, et Pierre, après avoir déposé Albertine à la porte de la ferme, continua avec Karty sa route vers la porte de Béthune par laquelle ils entrèrent dan Lille.

Ils furent en quelques minutes dans l'étude de Mᵉ Desrousseaux, qui les reçut à merveille. Pierre Deleplanque était son client.

Après un quart-d'heure d'entretien, dans lequel Joseph Karty raconta sommairement son entrevue avec Richard d'Arbelle, après que le russe eut montré à l'officier ministériel, les papiers que nous connaissons, après surtout qu'il eut fait connaître qu'il avait à faire un dépôt de quarante mille livres en or, le notaire transfiguré, fut d'une aimabilité qui releva à ses propres yeux le pauvre Deleplanque de deux coudées.

Le dépôt opéré, et le reçu entre les mains de Joseph Karty, Pierre regagna avec lui la ferme d'Esquermes où l'attendait un repas pantagruélique, composé d'œufs et de jambon, de tartes et de toutes ces pâtisseries que les Flamandes ont seules le privilége de rendre si friandes.

Albertine n'était pas restée inactive, car tout en laissant le soin du dîner aux *méquaines*, qui s'y entendaient fort bien, elle parcourut les environs, entrant dans les maisons où elle savait rencontrer de braves garçons, sages, rangés, aimant le travail, et elle eût bientôt rassemblé dix robustes gaillards, qui se mirent à son service.

Avant de prendre place à table, Joseph Karty les passa en revue, leur fit servir quelques pintes de bière, leur donna à chacun un écu de six livres comme denier à Dieu et leur fit ses recommandations. Il reçut d'eux l'assurance d'un dévouement à toute épreuve à Deleplanque et à sa famille ; puis, il allèrent sous la porte cochère, où le jeune Henri, le fils d'Albertine, avait fait dresser une table, et où ils sablèrent le jus de houblon, en attendant le départ de Karty qu'ils devaient accompagner jusqu'à Lompret.

XVI

La tranchée des voleurs. — Frémaux et Rassel. — L'espion. — Où l'on fait une curieuse expérience d'armes nouvelles. — Appel à la maréchaussée.

Lorsque Joseph Karty fut de retour à Lompret, il congédia les gens de son escorte en leur disant qu'il les reverrait le lendemain. Il put constater, en mettant le pied dans la maison, que Lafutaie avait rempli ses intentions et que cinq jeunes gens étaient établis assez confortablement dans la maison confiée à sa garde.

Un appartement avait été réservé pour l'intendant de M. D'Arbelle.

Joseph Karty, à qui nous donnons ce titre, qui était bien le sien, fut agréablement surpris en voyant quel soin avait apporté Lafutaie dans l'arrangement de cet appartement.

Il lui manifesta sa satisfaction en lui glissant une pièce d'or dans la main.

Sans être un avare, l'ancien braconnier était un paysan et, à ce titre, cette pièce d'or lui châtouilla agréablement le cœur et la vue.

Ce fut bien mieux, lorsque le lendemain il reçut l'arrérage de ses gages, comme gardien de la propriété de Richard.

De ce moment, Lafutaie se serait fait hâcher pour son nouveau maître.

Tout ce qui venait de se passer à Lompret et à Esquermes fut bientôt connu de tous les environs.

Les commentaires ne tarirent point, et, si quelques bonnes gens approuvaient la prudence de l'intendant Karty, il y en eût d'autres qui virent dans cet excès de précautions un obstacle à des projets qu'ils méditaient depuis longtemps.

Parmi ces derniers, se faisait remarquer Louis Frémaux, surnommé Cuisse, né à Ennetières-en-Weppes, bleuseux ou fraudeur déterminé, ivrogne, débauché et ne travaillant jamais. Il s'était associé un jeune homme de dix-huit ans, du nom de Charles Rassel, ouvrier de ferme, qui ne demandait qu'à bien vivre, fumer et boire toute la journée.

Frémaux n'eût pas de peine à faire partager ses vices, — qui devaient plus tard le conduire à l'échafaud, — à cette nature abrutie par l'excès des boissons et par l'abus qu'il faisait déjà, des plaisirs faciles que lui procuraient quelques ribaudes de caserne.

Le surlendemain du jour où Karty avait installé son monde à la ferme et chez M. d'Arbelle, un conciliabule de ces mécontents que sa présence irritait, avait lieu derrière une habitation qu'on appela plus tard le Grand Bœuf, et là, dans une tranchée pratiquée par un laboureur dans un but que nous ignorons, ce même Frémaux et son jeune disciple Rassel se réunirent en attendant que de nouveaux camarades vinssent les rejoindre.

La nuit était tombée, il faisait noir et l'endroit était isolé.

Après un quart d'heure d'attente, ces deux hommes eurent la satisfaction de voir quatre silhouettes se dessiner dans l'ombre, prendre un corps, et arriver sur le talus du fossé, où ils étaient en embuscade.

— Etes-vous là ? dit un des nouveaux venus à voix basse et en se penchant sur la tranchée.

— Oui ! lui fut-il répondu.

— C'est bon !

En une seconde, ils eurent tous les quatre sauté dans le fossé.

Ce lieu était éloigné de toute habitation, comme nous venons de le dire.

Lorsqu'on se fut reconnu et compté, on chuchotta d'abord, on écouta ensuite pour s'assurer qu'on était bien seul, puis Frémaux prit la parole :

— Amis, dit il, vous savez ce qui se passe.

— Oui, répondit une voix.

— Notre affaire de Lompret est manquée.

— Pourquoi ça ? demanda le jeune Rassel.

— Parce que nous n'avions affaire qu'à ce vieux gueux de Lafutaie, et qu'aujourd'hui il va falloir en découdre avec cinq ou six gaillards qui sont, j'en suis sûr, armés jusqu'aux dents.

— Bah! bah! je les connais et je me sens de force à leur tordre le cou à tous, répliqua Rassel.

— Ah! voilà bien les jeunes gens ; ça ne doute de rien, dit Frémaux.

— On n'a rien sans mal, hasarda un de la bande, et puisqu'il y a cent mille livres cachées dans la maison, il faut que nous les ayons.

— Et nous les aurons, dussé-je me faire tuer, dit un autre.

— Cette ardeur me convient, dit Frémaux; mais il ne faut pas que l'un de nous faiblisse, car sans cela nous serions perdus. Et puis, voulez-vous que je vous dise : cet étranger qui vient d'arriver me fait peur. Cette maison porte malheur. Je me souviens de ce qui s'y est passé, il n'y a pas longtemps. Le père de la fermière a été tué, c'est vrai ; mais Lafutaie et lui en ont pas mal démoli.

— Et c'est ça qui t'effraie? demanda Rassel.

— Je ne dis pas non !

— Allons! allons! fit Rassel d'un ton véhément et emporté par sa jeunesse et son caractère bouillant ; nous ne sommes pas venus ici pour nous lamenter, mais bien pour convenir de ne que nous allons faire.

— Nous avons attendu trop tard, ajouta l'un de ceux qui étaient là.

— Tu as raison, mon gars, dit Rassel ; mais enfin, il faut prendre les choses telles qu'elles sont, puisqu'elles ne peuvent être autrement. On ne trouve pas tous les jours un magot comme celui qui est enfoui chez ce millionnaire d'Arbelle.

— Oui, mais qui nous assure qu'il y est encore ?

— Moi ! fit un de la bande, du nom de Choquant, en s'approchant de Louis Frémaux. Moi ! qui ai aidé dans le temps, avant le départ de l'émigré, à mettre la cassette dans le coin où elle dort.

— Et... tu es certain qu'elle n'a pas bougé de place ?

— J'en suis sûr, dit Choquant. En ma qualité de bleuseux, je fournissais du tabac au vieux braconnier, qui ne se doutait pas que j'étais dans la maison avant lui, et que, sans avoir aidé à enfouir le coffre, j'avais été témoin du fait, caché que j'étais dans le grenier. J'ai bien souvent retourné dans la maison et je n'ai rien vu de changé à l'endroit où l'on a fait l'opération.

— Y a-t-il longtemps que tu as vu les lieux ?

— Il n'y a pas deux jours.

— Et tu nous assures que le coffre doit toujours être à sa place ?

— J'en jurerais.

— En ce cas, convenons de nos faits.

— C'est ça, dit Rassel.

La bande se rapprocha et entoura Louis Frémaux.

Nous avons dit que le lieu était désert et que, non loin de là, se trouvaient les bâtiments de ce qu'on appela depuis le Grand-Bœuf.

Un paysan qui revenait de Lomme avait, malgré l'obscurité, aperçu à distance la marche de ces hommes se dirigeant ensemble vers le même but. Il eût la pensée de se cacher derrière un arbre qui bordait le chemin de Capinghem à Pérenchies, et il attendit là que ceux qu'il avait vus eussent disparu.

Il les vit en effet s'éclipser un à un, et, comme la chose lui parut étrange, il se détacha de son arbre et fit sans bruit, et en se baissant, deux pas en avant. De là, il put voir que ceux qu'il espionnait étaient descendus dans le fossé.

Et comme il supposait avec raison que, pour agir de la sorte, ces hommes avaient de mauvaises intentions, il rampa comme un serpent et atteignit le talus qu'avait formé la terre tirée du fossé. Lorsqu'il fut là, couché à plat ventre, la tête cachée par une petite ondulation de terrain, il retint sa respiration et écouta.

Ce témoin, invisible pour ceux qui étaient réunis dans la tranchée, entendit donc la conversation que nous venons de rapporter.

Louis Frémaux venait de reprendre la parole.

— Martial, dit-il à l'un de ses compagnons, qui devait être un serrurier, tu apporteras les outils, la scie à main surtout, car tu nous feras un trou dans la porte du vestibule, afin de pouvoir y passer le bras, pour y tirer la targette du panneau dormant.

— C'est entendu, fit Martial. Faudra t-il apporter aussi les rossignols ?

— Ça ne ferait pas de mal.

— Et des armes, en aurons-nous ?

— Tu sais bien, répondit Louis Frémaux, qu'elles sont dans le petit bois d'Elenoix.

— Oui, dit Rassel, à telle enseigne que c'est moi qui les y ai enterrées, lors de notre dernière expédition à La Chapelle-d'Armentières.

— Ainsi donc, les anciens, dit Frémaux, ce sera donc pour demain au soir.

— A quelle heure ?

— Celle des loups, répondit-il : minuit.

— Et le lieu du rendez-vous ?

— Au grand logis, à deux pas de Lompret.

— Et tout près de la maison D'Arbelle.

— Oui.

— Eh bien ! c'est entendu. A demain à minuit au grand logis.

— A minuit, répéta la bande en baissant la voix.

Notre écouteur commençait à avoir grand'peur.

Si ces gens, prêts a tout faire, allaient

le trouver blotti là! Cependant, il ne perdit pas son sang-froid, et au milieu du bruit sourd que firent les camarades de Frémaux pour sortir de la tranchée, il se laissa rouler jusqu'au bas du talus, et il put observer la direction qu'allait prendre la bande.

Il eût cette chance de voir qu'elle s'éloignait du côté de Prémesques, où il la perdit bientôt de vue.

Tout concourait pour que ces bandits n'allassent pas loin dans leur criminelle entreprise, car le paysan qui venait de surprendre leur secret était précisément un de ceux qui gardaient la maison dont Joseph Karty était l'intendant, et qui s'y rendait, après avoir visité sa famille, qui habitait Capinghem.

Dès qu'il crut pouvoir quitter son observatoire, ce paysan se dirigea en toute hâte vers Lompret, afin d'y arriver avant qu'on y soit couché.

Il y parvint haletant et raconta, avec une émotion bien concevable, à Joseph Karty, tous les détails de la scène dont il avait été témoin.

Celui-ci n'eut pas l'air de s'en émouvoir beaucoup, et, donnant à ses gens l'exemple du courage, il les rassura, les engagea à se coucher, en leur disant que le lendemain il aviserait avec Lafutaie sur ce qu'il y aurait à faire pour la nuit suivante.

Joseph Karty dormit peu, et lorsque le

jour fut venu, il monta à cheval et se rendit à Lille, où il alla trouver la maréchaussée. Il fit part au lieutenant et au chef de la brigade de ce qui se préparait pour l'attaque de Lompret, et reçut de l'officier l'assurance que ses hommes et lui ne manqueraient pas d'être chez M. D'Arbelles à dix heures du soir.

— Ne feriez-vous pas bien de venir isolément ? demanda Karty.

— C'est mon intention, répondit le lieutenant. Chacun de mes hommes voyagera seul, sans uniforme apparent, et sans coiffure qui pourrait les trahir.

— Très bien, répliqua l'intendant.

— Avant tout, fit le lieutenant d'un air scrutateur, permettez-moi de vous demander à qui j'ai affaire ?

— C'est juste, et j'aurais dû commencer par vous le dire. Je suis chargé en l'absence de M. D'Arbelle, de ses intérêts dans ce pays, et si vous en voulez la preuve, venez avec moi chez M. Desrousseaux, son notaire.

Le militaire se rendit à cette proposition de Karty, et un quart d'heure après il était certain de l'identité du personnage, qui venait requérir le secours de ses hommes, pour déjouer la trame ourdie contre la maison de l'émigré.

La journée se passa de la part de Karty en préparatifs de défense. Il apprit aux hommes qu'il allait mettre à l'épreuve, la manœuvre de différents moyens employés dans son pays, contre les malfaiteurs, et la matinée était à peine écoulée que, ces paysans, la plupart intelligents, avaient compris tout ce qu'il exigeait qu'ils sussent.

L'après-midi fut employée à continuer ces exercices et à envoyer Lafutaie à Esquermes, pour prévenir Albertine de ce qui allait se passer, et à engager Pierre Deleplanque à se tenir sur ses gardes, pour le cas où la bande dispersée, ses membres poursuivis, ne se réfugient dans sa commune.

Lafutaie, sa mission remplie, retourna à Lompret, tandis que les fermiers mis en éveil par ce qu'il venait de leur apprendre, armaient leurs hommes, afin de pouvoir repousser une attaque si les bandits osaient l'entreprendre.

XVII.

Un souper dans la cave. — Martial le serrurier. — L'attaque de la maison d'Arbelle. — Effraction et escalade.— Le poing coupé. — Horrible lutte. — Les bandits massacrés ou mis en fuite. — Ceux qui restent.

Le commandant de la place de Lille, informé par le lieutenant et le maréchal-des-logis de la gendarmerie national, de la visite qu'ils avaient reçue, leur donna le mot d'ordre, qu'ils transmirent au brigadier, lequel le notifia à son tour à ses hommes, qui selon le désir qu'il venait de leur exprimer, se dirigèrent à la nuit tombante, les uns vers la porte de Béthune, les autres vers celle de la Barre tandis que leurs camarades se disposaient à sortir de la ville du côté opposé, c'est à dire par la porte d'Ypres et de Gand.

Lorsqu'il eurent franchi les murs de Lille, chacun d'eux se sépara, et ils ne songèrent qu'à se retrouver à l'endroit que le brigadier leur avait assigné comme lieu de rendez-vous. Et comme ils avaient tous un parcours plus ou moins long à faire, ils convinrent de se rencontrer à dix heures, au-delà de Lambersart, à l'endroit nommé le *Corbeau*, qui était à cette époque assez peu fréquenté par les gens des environs.

Dès que le brigadier eut constaté que ses hommes étaient tous présents, il leur ordonna de se séparer deux par deux, et de suivre, les uns, le sentier de St-André en passant par la *Falèque* ; les autres par celui de la *Pichotte* : sentier qui conduisaient tous deux à Lomme.

Ceci convenu, les agents de l'autorité se mirent en marche, en observant le plus profond silence.

Ils arrivèrent chez Karty à dix heures précises.

Celui-ci les attendait, comme on le pense.

Le brigadier fut surpris de l'air martial que présentait la petite troupe de Joseph.

Lafutaie, armé d'um fusil double qu'il maniait avec une dextérité incroyable, n'était pas le moins bien disposé à s'en servir.

Snr l'avis de Joseph Karty, tous ces braves soldats de l'ordre descendirent dans la cave, afin que les lumières ne pussent être vues du dehors et permissent par cette obscurité momentanée, aux gens de Frémaux, d'arriver en toute confiance jusqu'à portée de leurs armes.

Et pour leur faire passer le temps plus facilement, il leur fit servir un souper frugal qu'ils prirent, juchés sur des tonneaux.

Ce fut Elisabeth, la servante de Karty, qui apporta les victuailles.

C'était une robuste fille, que cette Zabette, comme on l'appelait par abréviation.

En un rien de temps, elle eût servi son monde; puis elle alla elle-même se placer au fond du caveau sur une cuvelle renversée.

Pendant le temps qui s'écoula entre l'arrivée de la maréchaussée et celle des bandits, après qu'on eût repris quelques forces, on convint des postes que l'on occuperait lorsqu'il faudrait faire face à l'ennemi.

Les armes furent chargées et Zabette,

qui s'y entendait, ne fut pas la moins adroite dans cette opération toute masculine.

Les munitions avaient été données par Joseph.

Celui-ci, un paquet de cordes à nœuds coulants à la main, les partagea entre trois ou quatre de ses gens auxquels il avait appris la manière de s'en servir.

Quatre lanternes furent aussi distribuées.

Quant aux autres auxiliaires, des gendarmes et de Karty, ils étaient armés de pistolets, de haches fraîchement aiguisées, de bisaiguës affilées et de sabres non moins bien émoulus.

Zabette s'était emparée d'un énorme pistolet d'arçon, promettant, en véritable virago, d'en faire le meilleur usage.

Il y avait encore une grosse demi heure à attendre.

Pendant ce moment suprême, bien des cœurs battirent, non de crainte, mais d'impatience.

Chacun maniait à sa façon l'arme dont il allait faire usage, et Zabette, par excès de précaution, avait glissé dans sa ceinture le grand couteau avec lequel elle venait de dépécer la viande.

Enfin, un bruit insolite venant du dehors les cloua tous un moment à leur place.

Ils retinrent leur respiration.

Ils écoutèrent.

Tous étaient haletants et la main sur leurs armes.

Qu'allait-il se passer ?

Allait-on vaincre, ou allait-on mourir ?

Nous ne disons pas que cette pensée n'en troubla point quelques-uns.

Pourtant, ils étaient tous bien décidés à se défendre en braves.

Bref, chacun alla sans bruit se placer au poste qu'il devait occuper.

Ils y étaient à peine que la bande Frémaux se mit en mesure, avec l'aide du serrurier Martial, d'ébranler la grille. Mais comme cette opération ne pouvait être faite sans bruit, on eut recours aux fausses clés, que le disciple de saint Éloi avait apportées.

On les laissa pénétrer dans la cour.

Elle était silencieuse et sombre comme un sépulcre.

Les bandits eurent peur.

Ils redoutaient quelque piége.

Mais, comme il fallait en finir, Rassel et Frémaux montèrent les premières marches du perron, tandis que leurs complices, les yeux et l'oreille au guet, parcouraient sur la pointe des pieds les alentours de la maison, totalement isolée du jardin qui en occupait le fond.

— Tu n'entends rien ? dit Frémaux à Rassel.

— Rien.

— En ce cas, mets-toi à la besogne, dit-il au serrurier.

Celui-ci attacha une lanterne sourde sur sa poitrine et fit sans bruit, avec un vilbrequin, quelques trous dans le panneau de la porte d'entrée; puis, quand il crut que l'ouverture qu'il allait pratiquer serait assez grande pour y passer la main et le bras, il se mit à scier le bois qui séparait entre eux les trous qu'il venait de faire.

Lorsqu'il eût terminé ce travail, la partie détachée par le trait de scie tomba et laissa à sa place une ouverture de sept à huit pouces.

Frémaux et Rassel, qui faisaient sentinelle, crurent le moment favorable pour disséminer leurs hommes autour des bâtiments.

Le silence qui régnait là les enhardit.

Après qu'ils eurent armé leurs pistolets, ceux qui étaient porteurs d'armes blanches se prêtèrent la main, afin de pouvoir s'accrocher aux balcons du rez-de-chaussée, qui étaient assez élevés, tandis que d'autres, qui avaient avisé une échelle laissée près de l'écurie, s'en servirent pour escalader la fenêtre du premier étage, restée ouverte.

Il y a tout lieu de croire que cette échelle et cette fenêtre béante n'étaient autre chose qu'une ruse de Joseph, et non une négligence de sa part.

Nous verrons bien.

Du côté des brigands, comme du côté des gens de la maison et de la force armée, on était en observation, et le moindre incident devait amener une lutte dont on ne pouvait prévoir le résultat.

Ce fut de la bande de Frémaux que partit le signal.

Rassel et lui, impatients d'en venir aux mains, ordonnèrent à Martial le serrurier de se mettre à l'œuvre, de passer son bras dans l'ouverture qu'il avait pratiquée et de faire jouer le verrou de la porte, qui la fermait de haut en bas.

Celui-ci, pour exécuter cet ordre, avança le bras jusqu'au coude, ne s'apercevant pas qu'une lumière se montrait dans le vestibule, lumière que, du reste, son bras cachait entièrement.

De sa main habituée à manier le fer, Martial fit jouer l'espagnolette; mais il s'arrêta subitement en poussant un cri terrible suivi de ces mots :

— Tonnerre de Dieu! je suis pris.

C'est qu'en effet un nœud coulant lui avait été passé dans le bras et le retenait cloué à l'ouverture qu'il avait faite.

— Amis! amis! au secours!

Il n'eût pas le temps d'en dire davantage, il jeta un nouveau cri, mais cette fois c'était un cri d'angoisse, un cri étranglé, puis il tomba lourdement en arrière sur les marches du perron, le bras tranché au-dessus du poignet et ruisselant de sang.

— Je suis mort, s'écria-t-il encore en roulant jusqu'à la dernière marche.

A ce spectacle, Frémaux et Rassel sentirent leurs cheveux se dresser sur la tête.

Le cri de Martial, qui n'avait rien d'humain, avait terrifié les bandits, qui ne connaissaient pas encore le motif de cette exclamation du serrurier.

Ils se hâtèrent d'escalader les fenêtres du rez-de-chaussée et celle restée ouverte au premier étage, excités qu'ils furent par Frémaux et Rassel, qui commençaient à perdre la tête ; mais de ceux qui s'y hasardèrent, les uns eurent la tête fendue à coups de hâche, les autres furent saisis par des nœuds coulants, de telle sorte que, sur dix bandits, cinq étaient déjà tués par les gens de Joseph Karty et par les gendarmes, ou étranglés au moyen des cordes à nœuds coulants, qu'ils leur avaient passées au cou,

Sur l'ordre de Karty, les lanternes allumées, qui avaient été placées par terre, la lumière tournée vers le mur, furent mises de façon que les appartements furent éclairés subitement,

En voyant le nombre de leurs adversaires, les bandits sentirent le courage les abandonner, et ce fut alors un sauve-qui-peut général; mais comme ils ne connaissaient qu'imparfaitement les lieux, ils se heurtèrent en fuyant, contre la force armée qui ne leur laissa pas le temps de faire usage de leurs armes.

Zabette qui était sortie de la maison, pendant le désarroi de la bande, et qui avait vu l'un d'eux se diriger vers l'écurie, dans le but, sans doute, de prendre le cheval de Karty, afin de s'échapper plus facilement, l'y suivit résolûment, le pistolet au poing.

Lorsqu'il eût fait sortir l'animal et qu'il crût l'enfourcher, la brave fille lui mit le pistolet sous le nez, lâcha la détente, et le misérable, la tête fracassée, alla rouler auprès du coursier, qui se sentant libre se hâta de regagner sa mangeoire en hénissant.

Zabette, enchantée de son œuvre, regagnait la maison, lorsqu'elle se heurta sur un brigand blotti contre les marches du perron ; sans hésiter et quoique n'ayant plus d'arme que son formidable couteau de cuisine, elle sauta sur le coquin, l'étreignit à la gorge, le terrassa, appela à son secours, et malgré ses prières et ses supplications, il fut bel et bien lié, garrotté et mis dans l'impuissance de faire un mouvement.

Il fut un de ceux qui échappèrent aux armes et aux ruses de Joseph Karty.

Dans cette expédition sanglante, un seul coup de feu avait été tiré : c'était celui de Zabette.

Cela tint à ce que l'intendant avait

bien recommandé de ne se servir d'armes à feu qu'à la dernière extrémité.

La ruse de Karty avait donc parfaitement réussi, et cela sans que le village en eut le moindre soupçon.

Ce ne fut que le lendemain et lorsque la justice appelée en toute hâte dans la nuit, arriva pour relever les morts et constater le crime que les habitants saisis d'effroi, apprirent les détails du drame lugubre qui s'était passé dans la nuit

Aucun des gendarmes ni des paysans n'avait reçu de blessures, tant avait été foudroyante leur apparition, tant avaient été bien prises par Joseph Karty les mesures qui devaient faire tomber les brigands dans le piége.

Aussi, dès que l'affaire fut terminée, ce fut-il, à l'adresse de l'intendant, un concert de bénédictions de la part des gendarmes et des paysans. On admirait sa sagacité, on vantait les moyens si nouveaux et si ingénieux qu'il employait ; et l'on ne douta plus que sa présence à Lompret ne dut, pour longtemps, préserver la contrée des malfaiteurs qui la sillonnaient.

C'est que déjà, dans leur ignorance, les gens de la campagne le tenaient pour un sorcier.

Zabette, de son côté, reçut les félicitations de Karty pour sa courageuse conduite, et il lui donna l'assurance qu'elle ne quitterait plus la maison d'Arbelle dont elle avait si bien pris la défense.

Pour les voleurs, ces ruses, dont Joseph Karty venait de faire usage, devaient en cacher d'autres, ce qui expliquait le vide qui se fit autour de Lompret et de la ferme d'Esquermes, qu'on savait être sous la protection de cet étranger, auquel on s'obstina longtemps à trouver un air diabolique ; le vide, disons-nous, se fit parmi ces hommes aux mauvaises passions, de ces malheureux perdus de vices qui'effrayaient à juste titre les habitants du Nord.

On put donc respirer un moment.

Lorsque la justice fut venue, elle constata que six hommes sur dix avaient succombé, que deux restaient prisonniers et que deux autres étaient parvenus à s'échapper.

Parmi ceux-ci se trouvaient Louis Frémaux.

Mais il ne pouvait aller loin, avec les instincts mauvais qui composaient son organisation vicieuse. En effet, en l'an VIII, c'est à dire en 1800, quatre ans après le drame que nous venons d'esquisser, il était condamné à la peine de mort, comme complice des Chauffeurs et exécuté sur la place de Lille.

Nous dirons plus tard en quel lieu ce malfaiteur dangereux fut capturé.

Les bandits restés sur le carreau étaient : Martial le serrurier, qui mourut des suites de son affreuse blessure, Choquart, Margot, Cornu, Lafaille et Lenchantin, tous fraudeurs, ivrognes et fainéants.

Les deux survivants, parmi lesquels celui que Zabette eût le courage d'arrêter, furent emmenés dans la prison de Lille, pour être déférés à la justice.

Quant à Rassel et à Frémaux, on sait déjà ce que celui ci devint ; mais le premier de ces deux vauriens — jeune encore, puisqu'il n'avait que dix huit ans, — nous retrouverons plus tard sa place dans cette triste et lamentable histoire.

XVIII.

Comment les Hollandais savent charmer leurs loisirs. — Du Vivier et le vieux Gaulier. — La serre chaude. — Richard et Valérie — Les Fiançailles. — Deux vieux débris de l'armée alliée.

Nous avons quitté le casino hollandais après la fuite du pirate chassé, lui et les siens, à coups de fusils, par le lieutenant Guislain, Richard d'Arbelle et les prisonniers français venus à leur secours.

On sait que le jeune homme qui devait épouser Valérie avait promis de lui donner asile ainsi qu'à son père, dans sa maison de Mordick, où les attendait le vieux Gaulier, le serviteur fidèle de Richard.

C'est dans cette espèce de château que nous allons retrouver les principaux personnages que nous avons déjà mis en scène.

Nous avons dit que cette maison de plaisance était peu éloignée de la mer et de 'auberge de David, qu elle ne manquait pas de confortable et que, malgré la saison rigoureuse de l'hiver, on y trouvait tous les agréments que savent se procurer les riches habitants de ces contrées, ensevelis la moitié de l'année dans la neige, la glace et les brouillards.

Parmi ce confortable, on remarquait celui d'une serre chaude, spacieuse, couverte de vitraux, dans laquelle on entretenait des plantes exotiques rangées sur des gradins : et cela en quantité innombrable.

Ce lieu dans lequel s'exhalaient en plein hiver les parfums les plus suaves, où s'épanouissaient les fleurs les plus rares, avec leurs couleurs variées à l'infini, et qui charmaient la vue autant que l'odorat, ce lieu, disons nous, était un véritable paradis.

C'est dans ce bâtiment qu'un matin, Du Vivier et le vieux Gautier se réunirent pour causer du passé et penser à l'avenir.

Lorsqu'ils furent assis sur l'un des bancs qui garnissaient la serre, Gautier prit la parole et dit :

— Ah ! monsieur, je suis presque aussi content que M. Richard, mon maître, en vous voyant arriver ici sain et sauf avec

Mlle Valérie. J'espère que, désormais, vous serez à l'abri des dangers qui vous ont menacés jusqu'ici.

— J'ai bien du plaisir aussi à voir un bon serviteur comme vous, répondit le vicomte ; ceux qui vous ressemblent sont si rares que c'est réellement une bonne fortune lorsqu'on en rencontre un.

— Votre estime m'honore, monsieur le vicomte, répondit Gautier en s'inclinant. Je mets tous mes soins à mériter la bienveillance de M. Richard et celle de ses amis. Dame ! monsieur, j'ai servi le père avec zèle, je sers le fils avec le même dévouement ; et puisqu'il aime mademoiselle votre fille et qu'il va l'épouser, le vieux Gautier quittera la vie sans regret, persuadé que M. Richard passera la sienne au sein du bonheur.

— Le bonheur, répliqua le vicomte avec tristesse, le bonheur ! qui peut se flatter d'en jouir ?

— C'est ce que je me suis dit bien des fois depuis mon départ de France surtout depuis la mort du comte D'Arbelle, le père de M. Richard. Mais si vous le voulez, ajouta le vieux Gautier, nous parlerons d'autre chose, par exemple de la petite fête que les gens de Mordick veulent offrir à la fiancée de mon maître.

— Ah ! une fête !... dit le vicomte dont le visage s'assombrit, une fête !..

— Oui, monsieur, et je vous dirai en

confidence que j'ai tout préparé pour en célébrer une ici, dans ce lieu spacieux et agréable, où mon maître se retire de préférence à tout autre appartement de la maison.

Gautier ne s'aperçut pas que le vicomte était tombé dans une profonde rêverie; aussi continua-t il :

— Cette serre est pleine de charmes; elle est embaumée du parfum des fleurs et présente, comme vous le voyez, des fruits en pleine maturité lorsque la campagne est couverte de neige et de glaces. N'est-il pas vrai, monsieur le vicomte, qu'une petite fête sera vue avec plaisir ?

— Oui, oui.. répondit Du Vivier d'un air distrait. Oui, mon cher Gautier, ajouta-t-il avec un pénible effort.

— Je vais retrouver mon maître, que j'ai laissé occupé à recevoir les compliments des gros bonnets de Mordick, tandis que Mlle Valérie procédait à sa toilette Je vais leur dire à tous les deux que vous les attendez ici. Dans un instant, ils seront près de vous.

Du Vivier avait laissé parler le vieux serviteur sans l'écouter : ses pensées étaient ailleurs, et son esprit, occupé de choses graves, était tellement absorbé en elles, qu'il ne s'aperçut pas de la disparition de Gautier.

Lorsqu'il se vit seul, il se leva triste et rêveur et se mit à parcourir la serre de long en large en disant :

— Tout semble ici respirer la joie et le bonheur ; moi seul suis accablé par la cruelle nécessité où je me trouve de détruire les rêves dorés qu'on fait en ce moment. Et je ne puis me soustraire à cette nécessité que m'impose un devoir sacré.

Il s'arrêta un moment, accablé par ses tristes préoccupations, puis, après avoir passé la main sur ses yeux, il reprit :

— Richard, convaincu que le père de celle qu'il aime est descendu dans la tombe, persiste dans sa résolution de la prendre pour femme. Je n'ai pas eu le courage de lui dire que mon indigne beau frère était ce misérable écumeur de mer, ce bandit acharné après nous, et que le hasard de la destinée a jeté sur nos pas. Puis-je, moi, penser sans frémir que ce monstre, sans le savoir allait massacrer un membre de sa famille et plonger peut-être sa main dans le sang de sa fille ? Quelle horreur! C'est épouvantable!

Le pauvre vicomte fut obligé de se rasseoir.

Les forces lui manquaient.

Mais rappelant à lui toutes ses facultés, il s'écria :

— Oserai-je jamais associer volontairement un ami à toutes les horreurs du sort qui m'attend? Non ! jamais! Il faut que je brise ce lien qui l'avilirait. Plus tard, il me rendra justice ; plus tard il connaîtra la grandeur du sacrifice que je fais à son honneur.

Puis, après une pause :

— Je dois encore lui cacher aujourd'hui ce funeste secret, pour ne pas changer en désespoir l'ivresse qu'il éprouve ; mais cette nuit même, je fuirai, j'emmènerai Valérie, afin de dérober à tous les regards sa honte et la mienne.

Du Vivier, dans une asthénie complète, se laissa choir sur le banc, manquant absolument de forces.

Les sons bruyants d'un musique se firent entendre dans le jardin, et Du Vivier, surpris, bouleversé, se hâta de dire :

— On vient ! Il faut que Valérie ignore tout jusqu'au dernier moment. Ah ! quelle situation pénible que la mienne ! Tout autour de moi est dans la joie, dans l'allégresse, moi seul, je suis contraint à comprimer les battements de mon cœur et à refouler mes larmes. Affreux !... Affreux !...

La porte de la serre, ouverte à la fin de ces mots du vicomte, livra passage à une foule de paysans, qui vinrent s'incliner devant lui.

Richard, le visage rayonnant et tenant sa fiancée par la main, vint à son tour engager Du Vivier à prendre part à l'enthousiasme des habitants de Mordick. Le pauvre vicomte était devenu pâle Valérie s'en aperçut et Richard, qui avait fait la même remarque, mit cette pâleur sur le compte de l'émotion que lui causait la joie de la foule qui l'entourait

Après avoir reçu les compliments des

paysans, le vicomte prit un prétexte pour se retirer, et il fut suivi jusqu'à la salle où le festin des fiançailles avait été préparé par les invités qui se pressèrent sur ses pas.

Il ne resta bientôt plus dans la serre que Valérie, occupée avec quelques jeunes filles à causer de son mariage.

Le vieux Gautier, d'un air mystérieux, vint interrompre ce babil féminin. Il s'approcha de Valérie et lui dit :

— Mademoiselle! il y a là-bas à la porte de la maison, deux vieux et malheureux soldats Hanovriens, dont l'un est aveugle. Ils demandent à vous être présentés.

— Ah! si je pouvais signaler ce jour par un acte de bienfaisance, il me semble que ce serait du bonheur pour toute ma vie. Gautier, ajouta-t-elle, il faut les recevoir. Je vais en instruire mon père...

— Mademoiselle! dit le vieux serviteur avec hésitation, c'est à vous seule que le vieux aveugle veut parler, et il m'a dit cela avec un trouble... une agitation...

— Eh bien! à la fin du dîner, répondit la jeune femme attendrie; dans cette serre. J'espère pouvoir m'échapper un instant.

Elle fit un signe particulier à Gautier, qui y répondit de la même manière, parce qu'il ne voulait pas mettre Richard, qui venait la chercher, dans la confidence de ce rendez-vous assez singulier.

XIX

Les doutes de Gautier — Le pirate et son lieutenant. — Père indigne. — Un coup du ciel. — Le secret du bandit. — Valérie et les deux vieux soldats. — Terreur de la jeune femme. — La reconnaissance. — Imprudence de Valérie.

Pendant le repas, auquel avaient été invités les matelots gagés du bâtiment que Richard avait frêté à La Haye, le vieux Gautier rôda sans cesse dans le jardin et dans la serre.

— Les deux soldats sont ici près! dit-il en jetant les yeux sur la porte entr'ouverte de la maison; il attendent mon signal. Ils m'ont intéressé tout d'abord, ces pauvres gens. Cependant, leurs allures et leurs mines ont bien quelque chose de suspect. Mais je ne puis voir un militaire blessé, sans être ému jusqu'au fond de l'âme, et je serais bien heureux malgré tout, de les voir obtenir de votre jeune demoiselle ce qu'ils désirent.

En disant cela, il se dirigea vers la porte, et s'adressant aux deux militaires:

— Il n'y a plus personne. Vous pouvez entrer, braves gens! leur dit-il.

Et il les conduisit dans la serre, où il les fit asseoir.

— Vous pouvez vous reposer un instant ici, leur dit-il encore, notre jeune demoiselle est prévenue, elle va venir ! C'est la bonté, c'est la charité en personne ; vous pouvez être assurés que votre demande sera favorablement accueillie. Dans un moment, je la conduirai près de vous, ne vous impatientez pas ; ce ne sera pas long.

Gautier sortit, mais en homme prudent, il ferma la porte de la serre à laquelle il donna un tour de clé.

— Je crois qu'on nous enferme, capitaine, dit l'un des soldats en retirant ses fausses moustaches.

— Tu as peur de tout, maintenant, fit l'autre en retirant le bonnet à poil qui lui couvrait le chef.

— Il me semble que ce n'est pas sans motif, répondit l'homme aux moustaches, qui n'était autre que notre vieille connaissance, Aristide de Rochebrune.

— Pourquoi cela ? répliqua le soldat au bonnet à poil, ou plutôt le bandit Crombach.

— Pourquoi, pourquoi ? fit avec impatience Robert Burckart, ou si on l'aime mieux Aristide de Rochebrune ; parce que la flotte hollandaise, revenue dans le Texel, nous a coupé le passage, que notre bâtiment a été pris, que nous avons dû nous sauver seuls dans la chaloupe et que nous ne possédons plus rien au monde que ces deux vieux habits de soldats, que nous avons prudemment troqués contre les nôtres, afin de ne pas être reconnus et arrêtés : voilà le pourquoi, meinherr Crombach. Mais, ne te désole pas, ajouta-t-il, il nous reste des ressources que tu ne connais pas.

— Des ressources! exclama Crombach avec incrédulité. Tenez, capitaine, j'ai toute confiance en vous, mais là, franchement, j'ai peur de retourner dans les prisons de France.

— Qu'as-tu à craindre ? Ne sommes-nous pas à l'étranger ? Et puis, oublies-tu comment je t'ai fait sortir de la dernière cage où tu étais enfermé ?

— Je m'en souviens, capitaine. Mais on n'est pas heureux deux fois de suite. D'ailleurs, je ne sais pas encore pourquoi nous sommes venus dans cette maison. Vous plairait-il de me l'apprendre ?

— Nous sommes ici pour reprendre l'or que la flotte nous a volé et que tu regrettes tant.

— Comment! s'écria Crombach avec effroi, vous voudriez tenter cette périlleuse entreprise quand nous sommes seuls et sans un sou vaillant ?

— Il n'est plus question d'employer la force.

— Ah! tant mieux, fit Crombach, avec un soupir de satisfaction. Alors, c'est par la ruse...

— Pas du tout!

— Capitaine, je ne vous comprends plus.

— Voyons, mon brave Crombach, dis-moi : n'est-il pas juste qu'un enfant partage sa fortune avec son père ?

— C'est tout naturel.

— Eh bien!... c'est ce qui m'a amené ici.

— Mais, où sommes-nous donc? demanda Crombach.

— Chez le mari futur de ma fille.

— Quel coup du ciel, fit Crombach en se frottant les mains.

— Chut! lui dit le misérable Aristide en lui prenant le bras. Chut!.. on vient!... C'est sans doute elle!.... Si je puis la déterminer à quitter ces lieux et à me suivre...

— Comment! vous espérez...

— Pas d'imprudence... et laisse-moi faire.

— Je suis muet, dit Crombach en reprenant son bonnet à poil.

— Tu es muet, c'est convenu, et moi je redeviens aveugle! répondit le pirate en reprenant ses moustaches et ses favoris.

Tous deux déguisés comme lorsqu'ils étaient venus, ils reprirent leurs places sur le banc.

Ce fut ainsi que les trouvèrent le vieux Gautier et Valérie.

— Me voilà, bonnes gens! dit celle-ci en allant à eux, me voilà prête à vous consoler de vos malheurs, à vous soulager dans vos infortunes. Parlez sans crainte.

Ce fut Aristide qui prit la parole.

— Mademoiselle ! dit-il bas à la jeune fille, j'ai un secret important à vous révéler.

— Un secret ! à moi ? répliqua Valérie au comble de la surprise.

— Un secret d'où dépend peut-être ma vie.

— O mon Dieu ?

— Oui, mademoiselle ; mais il faut que nous soyons seuls.

Valérie fixa un moment l'étrange personnage. Son air souffrant, sa misère, lui inspirèrent une telle compassion qu'elle en fut touchée.

Gautier ! dit-elle au vieux serviteur de Richard, laisse-nous seuls un moment.

Gautier demeura stupéfait et hésitant ; mais sur un geste qui ressemblait à une prière, il se décida à sortir en emmenant Crombach, auquel il lança un coup d'œil de défiance.

Et tandis que rêveuse, Valérie essayait de découvrir le motif pour lequel Robert Burckart voulait être seul avec elle, celui-ci, qui lui tournait le dos, ferma doucement la porte au verrou.

Pendant cette petite manœuvre du bandit, la jeune fille, encore sous l'empire de son idée généreuse, se dit à part elle :

— L'aspect de ce malheureux soldat, ce mystère !... Mon cœur est agité, je respire avec peine !

Puis, s'adressant à l'étranger :

— Nous sommes seuls, je vous écoute !

— Mademoiselle ; vous connaissez sans doute tous vos parents ? demanda d'une voix traînante Aristide de Rochebrune.

— Je n'ai jamais connu ma mère, elle est morte lorsque j'étais fort jeune encore.

— Mais... votre père ?

— Mon père me console chaque jour de la perte irréparable que j'ai faite.

— On vous trompe, répondit le pirate d'un ton énergique.

— On me trompe, dites-vous, s'écria Valérie en fixant le bandit.

— Oui ; parcourez ces papiers, ces actes, et vous serez convaincue que vous êtes le jouet d'une abominable intrigue.

Valérie prit d'une main tremblante les papiers que lui tendaient le corsaire et se mit à les parcourir dans la plus grande agitation.

Pendant cette lecture, sa figure pâlit, ses traits se décomposèrent, un frisson parcourut tout son être et ses yeux se fixèrent sur la terre tandis que ses bras, devenus inertes, tombèrent le long de son corps frémissant.

— Quoi ! s'écria-t-elle en laissant échapper quelques larmes ; quoi ! le vicomte Du Vivier n'est pas mon père ?

— Non ! lui dit le corsaire en l'engageant du geste à lire la lettre qu'il venait de tirer de la liasse qu'elle avait sous les yeux.

Elle lut d'une voix tremblante :

« Malheureuse Valérie, Aristide, comte de Rochebrune, votre père, victime d'une faute involontaire expiée par de longs tourments, exilé, errant, fugitif, est maintenant de retour en Europe, mais dénué de tout, plongé dans la plus affreuse misère, il n'a plus d'espoir que dans la pitié de sa fille. »

Après la lecture de cet exorde, qui n'était qu'un tissu de mensonges, la pauvre Valérie, émue, secouée jusque dans ses entrailles, se prit à dire avec douleur :

— Il invoque ma pitié. Mais, où est-il ? Où est-il ? demanda-t-elle.

— Si votre cœur devait se fermer à l'aspect du malheur qui le frappe, je le déclare devant Dieu, il se tuerait lui-même au moment où il découvrirait votre ingratitude.

Aristide, passé maître en ruses de toutes sortes, avait des larmes dans la voix, et en comédien consommé, ses yeux humides qu'il fixa sur Valérie finirent par la fasciner.

— Pensez-y donc, ajouta-t-il, c'est sur la vie ou la mort de votre père que vous allez prononcer.

La jeune femme n'avait encore jamais été mise à une semblable épreuve La solitude du lieu augmentait la terreur que cette étrange révélation avait jetée dans son esprit ; elle ne put cependant s'empêcher de répondre :

— Puis je hésiter un instant ? Oh ! non... non. Valérie fera son devoir, quelque pénible qu'il soit. Oui, plus son père est malheureux, plus elle remercie Dieu de l'avoir rendu à sa tendresse. Elle jure donc de lui consacrer désormais son existence.

A cette promesse de la jeune femme, le bandit qui jusque-là avait joué l'aveugle cessa de se déguiser et dit :

— Valérie, ton père fut coupable, sans doute, mais un long repentir et des souffrances inouïes doivent lui faire obtenir son pardon. C'est à tes pieds qu'il vient le chercher.

Le misérable s'agenouilla devant sa fille.

— Vous !.. mon père !... exclama celle-ci, la tête en feu. Relevez-vous ! relevez-vous ! ajouta-t-elle avec précipitation ; on frappe à cette porte.

— Laisse frapper, dit le brigand ; dans la crainte d'être surpris, je l'ai fermée. — Ma fille, ajouta-t-il, il va falloir nous séparer, mais avant il faut que tu me promettes de quitter cette maison et de suivre ton père.

— Comment ! vous voulez que j'abandonne celui qui prit soin de mon enfance, quand vous me laissiez, vous, livrée aux hasards de la vie. Et d'ailleurs, qui prouve que je suis votre fille ?

— Les titres que tu viens de lire.

— S'ils étaient faux ?

— Oh! ma fille... répliqua le bandit les larmes aux yeux.

— Je verrai, je verrai, fit Valérie abattue, découragée.

Puis à part :

— Et Richard! Richard, grand Dieu !

— Il faut te décider, dit d'une voix brève le corsaire. Ton devoir te l'ordonne et le serment que tu viens de faire te le commande.

— Ah! je ne pourrai jamais, s'écria Valérie écrasée par la douleur.

— Ton refus sera l'arrêt de ma mort, entends-tu bien ? Car ce poison que je porte sur moi...

Valérie, hors d'elle même, voyant Aristide porter à ses lèvres un flacon rempli d'un liquide verdâtre, se précipita sur la main qui le tenait, et d'une voix brisée :

— Donnez! donnez, je promets tout! dit-elle.

N'avions-nous pas raison de dire que cet homme était un grand comédien ?

Pendant cette scène douloureuse pour la pauvre Valérie, on n'avait cessé de frapper à la porte de la serre où se faisait entendre la voix du vieux Gautier.

— Ouvrez, ouvrez, mademoiselle, disait il.

— Ce soir, à onze heures, à la grille du jardin. Songe qu'il y va des jours de ton père et que la moindre indiscrétion lui serait fatale.

Ainsi avait dit de son côté, avec un accent pénétrant, le bandit effrayé de la persistance de Gautier.

— Eh bien, oui, je me tairai, avait promis la malheureuse jeune fille éperdue. Oui, ce soir...

— Ouvrez donc, mademoiselle, dit une dernière fois le serviteur de Richard.

Et Valérie, la marche chancelante, les mains tremblantes, alla tirer le verrou.

XX

L'aide de camp Guislain. — L'amnistie. — Encore Scipion Tilman. — Gautier aux écoutes. — Sa frayeur. — Tumulte effroyable. — Les bandits s'échappent.

— Pardon, mademoiselle, de vous avoir dérangée, dit Gautier en entrant accompagné de Crombach. Pardon, mais je viens de voir arriver un officier français; vous savez, votre libérateur, celui qui a si joliment étrillé les pirates au casino.

Robert et son complice se regardèrent avec des yeux où se peignait la crainte la plus vive.

— Il est auprès de votre père, continua Gautier, et M. Richard m'ayant appelé, j'ai pu entendre tout ce qu'il a raconté.

Les deux vauriens prêtèrent l'oreille.

— Il a dit que les Français étaient victorieux et maîtres de ce pays, que le général l'avait choisi pour aide-de camp, enfin, que tout l'état-major allait occuper cette maison, qui est déjà entourée de cavaliers bivouaqués sous les murs du jardin.

A ce récit, les deux bandits furent terrifiés.

— Votre père, ajouta Gautier, m'a ordonné d'aller vous chercher à l'instant, afin de tout préparer pour recevoir le général.

Aristide trouva moyen de dire bas à Valérie :

— Mais si j'étais découvert!... Que devenir, alors ?

Celle-ci le rassura d'un geste, puis elle dit à Gautier :

— Ces deux pauvres soldats hanovriens ne pourraient-ils pas courir des dangers, au milieu des Français leurs ennemis?

— Bah! bah! répondit Gautier avec brusquerie, les Français n'attaquent jamais que ceux qui sont en état de se défendre.

— Mon bon ami, dit Valérie à Gautier d'un ton calin, tu ne voudrais pas avoir à te reprocher la perte de ces malheureux?

— Non. Mais comment faire?

— Il y a tout lieu de croire que personne ne viendra ici... et à la faveur de la nuit...

Elle fit signe à Rochebrune, qui la remercia d'un coup d'œil.

— Eh bien, je les enfermerai dans cette serre, dit Gautier. Je me charge de leur apporter de quoi prendre leur part de la fête, en buvant à la santé des fiancés.

Les deux bandits s'inclinèrent devant Valérie qui gagna la porte suivie de Gautier.

Nos deux coquins entendirent parfaitement que l'on fermait la serrure à double tour.

Ils froncèrent les sourcils; mais ce mouvement d'humeur passa vite, et Crombach qui avait hâte de savoir ce qui s'était passé en son absence, dit à Robert :

— Eh bien capitaine! et la jeune fille ?

— Me suivra cette nuit même! répondit celui-ci en entraînant son camarade vers le banc, où ils s'assirent tous les deux.

— J'ai aussi une bonne nouvelle à vous apprendre, dit Crombach à son chef.

— Quoi donc ?

— Ce vieux domestique m'a dit que le gouvernement hollandais, vivement pressé par les Français, a publié une amnistie en faveur de tous ceux qui, sur mer ou sur terre, en dehors des troupes régulières, ont pris les armes contre lui. C'est bien notre affaire, n'est-ce pas?

— En effet !

— Voilà une excellente occasion pour que nous redevenions honnêtes gens!... ajouta Crombach.

— Nous ne serions pas les premiers! fit Robert.

— Confident de toutes vos pensées, je sais que depuis longtemps vous avez l'intention de quitter un métier qui ne vaut plus rien, depuis que tout le monde s'en mêle.

— C'est vrai, répondit Rochebrune.

— Vous vous rappelez sans doute, capitaine, Scipion Tilman?

— Parbleu!

— Celui là qui, après vous avoir quitté, était parvenu à trouver une place de garde magasin dans l'armée hollandaise, et dont la méchanceté ne le cédait qu'à l'avarice?

— N'en dis pas de mal!

— Dieu m'en garde, fit Crombach. Savez-vous que ce coquin de Scipion a fait son chemin?

— Comment cela?

— Il est aujourd'hui intendant des vivres de l'armée du Stathouder, et assez puissant pour nous faire comprendre de suite dans l'amnistie.

— Tiens!... tiens! fit le pirate, c'est une idée...

— Si vous y consentez, j'irai le trouver dans le petit fort du Helder, où il est maintenant, et, avec un peu d'or...

— Nous lui en donnerons beaucoup.

— Oui!.. lorsque la jeune fille en question...

— C'est cela même!

Tandis que ces deux coquins causaient de leurs affaires, Gautier, un panier à la main, avait ouvert la porte sans bruit.

Il se défiait maintenant de ces deux malandrins, et son opinion à leur égard, s'était bien modifiée, depuis qu'il avait vu Valérie si troublée, lorsqu'il vint la chercher de la part de son père adoptif.

Il s'arrêta sur le seuil et écouta.

Les bandits se parlaient à demi-voix.

— Connaissez-vous le maître de ce châ'eau ? demanda Crombach à son complice.

L'étonnement de Gautier fut tel, en entendant parler le faux muet, qu'il faillit laisser tomber le panier qu'il portait.

Il se nomme Richard! répondit le capitaine.

— Savez vous qu'il doit épouser la jeune fille qui était là tout à l'heure ?

— Il faut d'abord que cela me convienne, fit en souriant Rochebrune,

— Que dit-il là ? se demanda Gautier, de plus en plus surpris et en déposant son panier par terre.

— Vous m'avez conté jadis la malheureuse affaire qui vous a obligé de quitter la France, et comment, pour vous venger d'un magistrat qui vous avait fait condamner à mort par le jury de la Seine, vous avez trouvé moyen de vous venger de cet homme par un coup de poignard.

— Par deux coups de poignard, tu veux dire, car Scipion a pris sa part du meurtre.

— Eh bien, ce magistrat était le frère de M D'Arbelle, et par conséquent l'oncle de Richard, qui veut devenir votre gendre.

— Est ce possible !.. dit Gautier en reculant d'un pas vers la porte.

— Tout ce que tu me dis-là est étrange. Mais où as-tu appris cela ?

— Vous le saurez bientôt.

Cette conversation fut interrompue par le bruit du grincement de la clé dans la serrure de la serre.

C'était Gautier hors de lui, et qui, par suite de ce qu'il venait d'entendre, se retirait précipitamment.

— On a ouvert cette porte ? dit le corsaire en se penchant sur le banc.

— Je crois plutôt qu'on l'a refermée, répondit Crombach en se levant et en avançant deux pas.

— Tiens, dit le capitaine en se levant à son tour, que vois-je là-bas ?

— Un panier avec des provisions, répondit Crombach. Mais, comment sont-elles ici ? Celui qui les a apportées nous aura peut-être écoutés.

— N'entends-tu pas des cris éloignés ? interrompit le corsaire.

Crombach, après avoir regardé par le trou de la serrure :

—Je vois beaucoup de mouvement dans la jardin.

L'effroi se peignit sur le visage du chef de bandits.

— Nous sommes découverts, dit il.

— Malédiction!... hurla Crombach en secouant la porte. Mort du diable!... cette maudite porte est fermée à double tour.

— Et aucune issue pour fuir! s'écria le capitaine furieux.

Le tumulte redoubla à l'extérieur et les deux coquins ne savaient plus à quoi se résoudre.

— Cette fois, capitaine, nous sommes perdus!

— Pas encore, répondit celui-ci, les yeux enflammés de colère. Pas encore! Les Français campés au dehors, pourront vouloir nous arrêter; mais nous avons des armes.

Robert Burckart tira de la poche de sa capote usée, un poignard à lame effilée, tandis que Crombach armait un pistolet.

Dans le jardin, le bruit augmentait toujours.

Des cris se mêlèrent au tumulte.

Il n'y avait plus à douter qu'une bataille ne dut avoir lieu.

Dans cette prévision, le chef de Crombach mit son poignard entre ses dents, monta sur l'amphithéâtre du fond, en ayant soin de placer ses pieds au milieu des fleurs, puis il ouvrit une fenêtre.

Le bruit qui avait toujours été *crescendo*, se rapprocha de plus en plus. Déjà on essayait d'ébranler la porte.

Le chef de bandits fit passer son complice devant lui, en lui enjoignant de soutenir la fenêtre à tabatière et de la rejeter sur le toit dès qu'on entrerait dans la serre.

La fenêtre ouverte, les deux misérables s'apprêtèrent à fuir par là ; mais la porte cédant aux efforts des assaillants, ceux-ci entrèrent en tumulte, armés de fusils, de sabres et d'instruments meurtriers de toutes sortes.

— Où est le scélérat ? demanda Richard, armé d'un fusil à deux coups, et en parcourant la serre.

— Le voici, indiqua Gautier en montrant le pirate au milieu des plantes placées sur les gradins.

— Misérable assassin! s'écria Richard en le mettant en joue ; reçois la punition de tes crimes.

Valérie, affolée de terreur en voyant le fusil de son fiancé dirigé sur la poitrine d'Aristide, détourna l'arme en disant d'une voix déchirante :

— Arrêtez, Richard! Cet homme est mon père.

Le jeune D'Arbelle, comme frappé de la foudre, laissa tomber son arme.

Crombach, en rejetant le châssis vitré sur le toit, produisit une diversion par le choc des carreaux qui se brisèrent et jetèrent une horrible confusion parmi ceux qui se pressaient là et qui se foulèrent pour sortir, en jetant des cris d'épouvante.

Le chef de bande, imitant son complice, profita du tohu bohu et de l'effroi des paysans venus pour s'emparer de lui, et au moyen d'une rangée de pots à fleurs qu'il précipita du haut en bas des gradins et qui fit faire le vide à ses agresseurs, il disparut sans qu'on songeât à le poursuivre.

Pendant cette fugue et la scène indescriptible qui en fut la cause, Valérie était tombée évanouie dans les bras de Richard, et Du Vivier, attiré par le bruit, vint juste à ce moment pour l'aider à emporter celle qu'il appelait encore sa fille.

Le général français qui venait prendre possession du château avec ses troupes se montra à son tour et, lorsqu'il eût appris la cause du tumulte et de la panique des invités de Richard, il donna des ordres pour qu'on se mit à la recherche de Crombach et de son chef.

Le jeune D'Arbelle, de son côté, après avoir laissé sa fiancée aux soins de Du Vivier, revint auprès du général, afin de lui faire les honneurs de sa maison.

Il voulut l'emmener dans l'appartement qui lui était préparé, mais l'officier général, après avoir complété ses ordres, demanda à rester dans la serre avec son hôte; ce lieu, disait-il, étant trop agréable pour l'échanger contre un autre.

XVI.

Un lieutenant de Pichegru. — Une étrange rencontre. — Richard d'Arbelle prend du service dans l'armée française. — Enthousiasme de celle-ci. — Le brouillard. — L'incendie.

Le général Dernoncourt, à peine âgé de trente ans, était un des lieutenants de Pichegru. Issu d'une noble famille de l'Artois, qui n'avait point songé à émigrer, il mit son épée au service de la République, et il était devenu l'un des généraux les plus distingués de l'armée du Nord.

Le hasard fit que la famille d'Arbelle était, avant la Révolution, très liée avec celle du général.

Le noble soldat retrouva dans Richard un ancien condisciple avec lequel il avait eu d'intimes relations dans son pays.

Il y a souvent de ces rencontres étranges.

— Mon cher Richard, dit le général lorsqu'il fut seul avec son compatriote, j'ai appris votre tribulation, vos malheurs et je les partage. Croyez donc bien que le misérable qui est venu troubler la paix de cette maison n'échappera point à mes soldats ; j'en ai fait placer partout, autour de votre habitation.

— Mais, général, puisque vous êtes instruit de tout ce qui me touche, si ce malheureux est arrêté, pourrai-je oublier qu'il est le père de ma fiancée ? Chère Valérie ! Oh ! mon ami ! ajouta-t-il d'une voix tremblante et en étouffant un sanglot, je vais la perdre pour toujours ! Et cependant, si vous saviez comme je l'aime !...

— Calmez-vous, Richard ! Quand j'ai retrouvé en vous un ami d'enfance, un compagnon de mes jeux que je croyais ne revoir jamais, en plaignant le sort qui vient le frapper, c'est le langage de l'honneur que je dois lui tenir. C'est en soldat que je dois vous dire ma pensée. La France fut peut-être injuste envers vous, mon ami ; elle vous a rejeté de son sein, mais elle veut aujourd'hui vous rappeler à elle par ma voix. Les rangs de nos braves ne vous sont pas fermés, venez vous associer à leur gloire et sachez imiter tant de héros qui, comme vous, proscrits, ont su vaincre et pardonner.

— Ah ! général ! mon cœur, ulcéré par les événements qui se sont passés depuis quelques années, est toujours resté français. Je le sens au feu sacré qui m'anime. Non ! je ne serai point rebelle à la voix de mon pays. Je verserai tout mon sang s'il le faut, et si j'expire en cueillant avec vous quelques lauriers, du moins j'aurai vu la fin de mes malheurs. Donnez-moi des armes, ajouta Richard, donnez-moi des armes, général, et je vous promets de vous suivre.

— A ce noble langage, répondit l'officier, à ces paroles pleines de patriotisme, je reconnais un brave... je retrouve un français. — Ami! ajouta-t-il, ami! viens dans mes bras!

Et les deux hommes, tout à l'heure divisés d'opinions, s'embrassèrent comme deux frères.

Ils durent brusquement se dégager de leur étreinte, car ils venaient d'entendre battre la générale.

Les trompettes sonnèrent et remplirent les airs de leur son bruyant.

Le lieutenant Guislain, l'épée à la main, se présenta dans le jardin, où il fit arrêter son peloton d'infanterie devant la porte de la serre.

Le général se montra à lui.

— Mon général, lui dit vivement l'officier Justin, les ennemis cessant leur mouvement de retraite, ont reuni plusieurs corps ; leurs tirailleurs sont revenus en force et attaquent la grand-garde placée à la tête de la digue, et leurs bataillons couvrent au loin la campagne.

— Je remercie leur général, de nous faire enfin l'honneur de nous attendre. Ce nouveau combat sera pour nos soldats une nouvelle victoire. Lieutenant Guislain, ajouta t il, je vous ai nommé mon aide-de-camp et vous allez commencer vos nouvelles fonctions, en allant porter ces ordres à tous les chefs de ma division. Dans un instant, je me mettrai à la tête de mes braves camades. Allez!...

Le général remit à Beausoleil un papier qui contenait ses ordres, puis, celui-ci enfourcha un cheval et se hâta de remplir ses nouvelles et brillantes fonctions.

Et comme l'aide de camp était venu accompagné par les officiers de la division, le général dit à ceux-ci en montrant Richard.

— Officiers d'État-major, je vous présente un guerrier de plus dans vos rangs. Je l'autorise à porter les insignes de l'ancien grade, qu'il avait autrefois.

— Général! répondit d'Arbelle, permettez que je n'accepte l'épaulette qu'après l'avoir gagnée de nouveau. Combattre au milieu de mes braves concitoyens et ma seule ambition. Je serai heureux si je puis la justifier en imitant leur courage héroïque.

Puis il ajouta avec tristesse :

— Chère Valérie, quoique séparé de vous je ne vous oublierai pas, je veillerai sans cesse sur vos jours qui me sont aussi précieux que les miens, et si l'épée d'un ennemi vient frapper mon cœur, elle me trouvera fidèle à l'honneur, à l'amour et à la patrie ? Valérie, non pas adieu, mais au revoir !

On ne connut son départ de la maison, que lorsque le général, entraînant à sa suite, officiers et soldats, avaient déjà gagné la plaine, où ils se perdirent bientôt dans un épais brouillard qui venait de s'abattre sur la terre.

Mais leur retour fut plus prompt qu'ils ne l'avaient pensé, car, au sein des vapeurs opaques qui couvraient leur marche, général et soldats n'avaient point vu que déjà les éclaireurs ennemis venaient d'entrer dans Mordick. Ils ne connurent la vérité que lorsqu'ils rencontrèrent les hussards français, qui s'étaient mis à la poursuite uhlans jusque dans le village d'où ils les firent bientôt déguerpir.

Le général, laissant un moment la colonne principale s'engager sur la digue qui précédait la ville de Béverwick, fit faire à sa troupe un mouvement en arrière, afin de revenir là où avaient été aperçus les éclaireurs ennemis pendant sa marche à travers le brouillard.

C'est dire qu'il était rentré dans Mordick.

Tandis que les paysans des environs, poursuivis par les armées, cherchaient par la digue un refuge dans la ville, plusieurs corps de troupes françaises, sur les indications de l'aide de camp Guislain, se dirigèrent, les uns vers la ville, les autres sur Mordick où les attendait le général.

L'aide de camp, à cheval, la capote roulée et attachée à la selle, allait de l'une à l'autre des fractions de la colonne, donnant des ordres, tandis que son chef galopait d'un bout à l'autre de sa division, pour régulariser le mouvement des troupes.

Les fantassins et les cavaliers de cette division étaient dans le plus pitoyable état. Ils étaient couverts de boue, accablés de fatigue : l'infanterie surtout. Elle n'avait que de mauvais chapeaux, des habits délabrés et point de capotes. La cavalerie manquait de manteaux et n'avait plus pour se couvrir que des vestes et des pantalons en lambeaux.

Et pourtant, ces braves ne murmuraient pas.

Et leurs pas chancelants dans un terrain humide et détrempé par la neige, n'en continuaient pas moins leur marche vers le lieu qu'on leur avait assigné comme but de leurs efforts.

Lorsque les deux corps eurent pris position, le général Dernoncourt se dirigea vers la maison de Richard, suivi de son état-major, à cheval comme lui, tandis que le jeune D'Arbelle se trouvait au rang qu'il avait pris avant de partir.

Tous les habitants de la maison de Richard étaient à la grille d'entrée, demandant en grâce de sortir pour embrasser ceux qui leur était chers; mais le général le défendit formellement.

De chaque côté il se répandit là des larmes bien amères.

Enfin, le général s'adressant à ses officiers :

— Mes amis, leur dit-il, recommandez à vos soldats de se soumettre plus que jamais à la discipline ; elle est notre sauvegarde au moment du danger. Dites-leur qu'aujourd'hui la bravoure doit suppléer au nombre, car les ennemis, ralliés sur tous les points, viennent nous attaquer en foule.

— Il y a longtemps que nous ne les comptons plus, s'écria Beausoleil en brandissant son sabre.

Il fut imité par ses compagnons d'armes.

— A ce noble élan, je reconnais les vainqueurs de Fleurus, les conquérants de la Belgique et de la Hollande, exclama le général. Enfants ! la honte est derrière nous ; la victoire en avant !...

Et tout ce qui l'entourait répéta ces mots :

— En avant !... En avant ! (1)

Cédant alors à l'enthousiasme de ses troupes, le général donna un nouveau signal et sa division défila avec gaîté, bravant le froid et la difficulté de la marche dans ce terrain détrempé, boueux et glissant.

(1) Cuvelier.

Cette fois, la division gagna la digue, et comme le brouillard s'était dissipé, on put la voir disparaître bientôt dans l'éloignement. Il ne resta près du général que quelques officiers d'état-major, le lieutenant Guislain et les cavaliers et fantassins qui, sur l'ordre de leur chef, se dispersèrent autour de l'habitation avant de rejoindre le corps d'armée.

Du Vivier, qui n'avait pas quitté Valérie pendant tout ce mouvement, et cela, afin de la soustraire à la vue de la soldatesque, Du Vivier, disons-nous, voulant savoir ce qu'était devenu Richard, se fit ouvrir la grille de la maison, et jetant à la dérobée un regard au dehors, il se hasarda à sortir un moment.

— La malheureuse enfant! s'écria-t-il en sondant des yeux l'horizon, je souffre autant qu'elle Les Français nous quittent et nous ne savons ce qu'est devenu Richard. Le supplice de Valérie redouble avec cette absence. Elle connaît maintenant l'avenir plein de ténèbres qui l'attendait. Il a bien fallu tout lui dire. Du reste, elle ne m'a rien caché non plus! Elle m'a dit l'imprudente promesse qu'elle a faite à son père!... Misérable Rochebrune! Va, ne crains rien, ma Valérie, je ne t'abandonnerai pas. Dès demain, nous nous éloignerons de ces contrées inhospitalières.

Puis, comme la nuit approchait, il ajouta :

— Retournons auprès de la chère enfant, soutenons son courage et trompons nos communes douleurs en employant les instants qui nous restent avant notre départ à soulager, si nous le pouvons, les malheureuses victimes de la guerre qui sont venues chercher un refuge dans cette maison.

Du Vivier, ému, rentra dans le château, dont il referma la grille.

Il n'était pas encore arrivé sur le seuil de l'habitation que, malgré l'obscurité d'une nuit profonde, il vit sortir d'un taillis deux hommes qui se mirent à examiner la maison et à en palper la grille.

A un juron bien accentué, il put se convaincre que ces deux intrus étaient vivement contrariés de voir les portes closes.

Des uhlans, cachés dans le bois, se montrèrent à un signal qu'ils firent.

Ils étaient couverts de givre.

— C'est ici, dans ce château, dit l'un des soldats qui étaient venus explorer les bâtiments.

— Capitaine, objecta l'autre en s'adressant au chef des uhlans, nous ne savons comment y pénétrer. Je vais m'assurer qu'aucun Français n'est resté pour garder ce château ; cachez-vous dans le bois.

— Oui, et tenez-vous prêts au signal qui je donnerai par un coup de pistolet.

Les éclaireurs, après avoir, tant que leur permit l'obscurité, examiné toutes les avenues, se retirèrent dans le bois où ils se cachèrent.

Les deux hommes venus les premiers, étant restés seuls, s'interpellèrent ainsi à voix basse :

— Eh bien, capitaine, notre plan réussit au gré de nos désirs. J'ai vu ce vieux coquin de Scipion, tout est d'accord, il vous attend avec votre fille. Cet adroit de Tilman a beaucoup de pouvoir sur l'esprit du commandant du fort. Vous n'aurez rien à craindre lorsque vous serez près de lui. En attendant, il a fait mettre ces uhlans à notre disposition pour protéger la fuite de la jeune fille, si elle consent à suivre son père, comme elle l'a promis. En cas de résistance, ils nous aideront à l'enlever.

— C'est au mieux.

Le canon tiré au loin vint interrompre cette intéressante conversation.

— Les deux corps d'armée sont aux prises, dit Crombach, que le lecteur a reconnu. La nuit est des plus obscures.

— Voici l'instant favorable, répondit à voix très basse le gredin de Rochebrune.

— Entrons dans ce pavillon, qu'il est facile d'escalader, dit Crombach en indiquant une terrasse peu élevée qui touchait aux murailles du château. Profitons des circonstances.

En une seconde, avec l'aide de son chef, Crombach fut sur la terrasse ; mais une vive fusillade s'étant fait entendre, ils prirent une autre détermination.

— Diable! dit Crombach aux écoutes, les combattants se rapprochent.

— Hâtons-nous donc, alors, fit Robert Burckart.

Et les deux pirates ayant fait sauter les volets d'une des fenêtres du pavillon, s'y introduisirent en se mettant sur la défensive.

Les uhlans, attirés par le bruit de la mousqueterie, sortirent du bois, et leur officier, se glissant le long du pavillon, se trouva bientôt face à face avec le chef des pirates, qui se tenait à la fenêtre.

Leur premier mouvement à tous les deux fut de se mettre le pistolet sous le nez; mais à un signe de Rochebrune, les armes s'abattirent, le capitaine de uhlans tendit la main que prit celui-ci, et les deux misérables se comprirent sans se parler.

Puis, comme le brouillard vint à s'épaissir de nouveau, de manière à ne point se reconnaître à deux pas, le capitaine et ses uhlans rentrèrent dans le bois en se courbant sous le taillis et en faisant le moins de bruit possible

Cependant, malgré le temps caligineux qui obscurcissait tout, quelques chasseurs français, guidés par des fantassins, que le combat avait conduits jusqu'auprès de la maison de Richard, y arrivèrent. Celui-ci était au milieu d'eux, et le général Dernoncourt les accompagnait, précédé de deux soldats ayant à la main chacun une torche de résine.

— L'ennemi, trompé par nos manœuvres, est cerné de toutes parts, dit le général; mais ce brouillard, cette obscurité profonde peut lui permettre de s'échapper. Si j'avais quelque moyen d'éclairer sa marche, je suis certain qu'il serait forcé de se rendre. Un fait d'armes de cette nature illustrerait notre division, nous ouvrirait les portes du Helder et nous donnerait peut-être les moyens de surprendre la flotte hollandaise engagée dans les glaces, près du Texel. Oh! s'écria le général Dernoncourt, je donnerais la moitié de mon existence pour obtenir un aussi glorieux résultat.

— Général, dit à son tour Richard D'Arbelle, ma vie, ma fortune, appartiennent également à la patrie. Ce pavillon est séparé du château par un grand espace, ordonnez qu'on y mette le feu et, à la faveur des flammes, nous pourrons distinguer la position des bataillons ennemis, les combattre et les anéantir.

— Brave ami, répondit le général avec joie, tu étais bien digne de redevenir Français. Je te laisse le maître de diriger l'action qui va t'illustrer et donner, je l'espère, une victoire de plus à la France.

Il força la grille de son habitation, y entra, et les soldats l'y suivirent, tandis que le général Dernoncourt s'éloignait avec son escorte pour se joindre à sa division et reprendre l'offensive.

XXII

Anxiété de Valérie. — Le pirate Rochebrune. — Mort de son complice. — Richard prisonnier. — Il est délivré. — Valérie enlevée par son père et ses uhlans. — C'est en vain qu'on la cherche.

Pendant que tout cela se faisait au dehors, que se passait-il dans la maison de Richard ?

Valérie, en larmes, anxieuse, en proie à une fièvre ardente, attendait toujours le retour de son fiancé.

Elle interrogeait sans cesse celui qu'elle avait jusqu'alors appelé du doux nom de père ; mais celui-ci ne savait pas plus qu'elle où était passé Richard.

La situation était d'autant plus pénible qu'ils savaient l'un et l'autre que le combat avait lieu non loin d'eux, puisque malgré l'obscurité ils avaient pu, sinon voir, du moins entendre marcher, tantôt doucement, d'autrefois pesamment, autour de leur habitation, qui n'avait plus pour gardien que le vieux Gautier.

Mais quand, sur l'avis de Richard, les soldats armés de torches eurent mis le feu au pavillon, la perplexité et les angoisses de Du Vivier et de Valérie furent extrêmes.

En voyant la flamme monter en spirale à travers la brume, l'un et l'autre crurent un moment que le château tout entier était en feu, et des cris de détresse partirent de l'appartement où ils étaient, en même temps que le vieux Gautier, éperdu, tremblant et ne sachant où donner la tête, courait d'un bout à l'autre de l'habitation, dans un état de stupeur approchant de la folie.

Mais, tout cela changea en un clin d'œil.

Le pirate, parvenu à monter sur la terrasse, y rencontra les soldats français, sur lesquels il tira sans les atteindre.

Ce coup de pistolet, était on s'en souvient, le signal qu'attendaient les uhlans.

Ils sortirent donc de leur embuscade du bois, accoururent comme une bande de corbeaux qui s'abat sur un cadavre, et se précipitèrent dans le château.

Pendant ce mouvement rapide, Crombach, attaqué sur la terrasse par un chasseur français, fut terrassé, tué comme un chien et jeté par dessus la balustrade.

Ce fut l'affaire d'une seconde.

Quant à Rochebrune, il disparut bientôt poursuivi par deux soldats, qui lui tirèrent, mais en vain, chacun coup de pistolet.

Cependent, la flamme s'élevait rapidement.

Elle avait fini par percer le brouillard.

Cette lueur éclatante permit de voir en avant et sur la digue, les troupes alliées, aux prises avec le division du général Dernoncourt (1).

Richard d'Arbelle qu'on a vu entrer dans sa maison, craignant pour Valérie et Du Vivier, les en fit sortir afin qu'ils pussent se réfugier dans le bois et se mettre sous la protection des troupes françaises.

Mais, au moment d'y pénétrer, il se vit arrêté par le capitaine de uhlans et ses soldats, qui le séparèrent violemment de ceux qu'il voulait soustraire à leurs coups.

Un combat était inévitable.

Il eut lieu entre Richard et le chef des uhlans.

Richard, qui voulait à toute force arracher Valérie des mains de ces gens-là, avait entrepris une tâche impossible, tant la lutte était inégale. Il eut beau faire des prodiges de valeur et d'adresse, il fut accablé par le nombre et obligé de se rendre.

Ce fut avec la rage du désespoir qu'il se débattit entre les mains de ses ennemis; le chevaleresque D'Arbelle fut vaincu et garotté à un arbre.

Mais il n'y resta pas longtemps, car l'armée alliée, entourée de toutes parts, obligée de se rendre à son tour, subit la

(1) I. G.-A. Cuvelier.

loi du vainqueur et dut remettre tous ses prisonniers.

Richard fut du nombre.

On pouvait croire alors que tout était terminé, et que chacun de nos amis allait pouvoir se réjouir de s'être tiré de la sorte d'une aussi périlleuse affaire; mais il leur fallut encore compter avec le renégat qui poursuivait Valérie, quoiqu'elle fût, — ou plutôt parce qu'elle était sa fille.

Bientôt, le misérable bandit, suivi de uhlans en nombre, sortit du pavillon enflammé et de la maison vide d'habitants, en indiquant à ses complices Richard D'Arbelle comme le point de mire de leurs coups. Ceux-ci se précipitèrent sur le jeune homme qui, en se défendant, blessa leur chef d'un coup d'épée dans la poitrine.

Cette action de Richard exaspéra les uhlans qui le jetèrent par terre, où ils allaient le massacrer, lorsque Valérie poussa un cri formidable qui rappela au pirate qu'elle avait fait la promesse de fuir avec lui.

Il n'attendit pas une seconde pour mettre la main sur la jeune femme, afin de l'emmener.

Du Vivier, pâle de colère et d'effroi, ne pouvait voir cette ignoble action de son beau-frère, sans en frémir d'épouvante. Agité par la fureur, il saisit sa fille adoptive par le bras, en essayant de la lui arracher, mais un des uhlans lui envoya un violent coup de sabre, qui l'étendit sans vie sur le sol.

A cet affreux tableau du meurtre de son oncle par les complices de son père, Valérie jeta un dernier cri, et tomba dans les bras de Rochebrune, qui, à l'aide de ses uhlans, l'emporta dans le bois, où ne purent la retrouver ni Richard d'Arbelle, ni Gautier.

On verra plus tard, combien la chose était difficile.

XXIII

Une lettre de Beausoleil. — Joseph Karty va chercher des pouvoirs à Douai. — Etonnement des habitants en le voyant entre deux gendarmes. — Nouvelle mission des défenseurs de l'ordre.

« En vue du Texel (Hollande), le 14 nivose, an 3 (3 janvier 1795).

» Ma chère sœur,

» Depuis ta dernière lettre m'apprenant la mort de notre pauvre père, il s'est passé dans le maudit pays où nous sommes, des évènements bien extraordinaires.

» D'abord les communications avec la France, sont plus faciles, parce que la Belgique, qui est à nous, et la Hollande, que nous allons finir par conquérir, nous sont ouverte, et que de Bruxelles à Lille,

Il n'y a plus un seul obstacle à la transmission des dépêches. C'est un avantage dont je me hâte de profiter.

» Ensuite, j'ai à t'annoncer que, de lieutenant, je suis passé capitaine et devenu l'aide-de-camp de notre général de division Dernoncourt. Tu vois que j'ai bien marché. Ça n'a pas été sans peine, et il a fallu bien souvent risquer sa peau pour être remarqué. Enfin, ma chère Albertine, me voici arrivé au but que je poursuivais. Fais part à notre cher Pierre de la satisfaction que j'éprouve, et embrasse-le pour moi sur les deux joues, ainsi que ton cher petit Henri. Il doit être grand maintenant, ce petit citoyen là, et s'il est, comme je l'espère, du sang des Guislain, il sera brave comme César notre père.

» Chose curieuse à t'apprendre : M. Richard d'Arbelle a pris du service dans notre division, et il est sous mes ordres, en attendant qu'un grade plus élevé que le mien vienne me le donner pour chef. C'est te dire que je le vois tous les jours. Il voudrait bien lui même donner de ses nouvelles au pays, mais il a peur de compromettre ceux avec lesquels il correspondrait. C'est donc moi qui me suis chargé de ce soin, ma position dans l'état-major de l'armée me le permet, et d'ailleurs, je n'écrirai jamais quoi que ce soit, qui puisse être seulement taxé d'imprudence.

» Monsieur d'Arbelle a appris par la *Gazette de La Haye*, que notre département est infesté de brigands. Je tremble pour vous. Que ne suis-je encore là. Je les étrillerais comme j'ai étrillé un J.. F... que je ne m'attendais pas à rencontrer parmi nos ennemis. Tu ne devinerais pas qui? Eh bien! c'est le misérable de Bocourt, que j'ai juré autrefois à Lafutaie d'exterminer si je le trouvais sous ma main. Oui, c'est ce débauché qui a failli me tuer chez lui que j'ai rencontré au milieu des brouillards de la Hollande. Jusqu'à ce jour il m'a échappé; mais j'ai taillé des croupières à ses gens. Car, il faut te dire, qu'après avoir brigandé en France, le gredin fait le même métier chez les Hollandais. Mais il n'est pas mort, et si je le retrouve, cette fois, mon sabre le massacrera comme un chien enragé.

» Je reviens à M. Richard d'Arbelle et je vais te dire ce qu'il désire qu'on fasse contre les sommeurs, les bleuseux et les vauriens des environs de Lille. Il voudrait que M. Karty, en qui il a pleine confiance, ne ménageât rien pour les pourchasser. Il ne tient pas, dit-il, à l'argent, mais bien à votre sécurité à tous. Si M. Karty, après avoir dépensé ce qu'il a emporté d'ici, venait à manquer de fonds, M. d'Arbelle désire que mon beau-frère Pierre, et toi, qui savez ainsi que Lafutaie, où est sa cachette, vous la mettiez à contribution. Tu le lui diras, n'est-ce pas?

» Quelqu'un encore, que j'ai retrouvé en Hollande, c'est le vicomte Du Vivier, tu sais, le meilleur de ces jeunes écervelés qui venaient à Bocourt et qui a élevé la fille de ce bandit de Rochebrune. Une belle enfant, vois-tu, et que je voudrais voir loin d'ici. Elle est trop près de son gueux de père, qui pourrait bien, un jour ou l'autre, découvrir le pot aux roses et l'emmener. Où ?... dans quelque caverne de voleurs, puisqu'il est chef de bande. Oh! ma chère Albertine, encore une fois, que le ciel me l'envoie, afin que j'en fasse justice.

» Nous sommes ici dans la neige jusqu'à mi-jambes, mais l'armée n'en est pas moins remplie d'ardeur et de gaîté. Chaque jour elle remporte une victoire, et bientôt la Hollande tout entière y aura passé. Nous n'attendons qu'une bonne gelée pour faire le siége de sa flotte, lorsqu'elle sera totalement engagée dans les glaces. Ce ne sera pas long, car il fait ici un froid de chien. C'est navrant, par exemple, de voir nos soldats si mal équipés, si mal nourris, à moitié nus, braver un pareil climat, affronter tous les périls, pour courir sus à l'ennemi, lui prendre ses villes, ses provisions et tout le tremblement.

» Oh! les Français! il n'y a qu'eux pour opérer de semblables prodiges.

» Je finis cette longue lettre en t'en promettant une autre sous peu, c'est à dire lorsque la Hollande sera sous la main de la France, ce qui aura lieu dans quelques jours.

» Tu communiqueras ma lettre à M. Karty, et s'il a quelque chose à faire dire à M. D..., tu me le diras dans ta réponse.

» Mes amitiés à Pierre, à Henri, à Droulers, à Catherine et à ce bon Lafutaie. Il est de la famille, ce brave viellard, je ne l'oublie pas.

» Je vous embrasse tous.

» Justin Guislain, *dit Beausoleil*,
» Capitaine, aide-de-camp du général Dernoncourt, commandant la division française, en vue de Texel (Hollande). »

Il serait difficile de peindre la joie de la la famille Deleplanque, après la lecture de cette lettre.

Justin, capitaine ! On avait peine à y croire. Et cependant, c'était bien lui, le jeune Guislain avait écrit cette bienheureuse lettre.

Joseph Karty fut prévenu et arriva bientôt, suivi de Lafutaie, pour prendre les ordres qui le concernaient.

On tint un espèce de conseil chez la fermière.

Lafutaie en fit partie.

La feuille de La Haye était bien instruite. Le Nord, le Pas-de-Calais et la Somme, étaient exploités par des malfaiteurs devenus insaisissables, parce que leur audace paralysait tous ceux, qui, en d'autres temps, les eussent pourchassés et finalement anéantis.

Joseph Karty avait accueilli la demande de Richard avec empressement, seulement la fermière, son mari et Lafutaie remarqnèrent que son air était devenu sombre. qu'il était distrait, et que son esprit préoccupé semblait être en travail.

Tout-à-coup, il se leva du siège où il était assis en s'écriant :

— J'ai trouvé.

Et comme il ne s'adressait particulièrement à aucun des assistants, ceux-ci demeurèrent muets devant cette excla - clamation.

Chacun se regardait sans prononcer une parole.

Joseph Karty, lui, était immobile comme une statue.

Mais comme cette situation ne pouvait se prolonger, et que d'ailleurs tout le monde était désireux de connaître le mot de l'énigme, ce fut Albertine qui rompit le silence.

— Monsieur Joseph !... dit-elle à Karty, vous venez de nous dire que vous aviez trouvé ?

— Oui !...

— Quoi ?

— J'ai trouvé, — je l'espère du moins, — le moyen de rendre complètement la tranquillité à ce pays. Jusqu'à ce jour, je n'ai employé que des palliatifs, il faut aujourd'hui que je coupe le mal dans sa racine.

— Puissiez-vous réussir ! répliquèrent les deux hommes.

— Nous serait-il possible de savoir ?... demanda le fermière avec hésitation.

— Pas aujourd'hui, madame Deleplanque. Il faut auparavant que j'aille jusqu'à Douai, au chef-lieu du département.

— A Douai?

— Oui ! Il me faudra aussi passer par Lille, ajouta Joseph, et je n'attendrai pas plus tard que demain pour entreprendre ce petit voyage. A mon retour, je vous dirai mes projets, auxquels, ni vous, ni les vôtres, ne devez rester étrangers. Lafutaie m'accompagnera.

— Moi, monsieur, fit celui-ci.

— Oui, mon ami, j'aurai besoin de vos conseils. C'est entendu, n'est-ce pas ?

— Tout à vos ordres, monsieur ! répondit l'ex-braconnier.

— Pierre ! dit Joseph à Deleplanque, pendant ma courte absence, je puis compter que vous aurez l'œil sur Lompret.

— Vous pouvez en être certain ! fit le ermier, j'irai tous les jours, plutôt deux fois qu'une. Et puis, vous avez là des gaillards décidés qui ont fait leurs preuves, sans compter Zabette qui vaut un homme.

— Je sais... je sais... En me hâtant, ajouta Karty, je ne serai de retour qu'après demain au soir.

— Je le pense bien, répliqua le fermier.

— Comment vous ferez-vous transporter à Douai? demanda Albertine ; les routes ne sont pas sûres, vous le savez.

— Les gendarmes sont ils donc là pour rien? répondit Karty, ne vous inquiétez pas, nous ne courrons aucuns risques.

— Et Carvin?... et les bois qu'il faut traverser?...

— Encore une fois, chère madame Deleplanque, rassurez-vous, cela ira tout seul.

On se sépara.

Le lendemain, les gens qui connaissaient Joseph Karty et Lafutaie, furent saisis d'étonnement, en les voyant tous les deux montés en carriole et escortés par la gendarmerie.

Les commentaires allèrent leur train, mais aucun ne put s'arrêter sur la véritable cause de cette chose si étrange pour les curieux qui connaissaient Lafutaie et son compagnon de voyage.

Toujours fut il que nos deux hommes, munis de passe-ports des autorités de Lille, et d'un mot du lieutenant de gendarmerie, allèrent sans encombre jusqu'à Douai, où ils furent reçus par le chef militaire du département du Nord avec tous les égards possibles.

Le lendemain, ils repartirent, munis d'instructions et de pouvoirs assez étendus, revinrent à Lille, conférer de nouveau avec le lieutenant, et passèrent par Esquermes, où ils firent connaître au fermier le but de leur voyage; puis ils regagnèrent Lompret, où ils arrivèrent dans la soirée.

Rien ne s'y était passé d'extraordinaire pendant leur absence.

XXIV

Un article de journal. — Guerre ouverte. — Le marais d'Allennes. — Etrange rassemblement. — Organisation du meurtre, du pillage et de l'incendie.

On venait de lire dans une feuille publique l'admonestation suivante, adressée aux habitants du Nord :

« On est étonné que des poignées de sommeurs et autres brigands puissent en imposer à des communes entières. Habitants des campagnes, montrez une attitude ferme, montrez-vous toujours prêts à tomber sur les audacieux malfaiteurs et ils respecteront votre repos. »

C'était un conseil sage, mais que personne ne suivait. Cependant, comment avaient été débarrassés Lompret et Esquermes ? par l'attitude ferme et résolue de Karty.

Depuis la lettre de Richard, lui donnant un blanc-seing sur sa fortune, ce généreux citoyen, cet étranger qui faisait honte à bien des Français, s'était mis en tête de purger l'arrondissement de Lille de cette canaille qui pullulait partout et que signalait la feuille pub ique. Il aurait voulu que tous les hommes valides lui fissent la guerre et que les femmes elles-mêmes donnassent l'exemple à leurs maris quelquefois par trop timorés.

C'était là le but de son voyage à Douai.

Grâce à d'intelligents auxiliaires, Karty se mit en communication avec les maisons les plus fortes et les plus importantes de l'arrondissement. Lorsqu'il leur eut fait connaître la mission dont il s'était chargé, il vit accourir à son aide tout ce qui avait un cœur animé de l'amour de ses compatriotes, et des femmes elles mêmes demandèrent à faire partie de cette milice d'une nouvelle espèce.

Elles ne furent ni les moins courageuses, ni les moins intelligentes, comme on le verra bientôt.

Les effets de cette mutualité d'énergie dans le danger se firent bientôt sentir, et nous ne pouvons moins faire que de rapporter quelques-uns des traits de courage et d'héroïsme de cette armée, concourant, par le seul sentiment de la conservation, à purger ses foyers de la race immonde, sanguinaire et cruelle, qui, nuit et jour, se montrait de plus en plus audacieuse.

On pense bien que Deleplanque, Albertine et le jeune Henri ne laissèrent pas à d'autres le soin d'organiser la défense chez eux et d'aider au besoin leurs voisins à repousser les attaques des ennemis ligués contre eux.

Karty, de son côté, se multipliait. Sans cesse à cheval, il parcourait les environs de Lille en éclaireurs, et si, dans ses voyages, il rencontrait une brigade de la maréchaussée, il lui faisait son rapport et en recevait quelquefois des ordres qu'il allait ensuite communiquer aux paysans.

En huit jours, un vaste réseau s'étendit sur tout l'arrondissement de Lille et, chose surprenante, c'est que cette conspiration de l'ordre contre le brigandage n'eut aucun écho. Ceux-là seuls qui en étaient les chefs connaissaient les lieux de réunion et en recevaient le mot d'ordre de l'autorité.

Au sein de cette accalmie factice surgirent toutefois des méfaits qu'il fallut réprimer.

Nous allons en commencer la série, afin de faire comprendre au lecteur combien de services rendit l'association formée sous les auspices du représentant de Richard D'arbelle. Mais avant d'entrer en matière, voyons un peu à quelles gens vont avoir affaire les braves paysans que l'on vient d'armer pour leur défense.

Dans un vaste marais, situé entre Carvin et Seclin, près du village d'Allennes, des individus venant de Lesquin, de Vendeville, d'Herrin, de Chemy, de Templemars, de Wattignies et même de Pont-à-Marcq, se dirigèrent, à la nuit tombante, vers ce lieu, par petits groupes, qui semblaient tous converger sur la Bouvaque, ce hameau qui, avec celui des Aulnois, faisait partie d'Allennes-les-Marais.

L'endroit était convenable pour une réunion comme celle qui allait avoir lieu, car des roseaux nains et des oseraies qui le couvraient permettaient de s'y soustraire à la vue de ceux qui passaient sur la route de Carvin à Seclin, à peine éloignée d'un quart de lieue de Chemy.

Le froid était rigoureux et les trente ou quarante individus dont nous venons de parler purent assez facilement aborder au lieu du rendez vous, car le sol, ordinairement spongieux et couvert de flaques d'eau, était, cette nuit là, gelé et par conséquent très solide.

Chaque fois qu'un groupe arrivait, un homme jeune encore, et qui était là depuis une heure, s'abouchait avec lui, et dès qu'il avait reconnu ceux dont il se composait, il les envoyait se placer sous une hutte, espèce de hangar couvert en chaume, situé à cinquante pas de la Bouvaque.

Tout cela se faisait en silence et après avoir échangé des signaux convenus.

Lorsque l'homme qui attendait les groupes eut acquis la certitude que tous étaient arrivés, il les emmena dans une excavation pratiquée sur le chemin d'Annœulin à Wavrin.

Cette espèce de caveau avait été construit par un fabricant de briques qui l'avait abandonné lorque ses travaux eurent pris fin.

Le temps était clair et un rayon de lune permettait de voir le bizarre assemblage de ces hommes dont les uns étaient couverts du sarrau lillois et chaussés de gros souliers recouverts par de longues guêtres, les autres portant la carmagnole de gros drap, le gilet à larges revers, tandis que d'autres enfin, misérablement vêtus, grelottaient sous leurs habillements de toile. Tous avaient la tête couverte du bonnet de coton bleu et rouge, surmonté d'une houppe retombant sur l'épaule.

Chacun d'eux était armé d'un énorme gourdin.

Quelques-uns — et c'était le petit nombre — paraissaient appartenir à une classe assez élevée de la société.

Tous, quels qu'ils fussent, n'obéissaient qu'à un seul : à l'homme que nous avons vu les recevoir les uns après les autres.

Et pourquoi cacher plus longtemps son nom? Cet homme n'était autre que Louis Frémaux qui étouffait de rage en pensant à Karty, à ce défenseur désintéressé, qui lui barrait la route du crime.

Lorsque tout le monde fut entré dans la terrière on battit le briquet et on alluma une chandelle, dont la lumière vint éclairer ce rassemblement hideux — nous disens hideux parce que la plupart de ces gens-là avaient des mines patibulaires.

Beaucoup avaient déjà eu maille à partir avec la justice ; aussi, pourchassés par elle, traqués de toutes parts, et n'ayant que peu d'espoir de lui échapper, ils ne demandaient que meurtre et pillage pour satisfaire leurs appétits brutaux.

Du nombre de ceux-ci était Rassel, qui avait pu, avec Frémaux, s'enfuir de la maison de M. D'Arbelle, si bien défendue par Joseph Karty.

Rassel était donc venu se placer aux côtés de son chef.

Après un moment d'un silence qu'on aurait cru impossible avec tant de gens réunis dans un aussi petit espace, Frémaux prit la parole.

— Que chacun, à l'appel de son nom, vienne ici recevoir mes instructions. Elles seront brèves, mais il faudra qu'elles soient exécutées ponctuellement.

— C'est entendu, fit le jeune Rassel, dont on connaît déjà la bouillante ardeur lorsqu'il s'agit de faire le mal.

— Christophe Dargent! dit Frémaux.

Christophe s'approcha.

C'était un homme d'une quarantaine d'années, aux yeux louches, au visage couperosé, indiquant chez lui l'abus des boissons alcooliques.

— Tu connais la ferme d'Ascq? demanda Frémaux.

— Oui, répondit l'homme aux yeux louches.

— Il faut me la brûler après avoir sommé le fermier.

Tu emmèneras six hommes avec toi.

— Je les emmènerai.

— A un autre ! Marcel Quaroube.

— Présent ! fit celui-ci, en mettant la main à son bonnet, comme l'aurait fait un militaire devant un officier.

— Toi, qui a bon pied, bon œil, tu iras près de Sailly, à la ferme de Tronquois.

— Je connais çà !

— Il y a du monde là-dedans ; vous ne serez pas trop de huit.

— On dit que le fermier a caché ses écus au pied d'un poirier, placé en face de la fenêtre de son jardin.

— C'est bien ; après l'expédition nous dénicherons le magot ! fit Marcel Quaroube.

— Martin, le borgne, est-il là ?

— Me voici, répondit en s'approchant, celui qui portait ce joli nom.

— Toi, Martin, qui connais tous les chemins qui conduisent à Linselles, tu iras au Cailleau et à Coquelmonde, tu y trouveras de la besogne.

— Je sais ! je sais, répondit Martin, le borgne.

Louis Frémaux passa ainsi en revue toute sa bande ; si bien que, lorsqu'il eut terminé, six fermes étaient marquées de son doigt fatal, car, aux trois que nous venons d'indiquer, il joignit, celles de Delcourt, de l'Aventure et du petit Haubourdin.

— A cette heure, dit-il, il faut que dans huit jours, vous ayiez visité ces richards-là et sans perdre de temps encore ; car, si je ne me trompe, la maréchaussée est calme en ce moment, mais son réveil pourra bien ne pas être agréable pour nous. J'ai toujours peur quand les trois cornes se cachent.

— Va, Louis, nous sommes tous de bons lurons, dit le jeune Rassel ; nous ne demandons qu'à travailler, et je suis sûr que les amis sont de mon avis. Pas vrai, ajouta-t-il en se tournant vers sa bande.

Il ne reçut pas de réponse ; mais les poignées de main qu'on lui donna le confirmèrent dans la résolution qu'il attendait de ses camarades.

— Surtout, dit encore Frémaux, point d'armes apparentes. De bons pistolets, des couteaux bien aiguisés, et tout ça caché sous les sarraux et sous les capotes, ça suffira. Et maintenant, ajouta-t-il, séparons-nous.

— Quand nous retrouverons-nous ? demanda le borgne.

— Dans dix jours. Il vous faut bien ce temps-là pour remplir mes instructions.

— C'est ça, dans dix jours, fit Rassel. Cela ne nous empêchera pas de nous voir entre nous dans l'intervalle ?

— Au contraire ; vous pourrez avoir besoin les uns des autres, répondit Frémaux. Et à cette heure que tout est convenu, pas d'imprudences surtout ; il vaut mieux manquer une affaire que de se laisser prendre. A propos, ajouta-t-il, je vous recommande de ne jamais voyager sans un petit sac de suie.

— Pour se noircir la figure? dit Rassel. C'est bien, on ne l'oubliera pas.

— En ce cas, en route et sans bruit.

Frémaux et Rassel laissèrent s'éloigner deux pas d'eux leurs complices et demeurèrent seuls quelques instants encore.

Il y a tout lieu de croire qu'après avoir distribué la besogne à sa bande, Louis Frémaux allait avec Charles Rassel arranger à l'insu de ses complices une affaire qui devait lui présenter de bons bénéfices.

La nuit était déjà fort avancée lorsque les malfaiteurs se séparèrent.

Un des groupes, après avoir traversé le marais, s'en alla vers la route de Paris, dans le but sans doute de la traverser pour se diriger sur Pont-à-Marcq.

Chemin faisant, une querelle s'engagea entre eux.

Il s'agissait de fixer le jour de leur expédition.

Un des hommes qui composaient ce groupe osa dire qu'il ne voulait pas s'exposer dans une entreprise aussi périlleuse.

Les autres lui reprochèrent sa faiblesse, sa poltronnerie, et bientôt des paroles on en vint aux mains. Et comme ces bandits étaient en perpétuelle défiance les uns des autres, celui qui venait de manifester l'intention de reculer reçut de ses camarades de violents coups de bâton qui l'étendirent par terre.

Ses compagnons effrayés ne demandèrent pas leur reste. Ils s'enfuirent à toutes jambes.

Ils firent bien, car un cavalier et un fantassin qui venaient de terminer leur congé de convalescence à Carvin, leur pays natal, s'acheminaient pédestrement vers Lille, où ils espéraient arriver avant l'ouverture des portes.

Nos deux militaires avaient entendu, dans le silence de la nuit, la scène qui venait d'avoir lieu entre les bandits, ils avaient même cru percevoir comme un cri de désespoir, puis tout été retombé dans le calme le plus profond.

Néanmoins, ils doublèrent le pas, et ils n'eurent pas marché pendant cinq minutes que des soupirs étouffés, partant de l'un des bas côtés de la route, vinrent frapper leurs oreilles. Ils se dirigèrent vers l'endroit d'où cette plainte était partie et ils se trouvèrent bientôt en face de celui qui venait d'être assommé par ses lâches compagnons.

Relever le moribond, l'asseoir sur le

talus du fossé et lui déboutonner sa carmagnole pour lui faciliter la respiration fut pour les deux militaires l'affaire d'une seconde.

Le malheureux avait le crâne fendu et perdait beaucoup de sang. Pourtant la vie ne s'était pas encore éteinte en lui, car de sa poitrine haletante s'échappait un bruit assez semblable à celui d'un soufflet de forge.

Le soldat marche rarement sans sa topette d'eau-de-vie. Le cavalier, qui soutenait la tête du blessé, lui en fit avaler quelques gouttes qui lui firent faire un mouvement de bon augure.

— Eh! l'ami, lui dit-il lorsqu'il crut pouvoir se faire entendre. Qu'est ce que nous faisons donc là?

— Les gueux! répondit le blessé d'une voix faible; les gueux! comme ils m'ont arrangé.

— Qui vous a mis dans cet état?

— Des gens que je croyais mes amis.

— Et pourquoi?

— Parce que je n'ai pas voulu suivre leurs conseils, parce que j'ai reculé devant les crimes qu'ils méditent.

— Des crimes?

— Oui, dit l'homme tout tremblant et dont les dents claquaient de froid.

— Allons, encore un coup de chenique, ça vous remettra tout à fait.

Après qu'il eut encore bu quelques gorgées, le blessé se sentit mieux ; mais son sang coulait toujours.

Le fantassin lui banda la tête avec son mouchoir.

Le malheureux fut touché de tant de soins.

— Vous disiez, mon pauvre ami, fit le cavalier, vous disiez que vous avez eu affaire à des brigands ?

— Oui.

— Et que, n'ayant pas voulu les suivre, ils vous ont assommé.

— Oui.

— Les suivre où ?... et pour quoi faire ?

— Pour les aider à rommer, à piller et à incendier tout le pays.

— Bigre! dites-nous ça.

— La ferme d'Ascq, celle du Tronquois, et près de Linselle, le Cailleau et Coquelmonde.

— Sacré chien! fit le cuirassier; c'est donc une bande de brigands?

— Oui... ils sont quarante... c'est la bande à Frémaux. Je puis bien tout vous dire, pu'sque je vois que je n'en reviendrai pas.

— C'est ça, parlez, vieux! dit le fantassin en lui frictionnant la poitrine.

— Ils ont encore à brûler et à piller la ferme Delcourt, celle de l'Aventure et celle du Petit-Haubourdin.

Lorsqu'il eut terminé cette espèce de confession, le blessé, après tant d'efforts pour donner ces précieux renseignements, tomba encore une fois en syncope.

Les militaires essayèrent de lui faire boire une nouvelle goutte d'eau-de-vie, mais ses dents étaient tellement serrées, qu'il fut impossible de lui rien introduire dans la bouche.

On sait que cette nuit était froide et qu'il pouvait être dangereux de lui ingurgiter de l'alcool qui au lieu de le réchauffer, aurait pu lui donner la mort. Les deux militaires furent donc obligés d'abandonner le pauvre diable et de courir jusqu'à l'auberge la plus voisine pour y chercher, sinon du secours, du moins un véhicule pour le transporter.

C'est ce qu'ils firent immédiatement.

Lorsqu'on arriva avec une charrette, le malheureux était resté à la même place ; mais on l'y trouva mort.

Le froid et la perte de son sang l'avaient tué.

Transporté dans l'auberge, il fut reconnu tout de suite pour un garçon de la ferme de la Croix, qui y venait d'habitude. Son identité une fois reconnue, nos deux militaires, satisfaits des aveux qu'ils venaient de recevoir de cet homme, s'acheminèrent vers Lille, où, dès qu'ils purent y entrer, ils se rendirent sans retard chez le lieutenant de la maréchaussée pour lui faire leur déposition.

Cette rencontre fortuite de l'un des

hommes de Louis Frémaux simplifia beaucoup la besogne entreprise par les autorités de Lille et l'on en verra bientôt les résultats.

XXV.

Le père de la fiancée. — Une bonne recrue. — L'attaque de la ferme. — Courage d'Albertine. — Son fils Henri. — Le massacre de quatre brigands. — Héroïsme des femmes.

Il y avait chez Pierre Deleplanque un valet de ferme qui se proposait d'épouser une jeune fille de Marquette.

Ce mariage, approuvé par les familles des deux futurs, devait avoir lieu sous peu de jours, et le père de Marie — c'était le nom de la fiancée — le père de Marie, disons-nous, pour compléter la dot de sa fille, devait, à cet effet, faire une visite à l'un de ses cousins, qui lui devait quelques écus.

Ce parent habitait Croix.

Hénique, le père de Marie, partit donc un matin de chez lui, se dirigeant sur Croix, par Marcq en Barœul.

Le cousin, débiteur d'Hénique, lui compta les 120 écus qu'il lui devait, on prit une canette de bière, et le père de la future ayant placé son magot dans un sachet de cuir, s'apprêta à regagner Marquette.

Mais on l'attendit vainement toute la

nuit et une partie de la journée du lendemain.

Hénique ne reparut point.

Inquiets, les membres de la famille se mirent à sa recherche. Ils allèrent jusqu'à Croix, où ils apprirent qu'il était parti la veille, dès qu'il eût emporté les cent vingt écus.

Ils ne doutèrent plus, dès lors, qu'un malheur ne fut arrivé.

En effet, retournant sur leurs pas, ils virent, près de Marcq, et non loin du pont jeté sur la rivière, le malheureux Hénique couché dans un fossé.

Il était couvert de sang et râlait encore.

L'assassin, après lui avoir ouvert la gorge de deux ou trois coups de couteau, avait dû s'efforcer de l'étrangler, car sa cravate lui serrait fortement le cou.

On le transporta dans la maison la plus voisine, où il expira en arrivant.

Ce fut ce jour-là que, pour la première fois, le nom de Salembier, le chef des Chauffeurs du Nord, fut prononcé.

On l'accusa d'être le meurtrier d'Hénique.

On se trompait sans doute.

Quand Ludovic, le fiancé de Marie, apprit ce douloureux événement, il se rendit en toute hâte à Marquette, afin de la consoler de cette mort aussi cruelle qu'inattendue. Mais, hélas! la pauvre enfant, en voyant son père mort que lui rapportaient ses parents, elle eût une telle crise, son organisation en fut tellement ébranlée, qu'une congestion cérébrale l'emporta en quelques instants.

Ludovic, fou de désespoir et ne doutant pas un seul instant que cet horrible crime ne fût l'œuvre des brigands qu'il avait, avec ses concitoyens, juré de détruire, n'eût plus qu'une seule pensée : leur extermination.

Pierre Deleplanque, son maître, l'entretint dans cette pensée, et la fermière, de son côté, l'encouragea dans son œuvre.

Ce fut une précieuse recrue pour Joseph Karly.

De ce moment, ce ne fut plus qu'un cri : mort aux brigands! On n'eût plus dans les environs qu'un seul désir : celui de leur courir sus.

Un incident terrible, qui eut lieu à la ferme d'Esquermes, vint donner un nouvel aliment à la haine de ses habitants pour eux.

Un jour, que Pierre Deleplanque avait été obligé d'aller à Lompret, pour s'entendre avec Joseph Karly sur des travaux à exécuter à la ferme, la nuit l'y surprit, et, comme par fatalité, la neige, la pluie et le vent firent rage cette nuit là.

Malgré la tempête, le fermier voulut se mettre en chemin pour regagner Esquermes; mais Joseph Karly s'y opposa, et comme Pierre Delplanque objectait que son absence de la maison était un danger en un pareil moment, Karly lui dit :

— Attendez au moins que la tourmente soit passée. Vous pourriez périr en chemin, car la neige est tellement abondante que vous courriez le risque d'être asphyxié. Je vous parle ici en connaissance de cause. Je suis d'un pays où tous les ans des milliers d'imprudents périssent dans les steppes pour avoir voulu braver notre climat, et tombent accablés par un sommeil de plomb auquel ils ne peuvent résister. D'ailleurs, madame Pierre n'a t-elle pas avec elle Ludovic, sur la haine duquel elle peut compter, Henri, votre jeune fils, qui vaut un homme, et quatre vigoureux gaillards tout prêts à se faire tuer pour elle ?

— C'est vrai, monsieur Joseph, répondit Pierre, qui ne pouvait chasser de son esprit l'inquiétude qui le dévorait. C'est vrai ; mais là, entre nous, je donnerais tout ce que je possède pour être à la ferme. J'ai comme un pressentiment qu'il y aura quelque chose cette nuit.

— Qui vous fait penser cela ?

— Je ne saurais vous le dire, mais je suis frappé de cette idée.

— Allons, allons, Deleplanque, un peu de patience ; le temps peut changer.

Tous les raisonnements de Karty échouèrent auprès du fermier.

Le pauvre Pierre ne se trompait pas.

Sa maison était menacée, en effet.

Menacée par Frémaux et Rassel.

On se souvient que dans la terrière, celui-ci n'avait reçu aucun ordre de son chef.

Louis Frémaux tenait en trop haute estime l'audace de ce jeune homme de dix-huit ans pour ne pas l'associer à ses entreprises.

Rassel et lui savaient que Deleplanque était absent.

Ils se firent accompagner de quatre vauriens de leur bande, et, sur les dix heures du soir, quand tout le monde fut couché dans Esquermes, ils préparèrent les voies qui devaient, selon eux, faire réussir leur abominable complot.

Albertine, dont l'inquiétude augmentait à mesure que le temps s'écoulait, ne voulut point se coucher.

Vers dix heures et demie, elle engagea son monde à se retirer chacun chez soi, mais de se jeter tout habillé sur leur lit, en cas d'alerte ; puis, anxieuse, tourmentée, ne pouvant pas même ouvrir la fenêtre à cause des rafales de neige qui venaient en battre les vitres, elle prêta l'oreille au moindre bruit venant du dehors.

Mais elle n'entendit que le mugissement du vent.

Et Pierre ne revenait pas.

Elle se disait bien que le temps affreux qu'il faisait était la seule cause de son retard ; elle n'en était pas moins dans un état indescriptible d'angoisse et d'anxiété mortelles.

Lorsque tout le monde fut couché dans la ferme, Albertine, vaincue par le sommeil et la fatigue, se mit au lit comme ses gens, c'est-à-dire en gardant ses vêtements.

Elle ne put d'abord fermer l'œil ; mais le silence de la nuit et la neige qui tombait toujours en abondance, la jetèrent dans un tel accablement, qu'elle finit par perdre connaissance.

Elle était, depuis un quart d'heure, dans un état de somnolence, lorsque deux hommes, le visage couvert de suie, s'introduisirent à l'aide d'une échelle qu'ils portaient avec eux, dans le grenier de la cense, dont la lucarne était placée dans l'un des pignons.

Cette opération leur avait été d'autant plus facile, que la neige amortissait leurs pas.

Ayant craint, sans doute, que les armes à feu, missent le village sur pied, nos deux larrons descendirent sans bruit l'escalier qui menait à la cuisine, armés chacun d'un gros bâton ; et à la lueur d'une chandelle dont ils s'étaient munis et qu'il avaient allumée dans le grenier, ils se présentèrent devant le lit d'Albertine.

La fermière effrayée, se dressa subitement sur ses pieds, en saisissant un énorme couteau, qu'elle tenait caché sous son chevet et appela à son aide.

Les brigands ne lui laissèrent pas le temps de faire usage de son couteau ; car au premier cri qu'elle jeta leurs bâtons se levèrent, et retombèrent sur la pauvre femme. Seulement, comme la chambre était peu spacieuse, ces premiers coups, violemment assénés, au lieu d'atteindre leur victime, firent tomber sur elle le ciel du lit, qui lui servit comme d'un bouclier.

Sans doute que les bandits avaient intérêt à ne pas faire connaître leur voix, car ils ne proférèrent pas une parole.

Albertine, cette jeune femme de trente-quatre ans, forte, robuste et dont le courage était centuplé par le danger, tailladait avec son couteau les rideaux dont elle était enveloppée, afin d'atteindre ses assassins et ne cessait d'appeler à son secours.

Les bandits, furieux, dirigeaient toujours leurs coups sur la pauvre femme ; mais celle ci, par un suprême effort, rejeta bientôt sur eux le ciel de lit et courut à la fenêtre dont elle brisa un carreau afin de se faire entendre.

Les assassins n'osaient s'approcher d'elle, car dans la lutte la chandelle s'étant éteinte, ils ne savaient où la malheureuse dirigeait la lame de son couteau.

Cependant les cris d'Albertine avaient été entendus. Mais à bout de forces, la pauvre femme tomba à demi évanouie sur le baldaquin de son lit.

Aux appels désespérés de la fermière, tout le monde fut bientôt sur pied, et les valets de ferme, armés de coutres de charrue, de pics, de hoyaux et de pistolets dont les avait armés Joseph Karly, arrêtèrent au milieu de la cour les complices des deux bandits venus par le verger.

Un combat furieux s'engagea.

Tandis qu'on se battait dans la cour, le fils d'Albertine, le jeune Henri, ouvrait sa porte afin de gagner la cuisine et la chambre de sa mère, mais un coup de bâton le repoussa dans le cabinet d'où il venait de sortir.

Avisant une petite fenêtre qui donnait sur la cour, il voulut sauter par là, mais Rassel, l'un des deux bandits, s'y présenta, lui barra le passage en le repoussant avec l'échelle qui avait servi à leur introduction.

Le brave enfant ne perdit pas la tête, se saisit de l'échelle, la rentra dans la chambre, et comme son adversaire voulait encore la lui arracher, il se cramponna à lui, gagna ainsi l'appui de la fenêtre et se précipita dans la cour, tenant toujours le bandit avec lequel il roula sur la neige.

Cet incident suffit à sa mère, revenue à elle, pour tenir en respect Louis Frémaux qui, voyant par la fenêtre ouverte et à la clarté que répandait la neige, ses gens se débattre entre les mains de Ludovic et des garçons de ferme, jugea, en homme prudent, qu'il fallait gagner le large et, sans p'us attendre, il traversa la chambre d'Henri restée ouverte, gagna le verger, au bout duquel il trouva la campagne où il alla se perdre.

La maison alors était entièrement vidée par les malfaiteurs, dont quatre étaient dans la cour aux prises avec Ludovic et ses camarades, tandis que le cinquième était toujours tenu par Henri qui ne l'avait pas lâché.

Rassel, plus âgé et plus fort que ce pauvre garçon, en voyant la lutte qui avait lieu à quelques pas de lui et reconnaissant que trois de ses compagnons avaient été assommés déjà par les ouvriers de ferme, serra la gorge du jeune Henri à l'étouffer, le laissa inanimé sur le sol et disparut à son tour dans le clos, ne sachant de quel côté diriger ses pas.

Albertine, à moitié morte, s'était cependant relevée dès que Frémaux l'eut abandonnée, la croyant morte.

Aux cris de son fils, elle s'était précipitée dans la cour, où elle arriva au moment où Rassel s'éclipsait par le verger.

Henri, qui n'avait aucune blessure, fut relevé par sa mère, avec laquelle il rejoignit Ludovic et les garçons de ferme.

Un seul brigand restait debout devant eux.

Mais il se défendait avec une rare énergie.

Voyant la persistance du misérable, Albertine détacha du mur de la grange, une lame de faulx, et au moment où le mauvais garnement, faisait quelques pas en arrière, pour échapper aux valets de la ferme et à Ludovic, elle lui porta si adroitement et avec une telle violence, un coup de son arme terrible, que les deux jarrets du bandit en furent coupés.

Il s'affaissa sur la neige en proférant un horrible blasphème.

Quant aux trois autres, ils étaient comme lui, étendus sur la neige et sur le fumier de la cour, foudroyés qu'ils avaient été, par les coutres de charrue, dont s'étaient armés Ludovic et ses compagnons.

Une heure après ce combat, Pierre Deleplanque, malgré la prolongation du mauvais temps, arrivait à Esquermes.

Le pauvre fermier faillit s'évanouir en entendant le récit que lui firent sa femme et son fils, des dangers qu'ils avaient courus, ainsi que les gens attachés à leur service. Pierre se promit bien, quelle qu'en soit la nécessité, de ne plus quitter la maison le soir, et d'y être toujours rentré avant la nuit.

Cet acte de courage d'Albertine, de ses gens et du petit Henri, fut applaudi par tout le monde, et de ce moment Joseph Karty et les agents de l'autorité, grâce aux deux soldats qui avaient assisté le bandit assassiné par les siens, purent avec certitude frapper leurs coups aux lieux mêmes que celui-ci avait indiqués dans sa confession *in extremis*.

C'est ainsi que, pendant la période de dix jours accordée aux gens de Frémaux pour sommer et incendier les fermes d'Ascq, de Tronquoi, de Cailleau et de Coquelmonde, massacrer les habitants de la ferme Delcourt, ceux de l'Aventure et du Petit Haubourdin, aucune des tentatives faites par les malfaiteurs ne réussit, grâce à l'intelligence et au courage des fermières de ces endroits et de leurs employés. C'est ainsi qu'après les huit tentatives des brigands sur les fermes que nous venons de nommer, leurs rangs s'étaient éclaircis à ce point que, sur quarante qui formaient la bande de Frémaux, il n'en resta plus que douze, dont firent partie tout naturellement Rassel et lui.

Les lâches avaient abandonné leurs complices pour se mettre en sûreté.

Il en est de ces vauriens comme des conspirateurs. Les chefs seuls échappent à la justice. Il est vrai qu'ils ne jouissent pas longtemps de l'impunité et que de nouveaux crimes les livrent tôt ou tard à son glaive.

C'est l'éternelle histoire de toutes les association ténébreuses.

Qui fut acclamé par les autorités de l'arrondissement ?

Les femmes d'abord qui montrèrent en cette occasion une énergie et un dévouement à toute épreuve.

Les braves campagnards, qui avaient enfin compris que leur salut dépendait d'eux.

Les gendarmes enfin, dont le zèle à poursuivre les fuyards fit que, sur douze qui s'étaient échappés, six furent repris le lendemain sur la route et dans les auberges, où ils essayaient de se cacher.

Joseph Karty fut tout spécialement l'objet de la reconnaissance des Lillois, car ce fut lui qui, après la confession du brigand, parcourut les fermes menacées en engageant les habitants à veiller nuit et jour, et à se tenir constamment prêts.

Cette déconfiture de la bande Frémaux, n'empêcha pas son chef de renouer la chaîne des crimes qui devait le conduire à l'échafaud ; mais un calme relatif se fit dans les environs de Lille, jusqu'au jour où les Chauffeurs, ces affreux tortionnaires, y firent leur apparition, sous la conduite du fameux Salembier.

Il était écrit qu'on ne goûterait pas une année de repos.

XXVI

Plan de Pichegru. — Richard prisonnier — Le double traître. — Rochebrune trouve un emploi. — Quel est son protecteur. — Valérie et son père. — Un dernier adieu — Cruelle séparation — Le poison du père tue la fille. — Incident étrange.

Quittons encore une fois le sol de la France, et retournons à Valérie, arrachée des bras de son père adoptif, par Rochebrune, et soustraite aux recherches de Richard et du vieux Gautier, par les uhlans qui avaient laissé Duvivier sans vie, près du bois dans lequel ils avaient disparu.

Les Français poursuivaient les armées alliées, jusqu'à l'extrémité nord de la Hollande. Une partie de la flotte de cette puissance, mouillait près du Texel. Pichegru, qui ne voulait pas qu'elle eût le temps de se détacher des glaces et de faire voile sur l'Angleterre, envoya des divisions de cavalerie et plusieurs batteries d'artillerie légère, vers le Nord Hollande. Le Zuyderzée était gelé ; nos escadrons traversèrent au galop ces plaines de glace, et l'on vit des hussards et des artilleurs à cheval, sommer comme une place forte, ces vaisseaux devenus immobiles (*)

Pendant que ces manœuvres s'exécu-

(*) A. Thiers : histoire de la Révolution française.

taient, un drame lugubre allait avoir lieu, dans une forteresse, située au bord de la mer, en vue du Texel.

Dans ce fort, dont les batteries rasaient les eaux du Zuyderzée, nous retrouvons une partie des personnages, qui avaient, peu de temps auparavant, fait preuve de courage et d'abnégation, lors de l'attaque de la maison de Richard d'Arbelle.

Le fiancé de Valérie, désespéré de sa perte, s'était un jour avancé avec sa compagnie, jusqu'aux avant-postes ennemis, dans le but de savoir si elle n'avait point été conduite de ce côté, et surpris par un gros Hollandais, il fut fait prisonnier et amené dans ce fort du Texel.

Il ne se doutait guère, le malheureux jeune homme, que chaque pas qu'il faisait le rapprochait de celle qu'il aimait, car Valérie et son indigne père s'étaient mis à l'abri, derrière les murailles de cette forteresse, aidés en cela par ce Scipion Tilman, ancien complice du faussaire Aristide, qui exerçait alors, chez l'ennemi, un emploi dont nous dirons l'importance tout à l'heure.

La garnison du fort était peu nombreuse.

Un commandant, quelques officiers et une centaine de soldats en formaient tout l'effectif.

Cette poignée d'hommes était sur les dents, car, d'heure en heure, des alertes avaient lieu, et chacun d'eux redoutait la présence des Français.

Dans une des salles basses de cette espèce de citadelle, deux hommes assis auprès d'une longue table couverte d'un tapis, les pieds dirigés vers la cheminée où flambaient un fagot de sapin, deux hommes disons-nous, causaient en consultant des papiers qu'ils tenaient dans la main.

L'un de ces hommes était le commandant du fort, et l'autre, un officier, qui devait être son secrétaire, à en juger par la déférence qu'il avait pour lui.

Le commandant était un vieillard à cheveux blancs, dont la figure était des plus sympathiques, et l'autre qui pouvait avoir de trente cinq à quarante ans, était un de ces Hollandais, gros, trapu et sans aucune distinction ; tel enfin, qu'on en voyait alors, dans l'armée du Stathouder.

Le commandant disait à l'officier :

— Le prisonnier Richard a-t-il été transféré sur la flotte ?

— Oui, commandant.

— Savez-vous à quoi en est son affaire.

— Je crois que ce Français est en ce moment devant le Conseil, assemblé sur le vaisseau amiral.

— C'est bien.

Et comme c'était l'heure de l'audience du commandant, les officiers du fort entrèrent dans la salle basse et s'inclinèrent devant leur supérieur.

— Messieurs! leur dit-il, lorsqu'ils furent tous entrés, l'invasion ennemie nous trace des devoirs quelquefois pénibles à remplir, mais le salut de la patrie avant tout, tout doit être la devise du soldat. Vous savez que nous avons ici comme prisonnier, un Français deux fois traître. Il était citoyen Hollandais, et il a renié sa patrie adoptive, pour s'insurger contre elle, en favorisant ses indignes compatriotes qui l'avaient chassé du sol de la France. Je vous laisse juges d'une semblable conduite. N'est-elle pas celle d'un lâche.

Tous les officiers firent un signe de tête approbatif.

Un nouvel officier entra dans la salle.

C'était le fournisseur de l'armée Hollandaise, dans cette partie du Stathoudérat, ce Scipion Tilman, déjà connu du lecteur.

Il s'approcha avec humilité, du commandant et lui demanda ses ordres, relativement au convoi des vivres qu'il devait amener dans le fort.

— S'il est vrai, lui répondit le commandant, s'il est vrai que les Français se soient retirés, je vous le ferai connaître, monsieur l'intendant, afin que vous profitiez de ce mouvement, pour mettre en sûreté le convoi dont les approvisionnements sont attendus avec impatience par les garnisons de nos vaisseaux.

— Permettez vous, mon commandant, que je vous présente mon ami Robert

Burckart, ajouta Tilman en montrant sur le seuil de la porte Aristide de Rochebrune qui y faisait piteuse figure.

— Qu'il entre, fit séchement le commandant.

Cochebrune fit un pas et s'inclina.

— Robert, lui dit le major hollandais, la nouvelle loi vous a amnistié, mais vous restez sous ma surveillance, ne l'oubliez pas. A la demande de monsieur l'intendant des vivres, ajouta-t-il en montrant Scipion, je consens que vous soyez employé sous ses ordres. Votre poste sera au magasin de réserve placé hors de la poterne Rappelez-vous, monsieur, que c'est à l'avenir de faire oublier le passé.

— J'espère y parvenir, répondit Aristide au milieu d'une grimace.

— Songez que je n'ai pas oublié la chasse que vous avez faite à nos croiseurs.

Aristide ne répondit pas, mais ses yeux rencontrèrent ceux de Scipion, et il y avait dans ce regard autant d'astuce que de férocité.

Un léger sourire effleura les lèvres de son complice.

— Officiers hollandais, fit le commandan du fort en s'apprêtant à sortir, il faut redoubler de surveillance. Les succès de nos ennemis font qu'ils croient qu'il n'y a rien d'impossible à leur audace. Soyez donc sur vos gardes.

Sur un signe, tous les officiers se retirèrent et il ne resta plus dans la salle que Rochebrune et Scipion Tilman.

— Eh bien ! mon cher Aristide, vous devez être content de ce que je viens de faire pour vous, dit Scipion lorsqu'ils furent seuls. Tout réussit au gré de vos désirs. Votre beau frère est mort, — nous le croyons du moins, — votre fille a été mise en sûreté dans cette forteresse. N'est-ce pas tout ce que vous désiriez ?

— Oui.

— Seulement ! ajouta Tilman, je vous conseille de réaliser au plus tôt votre riche héritage, car il est probable que les Français achèveront la conquête de la Hollande et vous seriez alors exposé à de nouveaux dangers.

— Comment faire pour les éviter ? demanda Rochebrune en jetant autour de lui un regard inquiet.

— Vous savez à quelle condition je vous ai servi ?

— Oui ! oui !

— Votre intérêt m'assure votre discrétion. Je ne dois donc plus rien vous cacher du plan que j'ai formé pour achever rapidement ma fortune, et surtout pour en jouir en paix, en la partageant en frère avec vous et votre charmante fille.

— Tu peux parler avec confiance, répondit l'ex-pirate.

— Eh bien, dit à voix basse l'indigne Bavarois ; apprenez donc que j'ai placé quatre-vingt mille francs à la banque de Londres...

— Quatre-vingt mille francs?

Et montrant un portefeuille bourré de papier.

— J'en ai là les titres, ajouta-t-il. Mon intention est de me retirer en Angleterre le plus tôt possible.

— C'est un parti sage, répondit Rochebrune.

— Mais, je ne m'y rendrai qu'après avoir touché une autre somme de cinquante mille florins, que j'espère gagner aujourd'hui même.

— Par quel moyen? demanda Rochebrune ébahi.

— Le commandant de ce fort croit les ennemis éloignés.

— Eh bien?

— C'est une ruse.

— Pas possible.

— Oui, fit Tilman en baissant la voix de plus en plus. Le général français a besoin d'occuper ce fort pour appuyer son attaque sur la flotte.

— Après! après!... dit Rochebrune avec impatience, tandis que Scipion lui prenait le bras pour l'attirer à lui.

— Je me suis chargé de l'en mettre en possession, dit Scipion.

— Toi! s'écria le pirate stupéfait.

— Moi-même, répondit le complice Un agent fidèle a tout préparé, je suis d'accord avec le chef de bataillon qui commande les chasseurs belges, formant l'avant garde des Français, plusieurs de ses soldats sont déguisés en paysan et doivent, sous divers prétextes, s'avancer sur la glace jusqu'au pied des fortifications ; ils saisiront l'instant favorable, s'élanceront dans le fort, tandis qu'une colonne cachée dans le bois s'élancera pour les seconder bayonnette en avant et la réussite est certaine.

— Ce plan est fort bien conçu, dit Aristide. Touche là, Tilman, je suis prêt à te seconder au péril de ma vie.

L'infâme Bavaris venait de jeter un coup-d'œil furtif sur la porte de la salle restée entr'ouverte.

— Eh ! eh ! fit-il en s'approchant de Rochebrune.

— Quoi donc ? demanda celui-ci.

— Voici la jeune personne.

— Ma fille !

— Je vais à elle et vous l'amener. Elle s'est-peut-être égarée dans ces sombres galeries.

Tilman disparut un instant et revint en effet, montrant à Valérie son père qui avait bravement pris la place que le commandant occupait tout à l'heure.

La nièce de Du Vivier, les yeux baissés, n'osant les lever sur Rochebrune, parut dans la salle, le visage empreint d'une tristesse profonde.

Un frémissement involontaire parcourut tout son corps lorsqu'elle fut en face de son père, et elle recula d'un pas en le voyant venir à elle. Cependant elle lui abandonna sa main qu'il pressa légèrement en la faisant avancer près de lui.

— Ma présence vous cause-t-elle donc de l'effroi ? lui demanda-t-il.

— Je ne puis détacher de mes yeux le spectacle de la mort de celui qui a rempli près de moi le devoir d'un père. L'assassinat de cet homme de bien me révolte et me poursuivra jusqu'à ma dernière heure.

— Vous savez, Valérie, que mon intention était de le sauver, dit Aristide d'un ton patelin.

— Vous! exclama la jeune fille avec incrédulité.

— Oui ; mais il m'a repoussé, il a malgré moi couru combattre les Hollandais.

— Les Hollandais que vous aviez amenés dans notre habitation, je le sais ; les Hollandais qui m'ont séparés de tous ceux qui s'intéressaient à moi...

— Ma fille !... pouvez-vous penser...

— Je pense que sans vous Richard ne serait pas mort.

— Et s'il existait encore ! exclama Rochebrune.

— Il existerait ! s'écria Valérie sans dissimuler sa joie.

— Oui. Mais vous devez savoir que je ne consentirai jamais...

— Du moins, permettez-moi de me retirer dans un lieu consacré à Dieu et où je pourrai le pleurer en silence.

— Valérie, vous avez maintenant d'autres devoirs à remplir. Bientôt, je vous ferai connaître mes volontés; attendez-les avec soumission, avec espérance !...

Le ton paternel qu'il prit pour dire cela contrastait singulièrement avec son attitude pleine de hauteur. Valérie ne fut pas dupe de la duplicité d'Aristide, et lorsqu'il s'avança pour l'embrasser, instinctivement elle se recula, tandis que la figure de son père eut un rire sardonique; puis, il la quitta, ne cessant d'avoir les yeux sur elle.

— Espérance! dit-elle lorsqu'elle fut seule et en tombant assise près de la table. L'espérance? peut-il encore y en avoir pour la pauvre Valérie? L'image de mon bienfaiteur massacré pour me défendre, l'absence de Richard, arraché de mes bras sans que je sache où les monstres l'ont emmené, la présence de cet homme que la nature a fait mon père et dont chaque mot qui sort de sa bouche éveille en moi un souvenir épouvantable; tout cela ne se réunit-il point pour étendre sur mon avenir un voile sanglant et funèbre ?

Tout à coup, sa tête qu'elle tenait dans ses deux mains se leva, et ses regards explorèrent la salle où elle se trouvait.

— Mais où donc suis-je? dit-elle.

Elle fit quelques pas, puis elle s'arrêta subitement.

— O mon Dieu ! ajouta-t-elle, aie pitié de moi, écarte de ma tête de nouveaux malheurs, où si ta vengeance poursuit dans la malheureuse Valérie les fautes de son père, que ta justice rende le bonheur à Richard pour prix du sien.

Pendant cette invocation elle était presque entièrement tombée à genoux, cachée par le tapis de la table.

A ce moment, le commandant suivi de quelques officiers, reparut dans la salle.

Ils achevaient une conversation commencée sous la voûte qui conduisait aux casemates.

— Oui, commandant, disait l'officier qui se trouvait le plus près de lui, il est condamné à mort, et voici la sentence, ajouta-t-il en présentant un papier au chef de la garnison du fort. C'est sur les glacis et en face de la flotte qu'il doit être fusillé.

Valérie, ignorant de qui parlait l'officier, eût cependant un frisson de terreur aux derniers mots qu'il venait de prononcer et auxquels le commandant avait répondu :

— Vous le ferez conduire dans la salle au-dessous de la batterie, pour qu'il s'y prépare à la mort et qu'il puisse dicter ses dernières volontés. Vous, adjudant, dit-il encore en s'adressant à un autre officier, vous allez annoncer à l'amiral que ses ordres seront suivis. Lorsqu'un coup de canon partira de la flotte, notre batterie, en répondant par un seul coup, lui fera connaître que la sentence du conseil va être exécutée et que le criminel marche au supplice. Richard est un double traître.

A ce nom de Richard, Valérie ne put que dire d'une voix étouffée :

— Je me meurs ; puis elle tomba la tête penchée sur la chaise devant laquelle elle était à genoux cachée aux yeux du commandant et des officiers qui, du reste, lui tournaient le dos.

Ils se parlèrent bas un moment, s'entretenant sans doute des apprêts de l'exécution ; puis, sur un signe du chef, ils sortirent, les uns par la galerie voûtée, les autres par la porte qui leur avait donné accès dans la salle.

Lorsqu'elle fut seule, Valérie se leva la figure pâle, les yeux fixes et hagards. Elle voulut faire un pas, mais elle retomba sur sa chaise, se cacha la figure et répandit un torrent de larmes.

— Est-ce un rêve ? dit-elle en passant ses mains sur ses yeux et sur son front brûlant. Non, ajouta elle, j'entends encore ce mot terrible : Fusillé !... fusillé !...Pauvre ami ! Quelle mort...

Son âme était plongée dans la stupeur; son sein se soulevait avec violence, et elle essayait de rappeler à elle toute l'énergie que la nature lui avait départie. Puis, après une courte réflexion, elle releva la tête avec transport.

Elle venait de concevoir une idée.

— Oui! dit-elle, j'y suis décidée, le signal de la mort de Richard sera celui de la mort de Valérie.

Et tirant de son sein le flacon qu'elle avait arraché des mains de son père lorsqu'il avait voulu se suicider, elle s'écria :

— Oui ce poison!... Ah! voilà bien le présent que devait me faire un père tel que le mien. Ce sera, du reste, la première fois qu'il aura fait quelque chose d'utile pour sa fille. Je l'en remercie.

Elle allait porter le flacon à ses lèvres, lorsque Richard, entouré de soldats, parut sur le seuil de la porte.

— Richard ! Richard ! dit-elle avec un accent déchirant.

— Vous? est-ce bien vous? s'écria d'Arbelle. Valérie! je ne mourrai donc pas sans vous avoir embrassée. J'en remercie le ciel, ajouta-t-il en la serrant sur sa poitrine.

— Richard ! fit la jeune fille en sanglottant, pouvez-vous voir sans horreur la fille de l'assassin de votre oncle ?

— Comment aurais-je l'injustice de t'accuser, ma pauvre et chère amie, répondit le jeune d'Arbelle d'une voix tendre. C'est la fatalité qui nous a marqué tous les deux comme ses victimes, c'est cette impitoyable destinée qui, dans un instant, va me précipiter dans la tombe, et c'est elle que j'accuse.

— La tombe! répéta Valérie avec calme. La tombe! elle est maintenant notre seul refuge.

— Chère épouse! dit Richard à son tour, j'ai l'espoir que nous ne serons point séparés pour toujours et que Dieu réunira dans le ciel ceux qu'il aura séparés sur la terre.

— Oui, Richard, j'espère. Je suis chrétienne et je crois.

— Jusqu'à l'instant fixé pour cette réunion suprême, conserve, ma Valérie, des jours qui me sont chers, et donne quelquefois une larme au souvenir de celui qui devait être ton époux.

— Richard! je compte te donner un témoignage plus grand de mon amour et de ma fidélité.

Le jeune d'Arbelle la pressa encore une fois sur son cœur.

A ce moment, l'officier s'approcha d'eux et leur dit qu'il fallait se quitter.

— Oh! encore un moment, monsieur l'officier, encore un moment, fit Richard les yeux en pleurs et en lui montrant Valérie qui avait peine à se soutenir.

— Tu le vois, il faut nous séparer, dit celle-ci. J'ai tout perdu, mon ami, mon second père n'est plus; le crime a mis entre nous une barrière insurmontable. La mort sera donc un bienfait pour moi.

— Oui, mon amie, tu as raison. Mais avant de nous quitter, accorde-moi un gage, un seul, de ce sentiment si doux que vient de m'exprimer ta bouche, que je puisse le placer sur mon cœur, lorsque la balle qui doit me tuer viendra le frapper.

Valérie détourna la tête en portant son mouchoir à ses yeux. Richard lui indiqua ce mouchoir trempé de ses larmes comme le dernier gage qu'il désirait emporter d'elle. Celle-ci le lui donna en détournant la tête et en frémissant. D'Arbelle le prit, le couvrit de baisers et le cacha dans son sein.

L'officier qui commandait le peloton fit un signe.

A ce mouvement, la terreur s'empara des deux amants qui se jetèrent de nouveau dans les bras l'un de l'autre : mais on les sépara.

Valérie ne put soutenir ce dernier choc. Elle s'évanouit dans les bras de l'un des officiers, qui la plaça sur la chaise où elle était cachée tout à l'heure.

L'escorte se dirigea alors vers l'escalier qui conduisait dans les souterrains du fort et de là vers la poterne. Un sergent la suivit, accompagné de deux canonniers dont l'un tenait le porte-feu et l'autre l'écouvillon.

Tous les trois descendirent dans la batterie basse.

Valérie, privée de sentiment, revint bientôt à elle, rappela ses esprits et s'écria avec désespoir :

Mais, ne le voyant plus et se souvenant de la scène qui venait d'avoir lieu, elle se prit à dire d'une voix déchirante :

— Grand Dieu ! est-ce que déjà ?... Oh ! non... non, je n'ai point entendu le funeste signal. N'importe, ajouta-t-elle, il marche à la mort et il faut que le même coup nous frappe tous les deux.

La pauvre Valérie, pâle, les jambes chancelantes, et s'appuyant sur la table, tira de son sein le flacon qui renfermait le poison, et comme le coup de la batterie venait de faire explosion, elle n'hésita à l'approcher de ses lèvres.

Mais en ce moment une main robuste, celle de son père, lui arracha le flacon.

— Malheureuse ! qu'allais-tu faire ? exclama Aristide.

— Laissez moi ! laissez moi !.. répondit Valérie hors d'elle-même. Encore une fois laissez moi ! C'est ici que je dois mourir. Et d'ailleurs, qui êtes-vous, pour m'empêcher de me délivrer de votre présence ? Vous avez tué ma mère ! vous m'avez abandonnée ! vous avez déshonoré votre nom qui est le mien ! Je ne vous dois rien.. Laissez moi, monsieur, laissez-moi !

Et puisant un courage surhumain dans la position que lui avait faite cet homme abominable, elle s'arracha de ses mains et se sauva en tirant la porte sur elle.

— Malédiction ! cria Rochebrune furieux.

Scipion essoufflé, agité et tremblant de

peur, s'offrit aux yeux du pirate venant du côté opposé à celui par lequel Valérie avait pris la fuite.

— Capitaine ! il nous faut filer, dit Scipion les lèvres pâles et tremblantes. Les Français s'approchent. Ils ont profité du moyen que je leur ai donné pour surprendre ce fort et attaquer la flotte engagée dans les glaces. Vite, partez avec votre fille avant que nous soyons cernés.

— Je ne sais où elle est maintenant, hurla le pirate.

— Il n'y a pourtant pas un instant à perdre. Essayez de la rejoindre et de vous sauver avec elle. Quant à moi, dès que j'aurai touché la somme promise, où que vous soyez, je ne tarderai pas de vous aller rejoindre (*).

Ce colloque de quelques secondes fut interrompu par des cris : Aux armes ! qui retentirent sur les remparts et dans la batterie.

Il se fit en même temps un grand mouvement au dehors, et Rochebrune sans sa fille, et le traître Tilman sans l'argent qu'il comptait recevoir pour prix de son nouveau crime, allèrent se perdre dans les méandres de la forteresse.

(*) A. Cuvelier.

XXVII.

Résurrection de Du Vivier. — Il prend du service. — Richard, condamné à mort. Il va être fusillé. — Il est sauvé par Beausoleil. — Combat sur la glace. — La flotte capturée. — Bataille du Texel. — Rochebrune et Tilman. — Leur mort. — Victoire complète des Français.

On a vu que le vicomte Du Vivier avait été laissé pour mort sur le champ de bataille, près de la maison de Richard d'Arbelle.

Le lendemain de ce jour funeste, le vieux Gautier et quelques paysans, en relevant les morts, s'aperçurent que le père adoptif de Valérie respirait encore : sa blessure était même peu dangereuse.

Ils le transportèrent dans la maison de Richard, où des soins intelligents le rendirent tout à fait à la vie.

Sa première parole fut pour demander ce qu'était devenue Valérie ; mais personne ne put lui répondre : tout le monde l'ignorait.

A mesure qu'il rassemblait ses esprits et recouvrait sa lucidité, le vicomte se souvint du combat de la veille et il se rappela que la pauvre enfant avait été enlevée par son père et ses uhlans.

Malgré sa faiblesse et la perte de son sang, il voulut immédiatement se mettre à sa recherche. Mais cela ne pouvait se faire sans péril, puisque les deux armées étaient en présence et occupaient la plaine qui séparait la maison de Richard de la mer où la flotte hollandaise était retenue par les glaces.

Dévoré d'inquiétude, le vicomte avait envoyé des paysans en éclaireurs pour lui chercher un passage jusqu'à l'une des divisions françaises.

Ce plan réussit à merveille, et quatre jours après l'échauffourée dans laquelle il avait failli perdre la vie, il était aux avant-postes de la division du général Dernoncourt, et bientôt après dans les bras du capitaine Guislain qui lui apprit la triste nouvelle de la disparition de Richard.

On sait ce qu'il était advenu de celui ci.

Le vicomte, désespéré, accablé sous tant de maux à la fois, demanda et obtint de servir jusqu'à la fin de la guerre de Hollande, dans les rangs de l'armée française.

Il fut accueilli avec joie comme tous ceux des émigrés qui demandaient à prendre les armes pour le service de la France. Il fut incorporé dans la compagnie de Beausoleil.

Les opérations de la guerre marchaient avec une rapidité foudroyante.

Il ne restait plus qu'un coin de la Hollande à conquérir : la petite île du Texel et la flotte immobilisée par la glace dans la mer du Nord.

Pichegru allait enfin avoir raison des fanfaronnades hollandaises. Les Bataves ne pouvaient s'imaginer qu'on pourrait faire le siége en règle de leur formidable flotte, habituée à vaincre sur toutes les mers.

Ils s'endormaient dans une fausse sécurité, comme on va le voir.

Du lieu où nous nous plaçons pour décrire ce grand et dernier combat, on voyait les factionnaires placés sur le vaisseau-amiral et sur les batteries du fort que nous venons de quitter.

Un détachement hollandais, commandé pour fusiller Richard, était venu se ranger sur la plage.

Bientôt descendirent des remparts de la forteresse, le commandant, ses officiers et le condamné entouré de soldats la baïonnette au fusil.

On conduisit le malheureux à l'endroit désigné pour son exécution.

Déjà on lui avait bandé les yeux, et le peloton s'apprêtait à faire feu sur Richard, qui, après avoir pressé sur son cœur le gage que lui avait donné Valérie, attendait la mort avec calme, lorsque le capitaine aide-de camp Guislain, chargé d'un ordre, et ayant dépassé les avant-postes ennemis, parut tout à coup en compagnie de quelques tirailleurs, cachés par un pli de terrain.

A la vue de Richard prêt à mourir, Beausoleil cria de toute la force de ses poumons à sa petite troupe :

— En avant, camarades! Feu sur les Bataves.

Une décharge subite suivit cet ordre du capitaine, et obligea le peloton d'exécution à faire quelques pas en arrière pour riposter à ses assaillants.

Pendant cette bagarre, Richard arracha vivement son bandeau et, protégé par les soldats français, il courut se jeter dans les bras du capitaine Guislain.

Cette action fut le signal de la bataille.

Les Hollandais avaient pu se réunir en masse, et les Français, en trop petit nombre, durent se replier sur l'armée qui s'avançait.

Cette poignée de braves fut soutenue par un régiment de hussards, lequel, ayant culbuté une colonne de uhlans qui avait voulu s'opposer à son passage, fut à son tour poursuivi et mis dans une déroute complète.

Notons, que tout ceci se passait sur la mer gelée, et que les chevaux avaient peine à se tenir sur ce sol glissant.

Toutefois, l'aide de camp du général Dernoncourt, profitant d'une panique des Hollandais, se mit à la tête des hussards, entraîna leur colonel par son exemple et se mit à charger avec eux l'infanterie ennemie.

Cependant, malgré leurs efforts, ils se virent ramenés à leur tour.

Les tirailleurs français repoussés, comme les hussards, par des forces supérieures, sautèrent en croupe sur les chevaux des cavaliers et parvinrent à effectuer leur retraite, malgré le feu de l'ennemi qui venait de s'ouvrir sur toute la ligne.

Richard, au milieu de ce conflit, essaya de se mettre à l'abri derrière les fantassins qui n'avaient pu se placer sur les chevaux des hussards, et il courait éperdu de l'un à l'autre, lorsqu'il fut aperçu par le capitaine Beausoleil qui, le prenant par la main, lui fit enfourcher sa monture.

Bientôt, l'armée hollandaise couronna les vaisseaux, les ondulations de la plage et les remparts du fort. Tout enfin se préparait pour un engagement général.

Déjà l'on entendait au lointain le pas de charge et le galop des chevaux. L'artillerie française venait de s'engager sur le terrain glacé et ses têtes de colonne se rangeaient en bataille devant le front de la flotte ennemie.

Le général et son état-major, qui avaient suivi les troupes, se rendirent bientôt compte de la situation critique dans laquelle s'étaient placés les Hollandais et les mots de : En avant ! prononcés d'une voix vibrante par Dernoncourt produisirent sur la masse de troupes qui le suivait l'effet d'une batterie électrique. Elle s'ébranla et se rua sur l'ennemi avec l'impétuosité d'un torrent qui a rompu ses digues.

Ce combat, le premier de la journée, se termina à l'avantage des Français, qui gagnèrent ainsi du terrain et purent s'approcher de la flotte dont le feu bien nourri avait plusieurs fois forcé nos bataillons à la retraite.

Darnoncourt, jugeant d'un coup d'œil l'avantage de la position ennemie, dont le feu plongeant de sa flotte faisait beaucoup de mal à ses troupes, ordonna, comme le lui avait commandé Pichegru, un mouvement aussi audacieux que nouveau.

Bravant boulets et mitraille, bravant surtout la glace, qui pouvait s'entrouvrir et creuser un abîme dans lequel le corps d'armée tout entier pouvait périr, il se précipita, sabre en main, à la tête de sa cavalerie, vers les vaisseaux ennemis, qu'il chargea avec l'impétuosité qui caractérise le soldat français.

Surpris d'une manœuvre aussi audacieuse, le chef de l'escadre hésita un moment à continuer son feu, et l'infanterie française, profitant de la stupeur de ses ennemis, se rallia et s'élança avec fureur à la suite de la cavalerie, protégée par la batterie que nos artilleurs ne cessaient de diriger sur le fort et sur les vaisseaux, dont les feux de quelques-uns furent éteints.

Au milieu des détonations assourdissantes de l'artillerie, du sifflement des boulets et des biscaïens, des cris de rage ou de victoire des soldats engagés au pied de la flotte et qui ne pouvaient plus atteindre les projectiles du vaisseau hollandais, le fort évacué par sa garnison qui avait dû rejoindre le gros de l'armée, le fort, disons-nous, avait toutes ses portes ouvertes.

Scipion crut devoir profiter de cette circonstance pour gagner un lieu plus sûr et fuir avec Rochebrune et Valérie, qu'il avait retrouvée mourante de frayeur dans la pièce qu'on lui avait donnée pour logement.

Aussi, vit-on bientôt au milieu de l'affreuse mêlée, qui, semblable aux flots de la mer, ondulait sans cesse de la forteresse à la flotte, vit-on, disons-nous, Tilman et Rochebrune entraînant la malheureuse jeune femme exposée à être tuée par les projectiles qui tombaient ou éclataient autour d'elle. Scipion, plus occupé de son portefeuille que de la conservation des jours de son complice et de ceux de Valérie, chercha et finit par trouver une cabane de pêcheur dans laquelle il se précipita, et où le suivirent la jeune fille et son père.

Mais, c'était là un bien faible abri qu'un obus pouvait détruire ou incendier.

Le pirate se voyant perdu, de quelque côté qu'il essayât de fuir le danger, sentit monter à son cerveau cette fièvre de sang et de carnage qui l'animait toujours dans ses expéditions de vol, de rapine et de brigandage.

En proie à une espèce de folie furieuse, il ne put s'empêcher de prendre part au combat ; et cet homme, trois fois renégat, sortit de la cabane, ajusta un cavalier français qui portait un ordre, lui fracassa la tête d'un coup de pistolet et s'empara de son cheval.

Seulement, cette action de froide cruauté avait eu un témoin.

Le capitaine Guislain.

Poursuivre l'assassin et lui envoyer une balle fut, pour l'officier, l'affaire d'une seconde.

Lorsque le monstre fut couché par terre, Justin, qui ne savait pas à qui il avait eu affaire, rejoignit ses camarades engagés avec les troupes hollandaises.

Rochebrune, qui n'était que légèrement blessé, se releva, se traîna vers la cabane de pêcheur d'où, craignant qu'elle ne soit incendiée par les projectiles qui éclataient sans cesse, il se hâta de sortir presque aussitôt avec Valérie, qu'il dût soutenir, afin qu'elle ne tombât point.

Le lâche Tilman les suivit la main sur sa poitrine, et serrant avec crispation le portefeuille qui contenait le fruit de ses concussions et de ses friponneries.

Les hasards de la guerre firent que la division dans laquelle Richard était incorporé, vint à prendre position près de la cabane au moment où Valérie, entraînée par son père, s'en éloignait.

D'Arbelle l'aperçut et la reconnut.

D'ailleurs, c'est chose si étrange que la présence d'une femme sur un champ de bataille, que la remarque en fut toute naturelle.

Il courut à elle, voulut l'arracher des mains de son père ; mais celui-ci, armé d'un second pistolet, le déchargea sur Richard, et lui fit une blessure qui l'obligea de s'arrêter.

Pendant cette lutte, qui ne dura que le temps que nous avons mis pour la décrire, Tilman qui cherchait à se sauver dans la mêlée, fut à son tour poursuivi par un hussard français devant lequel il tomba à genoux, la face blême, le corps tremblant et les lèvres crispées par l'épouvante.

Le traître tira son portefeuille, l'ouvrit, et en offrit le contenu, — toute sa fortune, — pour obtenir la vie sauve. Mais le brave soldat rejeta l'offre du lâche Bavarois qui l'implorait, et jugeant par sa contenance et par sa mine piteuse qu'il faisait partie de cette bande de voleurs à la suite de l'armée ennemie, il le renversa aux pieds de son cheval et lui passa son sabre au travers du corps.

La blessure de Richard ne l'avait point empêché de suivre Rochebrune au milieu des bataillons en désordre.

Après quelques secondes d'une marche difficile, ils se rencontrèrent à l'arrière d'un régiment qui rejoignait son corps.

Valérie, épuisée, haletante, reconnut son fiancé.

Un appel désespéré s'échappa de sa poitrine, et Richard, se jeta aussitôt le sabre en main sur le ravisseur.

Un officier qui, du haut de son cheval, avait vu cette scène, fendit la foule de guerriers qui l'entourait et voulut avoir la suprême satisfaction de tuer le bandit.

Tirant alors un pistolet de la fonte de sa selle, il fit feu, et il l'étendit par terre pour ne plus se relever cette fois.

Ainsi termina sa carrière, cet homme ignoble, sans foi et sans honneur, cet homme souillé de crimes, la honte du nom français et que réclamait l'échafaud.

Valérie avait jeté un cri en voyant tomber son père; et comme la foule augmentait autour d'elle, on se hâta de l'éloigner de ce lieu dangereux.

Ce fut l'officier qui venait de faire justice d'Aristide, qui la prit dans ses bras robustes et alla la déposer dans la cabane de pêcheur, où il la coucha sur une natte de jonc, brisée, sans force, épuisée par l'émotion.

Lorsqu'elle put faire un mouvement, elle tourna les yeux vers son libérateur, et elle reconnut en lui le capitaine Guislain, l'aide-de-camp du général Dernoncourt. Justin Guislain, qui s'était souvenu du serment qu'il avait fait à son père et à Lafutaie après la scène qui avait eu lieu au château de Bocourt, et dans laquelle il avait failli être tué par Aristide de Rochebrune.

Justice était faite ! Le fils de César était content.

Les Français vainqueurs, l'armée hollandaise réduite à mettre bas les armes, tel fut le bilan de cette journée glorieuse qui devait avoir pour nos armées d'immenses résultats (*)

Le vicomte Du Vivier, que nous avons vu, malgré sa blessure, se diriger vers le champ de bataille à la recherche de Valérie, avait, lorsqu'il eût franchi les lignes françaises, retrouvé le capitaine Beausoleil, près duquel il s'informa de sa retraite.

L'officier lui répondit qu'il l'ignorait, mais que faisant maintenant partie de l'armée française, il n'avait qu'à persévérer dans ses recherches, et que sans doute le mystère de sa disparition serait bientôt éclairci.

Du Vivier suivit ce conseil et il eût raison. Car, lorsque la bataille eût été gagnée, et que Rochebrune eût été tué, Valérie, libre enfin, mais l'âme brisée, put être réunie à Richard et à son père adoptif; heureux tous les deux de la retrouver après tant de souffrances physiques et morales.

Ce bonheur devait-il être de longue durée ?

(*) J. G. A. Cavelier : *la Prise de la Flotte.*

Oui, si Richard et Valérie n'eussent pas été si loin de la France.

Mais, hélas! les pauvres émigrés en étaient toujours réduits à espérer que la mère-patrie les réclamerait un jour.

Cet espoir ne fut cependant point tout à fait déçu, comme on le verra plus tard.

XVIII

Seconde guerre de Hollande. — Retour des émigrés. — Karty et Lafutaye à Paris. — Une dernière lettre de Justin. — Les Chauffeurs du Nord. — Conciliabule de ceux-ci. — Justin chez sa sœur. — Salembier. — Le voisin Droulers. — Le cabaret de Saint-Bavent.

Depuis trois ans, que Pigegru a envahi la Hollande, le drapeau français a été salué par toutes les nations de cette partie de l'Europe, qui s'étend de la presqu'île Italienne jusqu'aux rivages de la mer du Nord.

Les armées de la République ne comptaient déjà plus leurs victoires, tant elles étaient nombreuses; seulement, la France avait des rivaux acharnés à sa perte : les Anglais entr'autres.

C'est ainsi que dans cette année 1799 où nous sommes arrivés, l'Angleterre avait pu s'emparer de la flotte hollandaise, notre conquête d'il y a trois ans.

Depui notre alliance avec le peuple batave et après l'abolition du Stathoudérat le 19 janvier 1795, cette province prit à tâche de ne se défendre que mollement, contre la marine britannique.

Il fallut alors que la France reportât encore une fois ses armes en Hollande, déjà conquise avec tant de peine. Mais Valmy et Fleurus, qui avaient fait de nos soldats des héros, furent transformés en demi Dieu après la victoire de Masséna à Zurich, et, de nouveaux succès nous accompagnèrent dans cette seconde expédition en Hollande.

Brune, faiblement pressé par l'ennemi avait eu le temps de concentrer ses forces, et après avoir battu les Anglo Russes à Kastrikum, les avait enfermés au Zip, et réduits à capituler. Les conditions étaient : l'évacuation de la Hollande, la restitution de tout ce qui avait été pris au Helder, et l'élargissement sans échange, de huit mille prisonniers. On aurait souhaité la restitution de la flotte hollandaise, mais les Anglais s'y refusèrent, et on craignait en rejetant la capitulation, le mal qu'ils pouvaient faire au pays (*).

Cette capitulation termina l'année 1789, ainsi que les opérations militaires de ce côté.

Pendant ces exploits de nos généraux, de grandes modifications avaient eu lieu à Lompret et à Esquermes.

(*) 1. Thiers : histoire de la Révolution française.

Ce fut presque une révolution.

Du Vivier, Richard et Valérie, grâce à de puissants protecteurs, avaient obtenu leur rentrée en France.

Elle leur eut été du reste accordée de droit deux années plus tard, mais l'épée de Richard et celle de Du Vivier, mises au service de la mère-patrie, n'avaient pas peu contribué à leur en ouvrir les portes avant le décret d'amnistie générale lancé par Napoléon en 1801.

Nous ne parlons que pour le constater, de l'accueil sympathique qu'ils reçurent dans leur pays, de la réception enthousiaste de leurs anciens vassaux, et nous nous attacherons seulement à les suivre après leur retour jusque dans la nouvelle retraite qu'ils s'étaient choisis.

Ne voulant pas habiter la demeure qu'ils avaient quittées avant leur émigration, Richard, devenu l'époux de Valérie, et Du Vivier qui avait fait la promesse de ne la jamais quitter, se dirigèrent vers Paris, où ils s'établirent provisoirement.

Tous deux firent de fréquents voyages dans leur province, et c'est pendant une de ces excursions que, craignant de nouvelles crises politiques, ils se décidèrent à vendre leurs propiétés de Flandre et d'Artois.

Richard d'Arbelle se défit donc de son domaine de Lompret et de la ferme d'Esquermes, qu'il céda à un M. Saint-Marc, lequel promit de garder Pierre Deleplanque comme censier.

Quant à Joseph Karly et à Lafutaie, Richard ne voulut point se séparer de ces deux braves et dévoués serviteurs et les emmena dans la capitale.

Karly devint le secrétaire de Richard, et Lafutaie le factotum de la maison.

Bien que M. Saint-Marc fut un homme excellent, rempli de qualités qui le faisaient aimer, Pierre Deleplanque et Albertine Guislain étaient bien affectés de leur isolement depuis que Joseph Karly et Lafutaie les avaient quittés pour suivre Richard et Valérie.

Une lettre de Justin, attendue depuis deux ans, arriva enfin et vint rompre la monotonie et la tristesse qui régnaient dans la ferme.

Voici cette lettre :

« Ma chère sœur,

» Tu dois être inquiète, car il y a bien longtemps que je ne t'ai donné de mes nouvelles. Le moyen, du reste, puisque, depuis ma sortie de la Hollande, mon régiment n'a cessé de se battre et de voyager du nord au midi. Nous ne sommes jamais restés quinze jours à la même place. Nous avons visité encore une fois la Belgique ; de là, nous sommes allés sur le Rhin, que nous avons remonté jusqu'en Suisse, pour revenir ensuite sur nos pas,

J'ai assisté à la bataille de Zurich, où j'ai été remarqué par Masséna, et où le ricochet d'un boulet a failli me faire perdre la vue, et qui m'a obligé de rester deux mois dans les ambulances.

» C'est pendant que je suis encore là, que je m'efforce de te tracer ces lignes pour te dire que dans une de nos dernières affaires en Hollande, j'ai pu m'acquitter de la promesse que j'avais faite à Lafutaie, de punir le misérable Rochebrune des tentatives criminelles exercées contre toi, de l'épithète de brigand qu'il avait lancée à notre pauvre père et du coup de fusil qu'il m'avait envoyé croyant me tuer. Oui, chère sœur, après une poursuite qui a duré longtemps, j'ai pu enfin lui briser la tête d'un coup de pistolet, et cela en plein champ de bataille. C'est une mort trop honorable pour un tel coquin. Enfin, j'en ait fait justice; c'est tout ce que je voulais.

» Comment va Pierre? Comment va Henri? Et toi, chère sœur, es-tu toujours en bonne santé? Et Droulers, et ma petite Catherine; êtes vous toujours bien ensemble? Dis-leur que je leur envoie un baiser pleins de tendresse,

» Le pays est il tranquille? Je n'ose le croire, d'après ce que j'entends dire et ce que je lis dans les gazettes.

» Ne réponds pas à cette lettre, car ta réponse courrait grand risque de ne point me parvenir. Ma prochaine te dira sans doute le lieu ou tu pourras m'écrire.

» Je termine en te donnant, ainsi qu'à toute la famille, et sans oublier celle du voisin Droulers, l'assurance de mon vif et sincère attachement,

» Ton frère,
» Justin GUISLAIN,
» Capitaine au 26ᵉ régiment de ligne,
» à l'ambulance de... »

Il ne fut question pendant huit jours à la cense Deleplanque que de cette lettre. Elle fut le sujet de toutes les conversation d'Albertine, d'Henri et du fermier.

Mais il fallut bientôt reporter ses regards ailleurs, car mille bruits inquiétants couraient dans la campagne.

La présence dans les environs de Lille de l'exilé Russe avait excité, on le sait déjà, la haine de tous les mauvais garnements du pays. Cette haine s'était étendue jusque sur les habitants de la ferme d'Esquermes, parce que Joseph Karly les avait pris sous sa protection.

Après le départ de ce dernier et de Lafutaie, Deleplanque et sa famille devinrent l'objectif des Frémaux, des Rassel et autre gredins qui ne virent dans ces pauvres gens qu'une proie facile à saisir en même temps qu'ils leurs fournissaient le moyen de se venger de la mort de plusieurs de leurs complices et de la contrainte qu'ils avaient été obligés de s'imposer, tant que le défenseur officieux de l'ordre avait habité Lompret. Mais, dès qu'il se fût éloigné, la trame ourdie autrefois fut remise sur le métier, et l'on dût s'attendre à voir de nouveau les mauvaises passions s'agiter, l'appétit du gain illicite renaître et la vengeance reprendre ses droits.

Ne nous étonnons donc point si le chemin du pont de Canteleu et celui de l'Arbonnoise, qui aboutissait derrière la ferme d'Albertine, était sillonné, chaque soir, par des gens inconnus au pays, gens qui ne cherchaient qu'à s'introduire partout où ils espéraient voler et piller.

Déjà, sous des déguisements différents, on avait vu Frémaux accompagné de Rassel dans les cabarets de Capinghem, de Sequedin et même d'Esquermes, en compagnie d'hommes dont la mine et la tournure suspectes n'inspiraient que l'effroi;

Ces apparitions durèrent quelques jours. puis, tout à coup, elles cessèrent. Pendant quelques mois, on n'en entendit plus parler.

Ceci cachait, à n'en point douter, quelque mystère que le hasard ou quelque circonstante fortuite devait dévoiler un jour.

Mais, n'anticipons point.

Vers ce temps-là, un militaire, un officier sans doute, si nous en jugeons par sa capote de drap fin et son bonnet de police à galons d'or, se dirigeait en s'appuyant sur une canne, vers Lille, par la route de Menin. C'était un homme à la fleur de l'âge, et dont la démarche était celle d'un troupier habitué aux longues étapes. Sa vue avait sans doute été affectée par quelque maladie, car il avait sous son bonnet de police une espèce de visière pour la garantir des rayons du soleil.

Au moment où nous le reconnaissons, il était arrivé à la rivière de Marcq, et se dirigeait sur la Madeleine.

Mais, soit fatigue, soit besoin de prendre quelque nourriture, notre voyageur, en passant devant l'auberge de St Bavent, y entra.

Ce cabaret mal famé et fort mal tenu, ne renfermait à ce moment, que quelques buveurs attablés dans la pièce principale.

On fit entrer le voyageur sans le faire passer par la salle commune, dans un cabinet situé sur la cour.

La brune était venue, mais comme il était aux portes de Lille, notre voyageur ne s'en inquiéta guère.

On lui servit un morceau de jambon et une canette de bière.

Tandis qu'il dégustait ce met favori des Lillois, deux buveurs s'étaient retirés dans la cour, afin de pouvoir causer à leur aise.

Malgré l'obscurité qui commençait, le

voyageur les vit bien s'approcher du cabinet dans lequel il était établi.

Mais il n'y fit pas attention d'abord.

Ce ne fut que lorsque leurs voix prirent un diapason plus élevé qu'il écouta leur conversation.

Elle lui parut si intéressante qu'il appuya en quelque sorte son oreille sur l'un des carreaux de la fenêtre, afin de mieux percevoir le son de leur voix.

— J'ai vu Jean-Louis, disait l'un de ces hommes ; il m'a dit qu'il irait encore ce soir à la cense d'Esquermes et à celle de Droulers.

Le militaire tressaillit.

— Les camarades sont-ils prévenus ? demanda l'autre.

— Je ne sais pas.

— Mais alors...

— C'est demain que Salembier leur dira le jour et l'heure où ils devront se trouver dans le verger de Pierre Deleplanque.

— Pierre Deleplanque ? fit le voyageur dont on aurait pu voir le visage pâlir, si l'obscurité avait été moins grande.

— Depuis que le Russe est parti de Lompret, il n'y a plus à la ferme que deux domestiques, une servante, le censier, son petit et sa femme : six hommes suffiront pour en venir à bout.

— C'est sûr, fut-il répondu.

— Oui mais, chez Droulers ?

— C'est Charles qui s'en charge.

— Il aura du monde avec lui ?

— Parbleu !

La conversation de ces deux hommes en était là lorsqu'un troisième personnage parut dans la cour.

A son approche, les deux premiers se hâtèrent de lui demander s'il apportait quelque chose de définitif.

— Oui, répondit le nouvel arrivant en baissant la voix. C'est pour demain au soir. Le rendez-vous est au pont de Canteleu, à onze heures.

— Bien !... En voilà assez sur ce chapitre, interrompit brusquement un de ceux qui étaient venus les premiers. A cette heure, allons boire une canette.

Et ces trois hommes rentrèrent dans le cabaret, où brûlait un crachet suspendu contre la muraille et qui ne donnait à cette pièce qu'une lumière insuffisante.

Le militaire n'attendit pas davantage, et, payant sa dépense, il se remit en route, non sans avoir été l'objet de la curiosité de ceux qui se trouvaient dans l'auberge.

En la quittant, le militaire était visiblement ému, et ce fut en proie à une vive appréhension qu'il marcha jusqu'à Lille, où il s'arrêta un moment pour réfléchir sur la conduite à tenir, relativement à la découverte qu'il venait de faire ; puis, reprenant vivement sa marche, il traversa d'un pas rapide le village de Wazemmes et entra dans Esquermes.

La nuit était venue, et malgré la faiblesse de sa vue, ce militaire alla droit et sans demander son chemin à la ferme de Pierre Deleplanque.

Il heurta à la grande porte.

On vint lui ouvrir.

Puis, on le conduisit à la cuisine, où étaient réunis Pierre, Albertine, leurs enfants et les domestiques.

A la vue de ce militaire, la fermière, par un de ces mouvements instinctifs qui sont le résultat d'un pressentiment inexplicable, s'écria en tombant dans les bras du soldat :

— Justin ! Justin ! mon frère !

Tout le monde se leva spontanément.

C'était en effet le capitaine Guislain qui, ayant obtenu un congé de convalescence, venait le passer au sein de sa famille.

Pierre s'empressa auprès de son beau-frère et lui fit une place auprès du feu qui pétillait dans l'âtre.

Henri, que son oncle embrassa à plusieurs reprises, pleurait de joie et le regardait avec une tendre curiosité.

Quant à Albertine, elle eut tant de peine à se remettre de sa surprise, qu'elle était restée sans voix depuis l'entrée de son frère.

Les domestiques, sur l'ordre de leurs maîtres, allèrent apprêter la chambre que devait occuper le capitaine, laissant celui-ci seul avec sa famille.

Lorsqu'ils se furent éloignés, Albertine apprit en quelques mots à son frère ce qui s'était passé à Lompret et à Esquermes.

Le capitaine en fut affligé, car il comptait revoir Du Vivier, Richard et Valérie, avec lesquels il avait eu des relations si amicales en Hollande. Il comptait bien aussi embrasser Joseph Karty, dont Richard l'avait si souvent entretenu, ainsi que le brave Lafutaie, ce vieil ami de son père.

— Maintenant, mes chers amis, dit le capitaine en prenant la main de sa sœur et celle de Pierre, j'ai à vous parler d'une chose que j'ai saisie au passage, il y a une heure, et qui vous intéresse au dernier point.

— Quoi donc, frère? demanda Albertine.

— Il y a toujours des mauvais sujets dans ce pays, à ce qu'il paraît? demanda Justin.

— Hélas! répliqua la fermière; depuis deux ou trois ans, nous sommes continuellement dans les transes. Après les rômeurs et les incendiaires, voici que maintenant on annonce dans nos contrées la présence des chauffeurs.

— Dont le chef est, dit-on, un nommé Salembier? demanda Justin.

— On ne parle que de lui et de ses cruautés, répondit la fermière.

— Eh bien! c'est de lui et de ses acolytes que j'ai à vous parler.

— De Salembier? exclama la censière avec effroi.

— Des chauffeurs? interrogea Deleplanque.

— Oui, frère; je crois du moins que j'ai eu affaire ce soir à trois de ces brigands-là.

— Comment ça s'est-il fait?

Et le capitaine raconta ce qu'il avait entendu dans l'auberge de St-Bavent.

— Comment! ces gueux-là ont parlé de nous? demanda la fermière toute tremblante.

— Certainement, répondit Justin, et c'est demain qu'ils doivent venir ici.

— O mon Dieu! exclama la fermière en pâlissant affreusement.

— Femme! reviens à toi! fit Pierre en voyant Albertine réprimer un frisson.

— C'est malgré moi que je tremble, en entendant parler de ces monstres-là, dit Albertine.

Puis, s'adressant de nouveau à Justin:

— Sais-tu l'heure?

— Onze heures du soir.

— Il faut les devancer, dit Pierre.

— C'est ce que je compte faire, répondit le capitaine. Je connais le lieu du rendez-vous.

— Où ça?

— Au pont de Canteleu.

— Mais c'est à deux pas! fit Albertine.

— Je le sais, répondit le capitaine.

— Malheur! s'écria la fermière; pourquoi n'avons-nous plus là monsieur Joseph, il nous serait si utile.

— Est-ce que je ne puis pas le remplacer? demanda l'officier un peu piqué.

— Si... Mais c'est que celui-là avait des ruses que tu ne connais peut-être pas.

— Je compte cependant bien porter à ces gueux-là une botte dont ils se souviendront, répliqua le capitaine en frisant sa moustache.

— Brave frère! dit Pierre à son tour, que nous sommes heureux de vous avoir dans un moment aussi périlleux.

— Allez, frère, je me souviens de certaines ruses de guerre, que je vais employer, et qui nous réussiront, je vous le promets.

— C'est égal, dit Albertine, je vais mourir de peur cette nuit.

— Allons, allons, petite sœur, ne tremble pas. D'ailleurs, si tu veux, je passerai la nuit au coin du feu?

— Est-ce que je souffrirais ça? dit la fermière. J'aimerais mieux la faire passer à mes deux domestiques, s'il ne fallait pas les mettre un peu dans la confidence.

— Non! il faut que jusqu'à demain matin personne dans le pays de sache ce que nous ferons le soir. Et puis, mes chers amis, ajouta-t-il, dites-moi encore: Etes-vous sûrs de vos domestiques?

— Je réponds des deux qui sont ici, ainsi que de Zabette, qui était la domestique de M. Richard. C'est une fille brave, fidèle, et qui vaut un homme. Elle a fait ses preuves.

— Où est-elle donc ?

— A la veillée, chez la voisine Droulers.

— Droulers! fit le capitaine en passant sa main sur sa figure. La pensée de Catherine lui était venue à l'esprit; mais il la chassa pour revenir à son sujet.

— N'occupez-vous que ces gens-là ? demanda-t-il aux fermiers.

— Nous avons encore deux batteurs, dit Albertine, mais il n'y a pas à s'en méfier, ce sont des gens honnêtes du pays.

— N'importe, j'aurai l'œil sur tout ce monde-là. Seulement, ne dites à personne du village que je suis ici. Tu entends, Henri ? ajouta le capitaine en s'adressant à son neveu. Tu entends ?

— N'ayez pas peur, mon oncle ; et même, si vous avez besoin d'un éclaireur, je suis bon pour ça. Je passerais dans un trou de souris, s'il le fallait.

— Bien! bien! murmura Justin, et, si tous les trois vous êtes sûrs de la discrétion des vos domestiques, engagez-les à ne point parler de ma présence à Esquermes, et pour plus de sûreté, envoyez les aux champs demain de bon matin, avec recommandation d'y rester toute la journée.

— Ce sera d'autant plus facile, dit le censier, que leur besogne est très éloignée d'Esquermes : ils ne reviendront pas d̂ ̃ r.

— A merveille, ajouta le capitaine. Et maintenant, un morceau sur le pouce et allons nous coucher.

— Je vais au plus vite mettre la table, dit la fermière.

— Inutile, bonne sœur ; j'ai pris un à-compte à Saint-Bavent, je n'ai guère faim.

Le repas ne fut ni long ni gai.

Le capitaine ne comptait guère passer une soirée si peu en harmonie avec les idées riantes qu'il avait nourries pendant son long voyage. Au lieu de la joie qui débordait de son cœur, il était, depuis la confidence reçue au cabaret de Saint-Bavent, en proie à une tristesse qu'il essayait de cacher à sa famille. Mais son âme, au-dessus de toute faiblesse, n'y laissa pénétrer aucune crainte. Il ne trembla que pour sa sœur, dont l'état lui faisait peine à voir Ce fut à Pierre qu'il laissa le soin de la rassurer et de lui rendre le calme dont elle avait besoin.

Les domestiques revinrent annoncer que la chambre de Justin était prête, et l'on se sépara.

Pierre Deleplanque engagea ses gens à visiter les environs de la ferme, et lorsque Zabette revint de chez Droulers, chacun alla se mettre au lit.

XXIX.

Catherine et Justin. — Le jeune diplomate. — Le déguisement. — Les deux officiers — La conspiration. — Portrait de Salembier. — Une horrible leçon de brigandage. — Les chauffeurs hésitants. — Leur chef les terrifie. — La chanson du bandit.

On se rappelle que le capitaine était resté un moment irrésolu, lorsqu'il fut entré dans Lille.

Il réfléchissait s'il devait immédiatement aller rendre compte à l'autorité, de ce qu'il avait recueilli à St-Bavent. Mais, il fit la remarque fort judicieuse, du reste, que ces gens là auraient peut-être gagné le large, lorsque la gendarmerie arriverait au cabaret, et qu'il était inutile d'ébruiter le complot, puisqu'il connaissait le lieu de réunion des conspirateurs. D'ailleurs, il avait hâte de prévenir les gens de la ferme et le censier Droulers.

On vient de voir cependant, qu'il ne parla pas d'aller voir ce dernier, quelque désir qu'il eût d'embrasser sa Catherine, et qu'il réservait pour le lendemain toutes choses pouvant servir à faire tomber dans ses filets, les coquins dont il venait de voir les échantillons.

Ainsi que Deleplanque l'avait promis à son beau-frère, les ouvriers de la ferme partirent dès le matin, pour ne revenir que le soir. Albertine leur avait fait promettre de ne rien dire de l'arrivée de Justin.

Ils lui en donnèrent l'assurance et ils tinrent leur parole.

Sitôt qu'ils furent partis, Henri, sur l'ordre de son oncle, alla chez Droulers, pour l'engager à venir à la cense avec sa famille.

Quelque minutes après, tout le monde était réuni chez Pierre.

On ne doit pas douter du bonheur de Catherine en revoyant son Justin, non plus que de l'accueil, que lui firent Droulers et ses gens.

Après les épanchements d'une tendresse mutuelle de la part des deux familles, voisines l'une de l'autre, Pierre fit connaître à Droulers le péril dont il était menacé et celui non moins grand qu'il courait lui-même.

Chacun trembla pour sa vie.

Mais le capitaine rassura tout le monde, et, pour donner une preuve du soin qu'il mettait à écarter tout danger, il appela Henri et lui dit :

— Petit, tu vas courir jusqu'à Lille.

— Oui, mon oncle.

— Tu iras trouver le lieutenant de gendarmerie. Tu sais où il loge ?

— Oui, mon oncle ; à la caserne.

— Eh bien, tu lui remettras cette lettre, que j'ai écrite ce matin.

— Oui, mon oncle.

— Tu ne diras à personne où tu vas.

— Non, mon oncle.

— Tu tâcheras qu'on ne te voie pas, de la rue, entrer dans la caserne.

— Soyez sans inquiétude, mon oncle. Je vous ai dit que s'il le fallait, je passerais par le trou d'une souris.

— C'est bien. Je compte sur ton intelligence, mon enfant. Songe qu'il y va de la vie de ton père, de ta mère et de celles de ces bons et braves voisins.

— Je n'aurai garde d'oublier ça, mon cher oncle. Donnez-moi vite cette lettre, que je la porte.

— La voici, répondit le capitaine en la tirant de la poche de sa capote.

— Faudra-il vous rapporter une réponse ? demanda le rusé garçon.

— Certainement. Et songe que je ne te donne pas plus d'une heure pour aller et revenir.

— C'est peut-être un peu court, mon oncle, car il y a loin, dit Henri. Mais j'ai de bonnes jambes, et j'espère être revenu dans une heure.

L'enfant prit la lettre, la fourra dans sa poche, et partit comme un trait se dirigeant vers la porte de la Barre.

Pendant son absence, Justin changea de vêtements.

Il enleva sa capote et son bonnet de police, changea son pantalon de drap contre un en treillis, endossa un sarrau, et se couvrit la tête d'un chapeau à trois cornes qui venait de son père.

Quant à son sabre, il le plaça dans un lieu qui lui permit de l'y trouver lorsqu'il en aurait besoin.

Une seule chose le chagrinait, c'était de faire le sacrifice de ses moustaches. Chose très grave, en effet, pour un soldat. Mais il résolut de ne le faire qu'au dernier moment. D'ailleurs, il est si facile de faire tomber cet objet auquel tiennent tant les militaires : un coup de ciseaux et l'affaire est faite.

Il garda donc cet ornement, qui allait si bien à sa figure martiale.

Henri arriva.

Il avait mis cinq quarts-d'heure pour faire sa course.

Son oncle ne lui fit aucune observation.

C'est que, comme l'avait dit l'enfant, il y avait loin des bureaux de la place de Lille à Esquermes.

— Eh bien, garçon, as-tu vu le lieutenant ?

— Oui, mon oncle ; à telle enseigne qu'il m'a donné ce petit billet pour vous.

— Voyons ! fit le capitaine en rompant le cachet.

Puis, après avoir lu :

— Mes amis ! dit-il à sa famille et à celle de Droulers qui avait attendu le retour du petit messager, nous ne serons pas seuls. Le lieutenant me promet d'être ici dans deux heures pour nous entendre avec lui.

Et comme c'était l'heure du dîner, chacun, afin de ne pas éveiller les soupçons, mangea chez soi.

Le lieutenant arriva comme il l'avait promis.

Lorsqu'il fut en présence du capitaine, il posa la main à sa coiffure, comme un inférieur qui se trouve devant son supérieur.

Justin l'était, en effet ; mais après quelques paroles échangées entre eux, les grades disparurent, et il n'y eut plus que deux compagnons d'armes qui se tendirent la main comme des frères.

Alors commença entre ces deux militaires une conversation aussi intéressante par les moyens qu'on devait employer que par la stratégie dont on allait faire usage contre les chauffeurs ; mais Pierre Deleplanque et sa femme ne comprirent guère les expressions techniques dont se servirent le capitaine et le lieutenant. Seulement, ils remarquèrent, dans leur attitude et dans leurs regards, une satisfaction qui était de bon augure pour le résultat de leurs combinaisons, et cela leur suffit.

Inutile alors de rendre, même d'une manière succincte, compte de cet entretien, qui va bientôt se traduire, du reste, par des faits, que le lecteur sera à même d'apprécier et de juger, s'il veut bien nous suivre.

Lorsque le militaire en congé fût sorti la veille du cabaret de Saint-Bavent, les buveurs chuchottèrent quelques instants ensemble, et le nom de Salembier sortit souvent de leurs bouches avinées.

D'autres buveurs vinrent bientôt leur tenir compagnie et les canettes se succédèrent jusqu'à dix heures.

C'était le moment de la fermeture de l'établissement.

Le cabaretier, sans prévenir les buveurs, allait verrouiller son bouge, lorsqu'un homme, qui venait du dehors, le repoussa brusquement en dedans et fit irruption dans la salle commune.

A son aspect, un nom s'échappa de la poitrine des dix ou douze personnes réunies là.

— Salembier!... dirent elles en même temps.

Le cabaretier se hâta de fermer sa porte, tout en regardant avec curiosité le nouveau venu, détacha le crachet suspendu à la muraille et alla le placer dans le corridor qui, de cette pièce, conduisait à la cour.

Ce corridor et le cabinet, où s'était reposé Justin en arrivant à Lille, pouvait contenir ces dix ou douze personnes.

Ce fut là qu'on se fit servir à boire.

Le cabaretier et sa femme devaient être

d'intelligence avec ces gens là, car ils vinrent prendre place à leurs côtés.

Salembier paraissait être le chef de la bande, et pourtant Louis Frémaux était là, ainsi que Rassel ; mais ces deux mauvais garnements étaient fascinés par un homme dont la réputation de pillage, de meurtre et de brigandage était telle dans le Nord qu'à son nom seul les villageois tremblaient de tous leurs membres.

Son physique, du reste, méritait la réputation qu'on lui avait faite.

Qu'on se figure un torse d'athlète, sur des jambes dignes d'hercule, des bras musculeux et capables de soulever sans effort, une rondelle de bière : une taille élevée et des mouvements semblables à ceux du tigre et de la panthère. Une tête assez commune, il est vrai, mais avec des yeux d'une mobilité extrême et qui semblaient vouloir transpercer ceux sur lesquels il les arrêtait. Des cheveux noirs et crépus donnaient à la physionomie de cet homme quelque chose de cruel, qu'augmentaient encore d'épais favoris, qui encadraient ce visage, qu'on ne pouvait regarder sans éprouver un frisson involontaire.

Tel était Salembier, le chef des chauffeurs du Nord.

Il excerçait un grand ascendant sur les coupe-jarrets qu'il commandait.

Lorsqu'il eut constaté que tout son monde était là, Salembier prit la parole :

— Il y assez longtemps, n'est-ce pas, que vous végétez, que vous suez sang et eau pour vous procurer le nécessaire.

— Il y a trop longtemps que ça dure, répondit Frémaux.

— Eh bien! je suis venu de Mons pour vous fournir les moyens de vous soustraire à cette existence de brutes. Vous avez promis de suivre mes conseils?

— Oui! hasarda le jeune Rassel, et il n'est que temps.

— Je suis venu, vous disais-je, pour vous instruire sur ce que vous aurez à faire, lorsque vous serez parvenu à entrer dans la ferme.

— Voyons un peu, fit Rassel avec empressement.

Et toute la bande se pendit aux lèvres de Salembier, afin de ne pas perdre une seule des paroles qu'il allait prononcer.

— Voici ce que j'ai enseigné aux braves qui m'ont accompagné dans mes expéditions depuis que je suis dans ce pays. Ecoutez bien.

Puis, après une pause de quelques secondes :

— D'abord, mes chérubins, quand vous vous serez emparés d'une cense, d'un château isolé ou de toute autre habitation, il faudra en garder les issues, mettre la main sur les habitants, n'écouter ni leurs prières, ni leurs lamentations et vous moquer de leurs larmes. Ensuite, il faudra les lier fortement, les bâillonner s'ils crient, allumer un grand feu, les faire asseoir, ou, si vous le pouvez, les traîner jusqu'à l'âtre et leur exposer les pieds à la flamme, tant qu'ils ne vous auront pas fait connaître le le lieu où ils cachent leur argent. Si malgré la grillade, ils s'obstinent à garder le silence, que vos couteaux ou vos pistolets les envoient rejoindre le père éternel.

— Rien n'est plus facile que d'en venir à bout, répondit Salembier. Accrochez en un au crampon qui tient la crémaillère, passez, si c'est possible, un bâton ou une barre de fer en travers de la cheminée, et, quels qu'ils soient, hommes, femmes, filles ou enfants, pendez les moi par les pieds et la tête en bas, devant le feu, et vous verrez bientôt les langues se délier.

— Et s'il y a révolte, si l'on appelle au secours ?

— Faites cesser leur révolte et empêchez les cris en les tuant sans pitié, sauf à être obligés ensuite de remuer la maison de fond en comble, pour trouver l'argent s'il y en a.

— Et si nous sommes surpris? demanda la cabaretière.

— Oh! alors, fit Salembier, aux grands maux les grands remèdes. Il faudra tuer ou se faire tuer, éventrer ou se faire éventrer, et surtout ne pas se retirer sans mettre le feu à la cassine.

Salembier avait cependant autour de

lui une quinzaine de gens de sac et de corde, mais après l'avoir entendu, les gredins se regardèrent et ne parurent plus aussi résolus. Ils avaient bien un peu risqué leur peau dans maintes affaires, mais il fallait maintenant se mêler à une action sanglante et pleine de périls : ils eurent peur.

Salembier s'en aperçut.

— Mille z'yeux! Voilà que vous tremblez comme des poules mouillées. Me serais-je trompé en disant que vous étiez tous des lurons de la ganse?

— Non!... mais, c'est que nous n'avons jamais travaillé avec vous... et...

— Et vous n'avez jamais vu le feu.

— Si... si... mais...

— Allons! pas de mais! s'écria Salembier avec un ton d'autorité qui n'admettait pas de réplique. Voulez vous, oui ou non, venir demain à Esquermes?

— Sans doute! répondit Rassel de sa voix rauque Sans doute, que nous irons.

— Nous le voulons! ajouta Frémaux, n'est-ce pas, vous autres?

— Oui! oui! répondit en chœur l'assemblée.

— C'est bon! fit Salembier.

— Je saurai bien les faire marcher, dit à son tour la cabaretière, en roulant ses yeux éraillés dans leur orbite sanguinolent et en donnant à sa bouche un rictus effroyable. Je leur donnerai l'exemple, ajouta-t-elle, et nous verrons bien si les hommes sont plus capons que les femmes.

— C'est bien çà, Madeleine! exclama Salembier, je suis sûr à cette heure que les compagnons ne refuseront pas de marcher.

— Je l'espère bien! ajouta la mégère.

— Allons Constant, — c'était le nom du cabaretier, — un verre d'eau-de-vie et convenons de nos faits pour demain.

Tandis que le cabaretier ainsi interpellé préparait les verres, et que sa femme allait chercher la bouteille au brandevin, Salembier dit :

— Entendu, n'est-ce pas? Demain à onze heures, au marais, près du pont de Canteleu.

A onze heures ; c'est dit.

— Vous ne viendrez pas sans crucifix à ressort surtout.

— Assuré, dit Rassel.

— Eh! Frémaux, interrogea Salembier.

— Quei?... fit celui-ci, qui paraissait contrarié de n'être pour rien dans les ordres que ce chef nouveau donnait depuis son arrivée. Que veux-tu ?

— Tu as toujours ton petit arsenal?

— Toujours!

— Tu diras aux amis où ils te trouveront pour recevoir des armes.

— Sûr! que je le leur dirai.

— Quelles sont ces armes?

— Pistolets, fusils, sabres, baïonnettes et couteaux.

— A merveille.

On but encore une rasade d'eau-de vie, et ces libations, jointes à celles qui les avaient précédées, mirent les coquins dans un état d'ébriété dont Salembier voyait les progrès avec un froncement de sourcils significatif; aussi se hâta-t-il de leur dire :

— En voilà assez comme ça. Il ne faut pas perdre la tête, si nous ne voulons qu'on nous la coupe un jour, et, si vous m'en croyez, nous filerons chacun chez nous.

— Un moment, fit Rassel dont l'ivresse l'avait rendu loquace. Un moment ; avant de partir, je veux chanter ma chanson, une chanson de Brûle-Maison, que j'ai eu la patience d'apprendre cette semaine.

— Oui, Charles, chante-nous la chanson de Brûle-Maison, dirent les bandits.

— Pas trop haut, petit, interrompit Salembier en s'adressant à Charles ; il peut y avoir du monde sur le chemin.

— Jamais à cette heure, dit Madeleine en vidant son verre d'eau-de-vie.

— Non, jamais! ajouta le cabaretier en imitant sa chère moitié.

— Eh bien! je commence, fit Charles Rassel en se levant, le verre à la main. Ecoutez ça, c'est *le Tourquennois engagé milice*. Avis à ceux qui veulent prendre du service à l'armée.

LE TOURQUENNOIS
ENGAGÉ MILICE.

Véant qu'on donnoit de l'argent,
Au villag' de Louise,
J'vis donné mon consentement,
Pour m'engager mélice,
Ayant vu aveuc un bâton
Que j'avais la mesure,
Y m'ont donné chent patacons,
Pour deux mots d'écriture.

Un biau capiau on m'a baillié,
Aveuc eune biel' cocarde,
Un chinturon et eune épée,
Aveuc un' biel' casaque ;
Un fourniment et un fusi,
Pour mi faire l'exerciche,
Et un chacun dira de mi :
Que v'la un biau miliche.

Lorsque j'en m'n argent en main,
Comme on me l'avait fait offre,
Je l'ai donné à min parrain,
Il l'a mis din siu coffre ;
Quand le roi me remerchira,
Revenant au vilage,
Je trouverai min argent drola,
Ché sera min mariage.

Tout depuis que je su var'é,
A t' majon Jean Glaude,
Je n'ai point encore su conquié,
Deux écus l'un su l'autre :
Quand vous avez chonq' livres au plus,
Vous croyer être un prinche,
Tout cha s'en va à l'Enturin,
En buvant le dimenche.

Vous roulez du soir au matin
Deven le bren de vaque ;
Y vous faut essuer vos mains
Au pan d' vo casaque ;
Quand vous allé ouvré à camp,
Vous tranné comme eun' feuille ;
On vous récauffe en revenant
Aveuque du fu d'éteulle.

En plain août, quand y fait caud,
Vous êtes à vo n'ouvrage,
Vous faut toudi boire de l'iau ;
Ressué vo visage :
A vos repas, des pos passés,
Aveuque du pain noir,
J'en n'arai, étant engagé,
Du pu blanc que d'eyvoire.

Au lieu d'un fléau, d'un louchié,
J'arai un biau fusique ;
On le tient avec le bras ployé,
Ch'est tout comme eun' relique ;
Si vient à passer tout d'un cot
L'officié-coronnelle,
Faut tenir vo arme aussitôt
Droite comme eun candelle

Lorsque je crierai qui va là,
A l' majon de che trésor,
Aussitôt on mé répondra :
Ché mi, ronde-major,
N'avanche pas, car j' su chi,
De l' part de ch' corporade ;
J' ti déclaqu'rai men fusi,
Quant te serot un diale.

Adieu les traus et les traués,
Les loges et majonnettes,

> Et autres endroits que j'ai été
> Pour faire m'en amourette ;
> Adieu Mad'laine, adieu Caton,
> Marie-Jeanne et Louise,
> J' vos vire ché ron don don,
> Aveuque tous chés milices.

On allait applaudir le chanteur, mais, sur un signe de Salembier, on n'en fit rien.

— Tout est bien convenu, dit celui-ci, lorsque Rassel eût terminé son chant.

— Oui, répondirent à la sourdine les quinze sacripants.

— En ce cas, filons notre nœud, et demain, avec armes et bagages, au Marais, près de Canteleu, dit le chef.

— On n'y manquera pas.

— Toi, cabaretier de malheur, dit encore Salembier, tu laisseras ta porte ouverte. On ne sait ce qui peut arriver. Si nous sommes obligés de jouer des jambes, c'est ici que nous nous retrouverons.

— Sois tranquille, répondit la cabaretière, les yeux écarquillés et les joues injectées de sang, c'est moi qui ferai faction, un œil au guet sur Lambersart et l'autre sur la Madeleine.

Certains que la harpie tiendrait parole, les bandits sortirent de son bouge et se répandirent dans la banlieue de Lille, depuis Mons-en-Barœul jusqu'à Capinghem.

XXX

L'ATTAQUE DE LA FERME

Le lendemain, lorsque les laboureurs furent rentrés des champs, Justin les réunit aux ouvriers de ferme et aux gens de Droulers, qu'il envoya chercher.

Lorsqu'ils furent tous rassemblés chez Deleplanque, autour de leurs maîtres, Justin envoya Henri en éclaireur, autour des deux habitations, afin que personne ne puisse les surprendre Henri, qui comprenait à demi mot, se mit donc à parcourir les alentours et à fureter dans tous les coins.

Le capitaine, à peu près sûr qu'on ne viendrait pas le troubler avant l'arrivée des gendarmes, s'adressa à l'assemblée.

— Amis, dit-il, j'ai une triste nouvelle à vous apprendre. Cette maison et celle du voisin Droulers seront attaquées dans quelques heures par les chauffeurs.

— Par les chauffeurs? exclamèrent valets et ouvriers de ferme.

— Par les chauffeurs; Salembier en tête, dit le capitaine.

— Salembier! murmurèrent en tremblant les paysans.

— Ne vous effrayez pas, répliqua Justin. Salembier n'est qu'un homme et nous en aurons raison. Oui, ajouta-t-il, c'est à onze heures qu'ils doivent essayer de pénétrer ici; mais ils trouveront à qui parler.

— Les brigands! s'écria Ludovic, le fiancé de la malheureuse qui était morte de chagrin au moment de devenir sa femme. Les maudits! qu'ils viennent donc. Et toi, infâme Salembier, toi, le meurtrier de Marie, viens donc aussi!.. Je veux mourir sur l'heure, si je n'en tue pas un ou deux de ta bande.

— Bien, jeune homme! fit le capitaine en lui frappant sur l'épaule. Bien! et je suis certain que pas un de ceux qui sont ici, ne refusera d'en faire autant.

— Non! non! capitaine, répondirent les paysans.

— Et moi toute la première.. ajouta Zabette

— Qu'on nous donne des armes!.. dit un paysan.

— Et je montrerai que je sais m'en servir, ajouta la servante. Qu'on nous assigne des postes.

— Qu'on nous conduise aux brigands! fit Ludovic.

Telles furent les exclamations qui retentirent aux oreilles du capitaine, satisfait de cet élan de bon augure.

— Tout à l'heure, vous serez instruits de ce que vous aurez à faire, interrompit Justin; mais, auparavant, il faut que chacun de vous aille s'aboucher avec quelque camarade du village, que vous nous amènerez ici. Seulement, faites le meilleur choix possible et ne leur dites pas dans quel but vous les appelez à la ferme, je le leur dirai lorsqu'ils seront avec vous.

— Capitaine, répondit Ludovic, il sera fait comme vous le désirez.

Les hommes se dispersèrent dans les rues d'Esquermes, tandis que les femmes, Zabette exceptée, le cœur palpitant d'émotion, se serraient les unes contre les autres.

Albertine, comme sa domestique, faisait aussi exception, car elle s'occupait à ramasser dans tous les coins de l'habitation, les armes défensives de toute sorte, qu s'y trouvaient.

Elles furent réunies dans un seul endroit.

Parmi ces armes figuraient les fusils, les pistolets et les munitions laissées par Joseph Karty.

A neuf heures, le lieutenant de gendarmerie et ses hommes déguisés arrivaient à la cense.

Il en avait échelonné quatre ou cinq sur le chemin de Canteleu à Esquermes, avec ordre de se replier sur la ferme à la moindre rencontre suspecte.

Ces militaires s'étaient blottis dans les fossés et dans les buissons, afin de pouvoir mieux guetter le passage des bandits.

Les paysans, de leur côté, après avoir racolé le plus de défenseurs qu'ils purent, revinrent, et le lieutenant, après les avoir inspectés et reconnus, procéda sans délai à leur armement.

Les fusils et les pistolets chargés furent mis aux mains des plus habiles, et les sabres, ainsi que les instruments aratoires, à celles qui savaient les manier.

Quant aux femmes et aux enfants, la cave de Droulers, qui était très spacieuse, fut désignée pour les recevoir.

La séparation n'eut pas lieu sans douleur et sans appréhension.

Qu'allait-il arriver, en effet?

Qui pouvait le prévoir?

Se retrouverait-on morts ou vivants?

Madeleine se lamentait et Justin eut beaucoup de peine à lui faire rejoindre ses compagnes.

Quant à Zabetie, armée d'un pistolet, elle ne voulut point descendre dans la cave.

Il en fut de même d'Albertine, qui ne voulut, dans aucun cas, quitter son mari, son fils et son frère.

Elle voulait, disait elle, partager leurs périls, mourir ou vaincre avec eux.

Henri, tout joyeux que son oncle ait voulu, en lui donnant un pistolet, l'admettre parmi ceux qui allaient affronter les danger d'un combat, Henri dressait sa petite taille et marchait de long en large dans la cuisine, avec une crânerie qui faisait plaisir à voir.

La femme de Droulers, moins brave qu'Albertine, avait rejoint les femmes, après avoir embrassé son mari.

Elle fondait en larmes en le suppliant de ne pas trop s'exposer.

Le capitaine compléta son armement.

Les sabres étaient distribués Il ne restait plus que quelques coutres de charrue, des faulx que l'on avait démanchées, des fourches et des crocs à fumier.

Cette opération terminée, tout le monde avait de quoi se défendre.

Le lieutenant distribua ensuite les postes, tant chez Droulers qu'à la cense Deleplanque, et donna le mot d'ordre à chacun.

A dix heures et demie, une vingtaine de gaillards, ayant à leur tête quelques gendarmes, furent placés par le lieutenant et par le capitaine, dans le verger et autour des deux fermes. Ils se blottirent contre les bâtiments en saillie, sous les hangars et derrière une meule de paille qui était au centre du verger.

Il avait été convenu, en outre, qu'on n'agirait pas sans ordres et que l'un de ces ordres consisterait dans ces mots : En avant! jetés au milieu du silence de la nuit par la voix de basse-taille du lieutenant de gendarmerie.

Toutes ces choses réglées, l'heure approchait.

Tout le monde l'attendait avec anxiété.

Bientôt, les gendarmes envoyés en reconnaissance revinrent à la ferme par des détours qui devaient dérouter les bandits.

— Alerte! alerte! dit le brigadier lorsqu'il fut près de son chef. Les voici!... ils sont sur nos talons.

Tous les combattants, sur un ordre du lieutenant et du capitaine, allèrent occuper la place qu'on leur avait assignée.

Il n'y avait pas deux minutes qu'ils étaient là, que cinq hommes parurent dans le verger, qui était sans clôture du côté de l'Arbonnoise.

Ils n'avancèrent qu'en s'entourant de toutes sortes de précautions. Ils se mirent à explorer avec soin toute la surface du verger, ne se doutant guère qu'ils passaient à deux pas des gens de la ferme, blottis ou couchés dans les haies.

Ils gagnèrent ainsi les bâtiments qui séparaient les deux fermes.

Ils furent presque immédiatement suivis par cinq autres; puis enfin par quatre que Salembier accompagnait.

Ces quatorze vauriens étaient armés, comme les gens de la ferme, de sabres et de pistolets; mais ils n'avaient pas, comme eux, ces terribles armes blanches, si redoutables lorsque l'on combat corps à corps.

Le capitaine et le lieutenant les laissèrent pénétrer dans les cours; puis, lorsqu'ils furent entrés, on les y suivit en se glissant le long des murs et l'on ferma les portes sur eux.

Ils étaient pris comme dans une souricière.

L'obscurité était profonde, et si la manœuvre avait été assez facile pour les gens des deux fermes qui connaissaient les lieux, il n'en fût pas de même pour les chauffeurs, que commençait à effrayer le silence profond qui régnait autour d'eux.

Chez Droulers, comme chez Deleplanque, les brigands se mirent à palper les portes et les fenêtres.

Puis, sur un ordre de Salembier, qui commandait chez la fermière d'Esquermes, et sur celui de Frémaux, qui conduisait les chauffeurs chez Droulers, ils se mirent en devoir de crocheter les portes et d'ébranler les barreaux de fer que Karty avait fait placer aux fenêtres de la ferme Deleplanque.

Mais on ne leur en laissa pas le temps.

Les mots : En avant ! lancés par le lieutenant d'une voix qui fit trembler tout le monde, devint le signal de l'affreux combat qui allait avoir lieu.

Puis, de la cour de Droulers comme de celle d'Albertine, une rumeur effroyable, des cris discordants, des blasphèmes, des paroles ordurières, obscènes, devinrent les précurseurs de la lutte qui s'engagea aussitôt.

— Tonnerre de D...! nous sommes trahis! s'écria Salembier, exaspéré, furieux. Enfants! ajouta-t-il, pas de quartier!...

— Mille millions de diables! s'écria Frémaux de son côté. A mort! tous ces chiens-là!

— Oui. A mort! à mort! répéta Charles Rassel.

Toutes ces menaces étaient plus faciles à lancer aux esquermois que de les exécuter ; car, en un clin-d'œil, les chauffeurs furent entourés par leurs nombreux antagonistes, qui venaient de jeter le désarroi dans leur troupe.

Les deux cours devinrent alors un véritable champ de bataille.

Les cris des brigands, exaspérés, le bruit des vitres volant en éclats, les vociférations des combattants, réveillèrent les habitants d'Esquermes, de Wazemmes, qui, tous, se dirigèrent par l'Arbonnoise et par la grande rue vers la ferme de Deleplanque.

La lutte était commencée.

Le lieutenant, le capitaine et la fermière, accompagnés d'Henri, en se mettant à la tête des paysans, se disposèrent à braver tous les périls.

Le fils de la fermière, qui se glissait partout comme un serpent, était parvenu à acculer un chauffeur contre la margelle du puits de la ferme, et, appelant à son aide Ludovic, dont il entendait la voix à ses côtés, ils le prirent tous les deux par les jambes et le précipitèrent au fond de cette citerne, dans laquelle il y avait six pieds d'eau.

L'enfant ne s'en tint pas là. Le procédé lui ayant réussi, il courut comme un cerf en prenant les derrières de la ferme, jusque dans la cour de Droulers, où Frémaux essayait, mais en vain, de se défendre

En moins d'une minute, un second chauffeur était jeté dans le puits de Droulers, après avoir essayé de décharger ses armes qui ne blessèrent personne.

Mais déjà la foule accourait aux deux fermes menacées, où la mêlée s'éclaircissait comme une forêt livrée aux bûcherons, c'est à dire que le nombre des bandits était diminué à ce point qu'il n'en restait plus que les deux tiers

Albertine, parvenue à se rapprocher de son frère, lui avait montré, dans l'ombre, un homme de taille élevée et d'une forte corpulence, qui se glissait le long des bâtiments, sans doute dans le dessein de déserter le champ de bataille

Le capitaine saisit le bras de sa sœur, l'engagea à s'agenouiller comme lui, et là, cachés entre les branches d'un buisson, ils virent le fuyard, lâchèrent leur coup de fusil, et le colosse roula par terre, sans proférer un seul cri.

C'était Salembier que la fermière venait d'abattre.

A ce moment, les habitants étaient parvenus jusqu'aux portes des deux fermes, qu'ils ouvrirent sans difficultés et d'un seul élan.

Ils se répandirent aussitôt dans les cours et dans le verger.

Tout à coup, un cri partit des rangs des gendarmes et des ouvriers de ferme.

Ce cri, jeté à dessein aux auxiliaires qui leur arrivaient, réunit les uns et les autres en une masse compacte.

— Amis, à l'ouvrage! exclama le lieutenant de sa voix de stentor. En avant, capitaine! ajouta-t il; tuons tout ce qui reste.

Les deux partis se ruèrent l'un contre l'autre.

Il y eut là bien des chauffeurs d'abattus; mais un garçon de ferme devint leur victime. Le pauvre diable resta étendu d'un coup de pistolet sur le fumier de la cense Deleplanque.

A la vue de cette première victime des bandits, on se serra de nouveau et l'on égorgea, l'on éventra sans miséricorde ceux de ces misérables qui étaient encore debout

Le sang coula de toutes parts. Les armes retentirent par les deux bouts, c'est à dire que crosses et canons tiraient ou assommaient. Les armes s'ébréchèrent, les fourches s'émoussèrent, les baïonnettes des gendarmes se tordirent ou se cassèrent; de telle sorte que les chauffeurs, qui ne s'attendaient pas à un semblable bataille, fuyaient éperdus dans tous les coins.

On eut alors bon marché d'eux.

Une scène atroce eût lieu dans un angle de la cour de Deleplanque.

Un chauffeur, poursuivi par Justin, se voyant perdu sans ressources, lui tendit son arme pour lui montrer qu'il en avait assez.

Le capitaine exaspéré, d'un coup de sabre, lui abattit le bras, et, poussant son arme en avant, il sentit la lame faire un trou dans le ventre du brigand.

L'officier était tellement hors de lui qu'il plongea plusieurs fois son sabre dans le corps du chauffeur, et qu'il en boucha les plaies saignantes qu'il avait faites, avec le talon de son soulier.

Le misérable vociférait, hurlait.

Justin, en l'entendant pousser des cris de douleur et d'angoisse, sentit pourtant son cœur se fondre.

Il eût alors tout donné pour lui rendre la vie.

C'est bien là le caractère du soldat français : terrible dans le combat et faible comme un enfant devant un ennemi vaincu.

Mais, ici, était-ce bien des adversaires dignes de pitié ? Evidemment non.

Lorsqu'on eût écrasé ces malfaiteurs de la pire espèce et que les lanternes furent allumées, l'on parcourut le champ de bataille.

Il y avait là des yeux flamboyants, des bouches béantes, des bras brandis au-dessus de la tête, des bandits à genoux, renversés, des têtes fendues, des contorsions de mourants, des postures horribles, tourmentées, bizarres; et au milieu de toutes ces horreurs, une femme, oui une femme! la figure méconnaissable tant elle avait été tailladée. Elle avait de plus le front percé d'une balle.

C'était la cabaretière de Saint Bavent, qui, au lieu de faire le guet comme elle l'avait promis à Salembier, en avait chargé son mari.

Mal lui en prit, comme on le voit.

Ce fut de cette expédition, si funeste aux chauffeurs, que data la diminution de leur audace. Leur chef, tué dans la lutte par la fermière, avait mis en quelque sorte fin à leurs déplorables exploits.

Tout le monde avait fait son devoir dans cette nuit, dont on garda longtemps le souvenir.

On ne pouvait certes pas douter du courage et du sang-froid des gendarmes ni de leur chef, la guerre étant leur élément; mais ce qu'on ne saurait trop admirer, c'est le courage civil des autres, c'est l'abnégation avec laquelle les Droulers, les Deleplanque et leurs gens se sont jetés dans la mêlée, au péril de leurs jours.

Certes, Justin se montra à la hauteur de la mission qu'il avait à remplir; mais que dire de sa sœur ? Que dire surtout de Henri, son jeune neveu ? La mère et le fils ont combattu avec une égale ardeur, et l'on ne sait ce qu'il faut le plus admirer, de leur courage ou de l'espèce de furia avec laquelle ils ont su se multiplier, poursuivre leurs ennemis et les réduire.

Henri, dans cette bataille, n'avait il pas du reste, à son actif, deux brigands qu'il fallut retirer du puits où il était parvenu à les précipiter.

Nous nous garderons bien d'oublier les habitants d'Esquermes et de Wazemmes, venus à la première alerte se joindre aux défenseurs de Delaplanque et de Droulers ; car c'est grâce à eux que le combat fut si tôt terminée.

Quant à Zabette, l'héroïne de Lompret, la domestique du fermier, lorsque la bataille fut gagnée, elle n'était plus reconnaissable. Elle avait jeté sa coiffe au vent, et ses cheveux, en désordre, flottaient sur ses épaules ; son visage maculé de poudre et ses yeux flamboyants lui donnaient un aspect effroyable.

C'est qu'elle s'était bien battue, la Zabette.

Elle avait, pour sa part, démoli deux bandits.

Brave et bonne servante !

Que ne sont-elles toutes comme celles là ?

Si l'on veut bien nous suivre, on verra bientôt que la fermière ne fut pas toujours aussi heureuse dans le choix de ses domestiques.

Lorsque le lieutenant eût fait son rapport à la place de Lille et qu'on eût repêché les cadavres des deux noyés, on put se convaincre qu'il manquait deux hommes de la bande : Frémaux et Rassel.

Le premier de ces deux coquins fut arrêté dans la journée du lendemain et livré à la justice.

Quant à Rassel, il était encore peu connu, et comme son complice se tut sur son compte, on n'exerça contre lui aucune poursuite.

Nous le retrouverons quelques années plus tard ; mais cette fois, ce sera pour lui faire rendre compte de ses crimes, dont la liste était si nombreuse.

QUINZE ANS APRÈS.

LE PROCÈS CRIMINEL.

Quinze années se sont écoulées depuis les tristes événements que nous venons de raconter.

De 1800 à 1815, l'Europe entière avait retenti du bruit de nos exploits. Nos drapeaux victorieux avaient été salués des bords de la Seine à ceux de la Morkowa.

Mais après quinze années de succès, de cruels revers étaient venus jeter un voile sombre sur tant de hauts faits.

La coalition des puissances étrangères nous avait déjà infligé une cruelle humiliation en 1814. Anglais, Tudesques, Russes, Baskirs et Cosaques étaient venus, semblables à des vautours, s'abattre sur la France et fouler de leurs pieds sacrilèges le sol de notre chère patrie.

Le Ier Empire était tombé faute de combattants, car la France, épuisée d'hommes pendant les vingt années de guerre de la République, du Consulat et de l'Empire, était devenue une proie facile à saisir.

Pendant que les champs de bataille se couvraient de nos malheureux et héroïques soldats, bien des acteurs, de ceux que nous avons mis en scène, essuyèrent des infortunes diverses, tandis que d'autres virent leur position s'élever.

Le vicomte Du Vivier, Richard d'Arbelle et Valérie n'avaient point quitté Paris lors de la première invasion. Lafutaie était mort en 1805 au service de son nouveau maître, et Joseph Karty, pris de nostalgie en voyant les Russes couvrir de leurs bataillons les rues et les boulevards de Paris, obtint d'Alexandre Ier une amnistie complète qui lui permit de regagner St-Pétersbourg à la suite de l'armée de cet autocrate.

La famille de la fermière d'Esquermes,

vouée à l'adversité, fut, de son côté, frappée dans deux de ses membres : Pierre Deleplanque, qui mourut en 1814, et le capitaine Justin, qui perdit la vie en combattant pour la France à la journée de Leipsick.

La pauvre Albertine n'avait plus alors avec elle, en 1815, que son fils Henri, sur lequel elle put compter. C'était un bon et brave cultivateur de 30 ans, demeuré le soutien de sa mère, dont la vieillesse s'avançait à grands pas.

Elle avait cinquante deux ans.

Albertine, nous l'avons dit quelque part dans cette histoire, était prédestinée aux malheurs. Le lecteur a pu se convaincre, du reste, combien elle eut à souffrir, dans le cours de sa vie; depuis la tentative abominable de Rochebrune jusqu'à la mort de son père, qu'elle aimait à l'adoration, et celle de son frère, pour lequel elle professait une espèce de culte.

La malheureuse femme n'était pas encore à la fin de ses maux, car la mort la plus tragique lui était réservée, comme on va le voir.

Dans la matinée du 24 avril 1815, la population d'Esquesmes fut péniblement impressionnée en apprenant que la veuve de Pierre Deleplanque avait été assassinée dans la nuit.

Les assassins avaient été surpris presque en flagrant délit : ce qui excluait tout commentaire.

Nous ne pourrions mieux rendre compte de ce qui se passa à la cense Deleplanque dans cette funeste nuit du 23 au 24 avril 1815, qu'en extrayant de la volumineuse procédure qui s'en est suivie, quelques pièces de l'instruction faite par M. LEJOSNE, juge d'instruction à Lille.

Ce magistrat nous a laissé à ce sujet des documents très précieux, documents qui ont été mis à notre disposition par ses héritiers, mais que nous ne pouvons, malgré tout le désir que nous en ayons, reproduire en entier. Parmi ces documents, il en est quelques-uns qui jettent sur l'affaire une telle clarté qu'ils seront préférables, croyons-nous, au récit dramatique que nous pourrions faire du crime d'Esquermes : ceux-ci, nous les donnerons *in-extenso*.

Commençons d'abord par donner au lecteur une note succinte sur chacun des accusés, tombés presque tous sous la main de la justice au moment du crime.

C'est d'après l'ordre suivi par l'instruction.

1° *Isabelle-Josèphe* DUHEN,

âgée de 25 ans, née à Sainghin en Weppes, domestique de la veuve Deleplanque depuis deux ans.

Elle était, avant son entrée chez celle-ci, au service du sieur Labassé, fermier à Esquermes, et précédemment chez Defives, fermier à Loos, où elle était restée deux ans.

Au moment du crime, il y avait huit ans qu'elle était en service ; elle l'a commencé à Sainghin, son pays, à l'âge de 17 ans chez le sieur Michel Buisine, où elle est restée trois ans.

Un sieur Ambroise Franchet, fils de Jean-Baptiste, tailleur à Loos, l'a fréquentée jusqu'au dimanche qui précéda celui du crime.

Elle était la maîtresse de François Frémaux, ci-après nommé.

2° *Jean-François* ou *Pierre-François*
FRÉMAUX.

âgé de 20 ans, né à Ennetières en 1795, charretier ou carton à la ferme de Deleplanque, où il n'était que depuis onze mois seulement. Avant d'y entrer, il était resté huit jours chez Nory, cultivateur à Ennetières, son pays.

Précédemment, il était au service de François Danse, fermier au dit Ennetières.

Son oncle, Louis Frémaux, dit *Cuisse*, le chef de bandits dont on a vu les exploits dans le cours de cette histoire, était de la même commune. Il a été condamné à mort pour assassinat et comme chauffeur en l'an VIII (1800). — Affaire de l'attaque des censes Droulers et Deleplanque.

Jean-François Frémaux, l'accusé d'aujourd'hui, avait été placé, malgré les antécédents de son oncle Louis, par un sieur Jean-Baptiste Dô — un autre de ses oncles, — chez la veuve Deleplanque.

Il avait un frère à Ennetières, un mauvais sujet que l'on craignait beaucoup: ils ne faisaient qu'un.

Celui-ci, du nom de Ferdinand, avait, au moment de l'arrestation de son frère, une fille de 7 à 8 ans.

Les rapports de police disaient : Famille de mauvaise réputation.

Un autre Frémaux, François, dit *Pion*, âgé de 19 ans, était tisserand à Ennetières. C'était le cousin, issu de germain de Jean-François.

3° *François* DELCOURT,

âgé de 29 ans, célibataire, ouvrier de ferme, né à Thionville, en 1786 ; n'était que depuis trois semaines à la ferme. Il avait servi comme chasseur, dans le 29ᵉ régiment de ligne ? réformé à Beauvais, le 6 octobre 1813.

N'ayant plus de parents, il a servi pendant quatre ans et demi chez M. Vissouls, avocat à Liége. Revenu en France, il a travaillé comme ouvrier à la filature de M. Duthoit, fabricant à Roubaix ; de là, et de son propre gré, il est venu à Lille et s'est placé chez la fermière d'Esquermes.

4° *Jean-Baptiste* MARESCAUX,

ouvrier de fabrique, né à Verlinghem, demeurant chez la veuve Deleplanque.

Il n'était à la ferme que depuis la mi-septembre. Avant cette époque, il servait chez un marchand de vaches, dans une petite ferme au pont de Canteleu.

5° *Charles* RASSEL,

âgé de 38 ans, né à Erquinghem, en 1777, domicilié à Escobecques, canton d'Haubourdin.

Condamné, huit ans avant le crime d'Esquermes, à six mois de prison pour vol de chemises.

Condamné auparavant avec sa femme, pour vol de grains.

Sa fille Henriette a été condamnée à trois de prison pour vol de fer.

Rassel connaissait, depuis sept à huit ans, Philippo, dont il va être parlé. Sa femme était la sœur de Bartiez, dit Marcel, dit le Borgne, dit le *Bleuseux*, l'un des accusés.

La profession de Rassel était celle de bûcheron, mais il ne travaillait jamais.

Mauvaise réputation dans Escobecques; accusé d'être l'auteur de vols de ferrures et d'instruments aratoires.

Il avait été signalé au juge-de-paix du canton d'Haubourdin, M. Bresol, comme ayant fait partie d'une bande de chauffeurs..

Il était l'objet de la surveillance de l'autorité.

Philippo, d'Ennetières, et Marcel, de

Lomme, étaient continuellement chez Rassel, dont le lecteur connaît les antécédents, son affiliation à la bande de Louis Frémaux et sa participation à l'attaque de la ferme d'Esquermes.

6° *Joseph* PHILIPPO,

ouvrier de ferme, âgé de 37 ans, né à Lille, en 1778, domicilié à Ennetières-en Weppes, canton d'Haubourdin.

C'était un fraudeur ou *bleuseux*, un ivrogne dans toute l'acception du mot.

Il ne quittait jamais les cabarets et restait des mois sans travailler.

7°. *Jean-Baptiste* LAURENT, dit *Bourlotte*, dit *Leboryne*,

âgé de 34 ans, marié; couvreur, né à Mons-en-Barœul en 1781, demeurant à Lomme, canton d'Haubourdin.

C'était un fraudeur déterminé à tout. Il était séparé de sa femme, Augustine Donse. Elle habitait Estaires, au moment de l'arrestation de son mari.

Laurent vivait alors avec une fille Victorine Suin, de laquelle il eût trois enfants. Il habitait Lomme depuis six ans.

Il était resté quinze mois à Lille, où il exerçait la profession de couvreur, tout en faisant la fraude avec Louis Bartier, dit Marcel.

Il avait été renvoyé de sa commune pour inconduite, et dès lors, il rôda partout, n'ayant plus de domicile.

Son premier enfant de Victorine Suin a été trouvé deux ans avant son arrestation noyé dans un fossé près de la demeure du sieur Pierre-Joseph Grave, mécanicien, chez lequel travaillait sa concubine.

Ce fut de cette affaire, que le maire, ayant conçu des soupçons, le chassa de sa commune.

Il était toujours proprement vêtu, et cependant, il ne travaillait jamais.

8° *Antoine-Louis* BARTIER, dit *Marcel*, âgé de 48 ans, marié ; ci-devant ouvrier de ferme, né à Armentières en 1767, demeurant à Lomme, canton d'Hubourdin.

Fraudeur et ami de Laurent le borgne.

Il ne travaillait plus depuis trois ans et ne vivait plus que de fraude, disant qu'il y trouvait plus de profit.

Il demeurait à Lomme depuis treize à quatorze ans.

Il y avait dix ans qu'il vivait en concubinage, avec une fille nommée Constance Descamps, avec laquelle il se disait marié.

Très mauvaise réputation.

Après avoir travaillé dans les briqueteries, il a fait comme Laurent, c'est-à-dire qu'il ne travaillait plus et ne vivait que de rapide et de fraude.

Tels sont les individus que la justice a capturés, les uns dans la nuit du crime et sur les lieux mêmes, au moment de la perpétration ; les autres, quelques jours après.

Le lecteur surpris, aura sans doute remarqué avec qu'elle facilité on oublie dans les campagnes, les noms et jusqu'aux méfaits de certaines gens.

La famille Frémaux, était une de celles que la rumeur publique accusait d'une foule de délits, de crimes même ; — et ce n'était pas sans raison, si l'on veut bien se souvenir de Louis, traîné à l'échafaud en 1808

Par quelle aberration, la fermière d'Esquermes employait elle donc le neveu de ce misérable, associé aujourt'hûi avec ceux qui complotaient sa mort ?

Est-ce oubli du passé ? Est-ce apathie ? Nous ne savons, mais ce qui est certain, c'est que de nos jours encore tels, qui ont passé quinze ou vingt années au bagne, rentrent dans leqr village, sans que leurs concitoyens trouvent étrange leur présence au milieu d'eux.

Ceci explique en partie pourquoi Albertine avait pris pour carton le neveu de Louis Frémaux ; Louis Frémaux le voleur, le brigand, et le supplicié de l'an VIII.

Il est juste de dire, qu'on ne rencontre pas tous les jours des serviteurs probes et dévoués, comme Ludovic et Zabette.

EXTRAIT DE LA PROCÉDURE.

DÉCLARATIONS EXTRA JUDICIAIRES *faites par devant le juge d'instruction de l'arrondissement de Lille, par les nommés Pierre-Joseph Philippo, Charles Rassel, Jean-Baptiste Laurent et Antoine-Louis Bartier (prévenus).*

L'an 1815, le 26 du mois d'août, le concierge de la maison d'arrêt de la ville de Lille, nous ayant informés que les nommés Pierre-Joseph Philippo, Charles Rassel, Jean Baptiste Laurent et Antoine-Louis Bartier, détenus en ladite maison d'arrêt, venaient de manifester respectivement l'intention de faire par-devant nous des déclarations importantes concernant le crime d'assassinat dont ils sont prévenus;

Attendu que, quoique dessaisi de l'instruction de la procédure dont les pièces ont été transmises à M. le procureur-général, en vertu d'ordonnance de la Chambre du Conseil du 25 juin dernier, rien n'empêche néanmoins qu'en qualité d'officier de police judiciaire, nous recevions purement et simplement, et sauf à les transmettre s'il y a lieu, à qui de droit, les déclarations que veulent faire les dénommés ci-dessus;

Nous, *Etienne-Philippe-Marie* LEJOSNE, avons fait amener successivement en notre cabinet, au Palais-de-Justice, les nommés Philippo, Rassel, Laurent et Bartier, lesquels, libres et sans fers, ont fait séparément leurs déclarations ainsi qu'il suit :

Pierre-Joseph PHILIPPO a fait la déclaration suivante :

« Je désavoue la plupart des réponses
» que j'ai faites aux interrogatoires que
» j'ai subis ; je n'avais pas dit la vérité;
» en ce moment je veux la dire toute entière.

» Le jour de Pâques, 26 mars 1815, après
» midi, j'entrai au cabaret de Baptiste
» Broisse, sous l'enseigne du *Grand-Péril*,
» à Ennetière en Weppes. François Frémaux, qui est de notre commune, et
» qui en ce temps là était charretier chez
» la veuve Deleplanque, censière à Esquermes, se trouvait là; il me dit, à
» part nous : « Je suis bien aise de te
» voir, j'ai fait chercher après toi sur la
» place d'Ennetières, nous allons faire
» une fameuse partie, il y a un fameux
» coup à faire à ma cense ; nous sommes
» à trois : la servante, moi et un autre domestique. Il y a longtemps que nous
» préméditons ça ensemble. » Je demandai
» à Frémaux si c'était jour de labour, il
» me répondit : « Non ; c'est de l'argent,
» il n'en manque pas, il y a bien 6 à 700
» écus ; la servante viendra ouvrir la porte, nous en sommes convenus ensemble, nous irons ce soir, il fait bon. J'ai
» dit : Non ; nous attendrons jusqu'à demain, il fera aussi bon qu'aujoud'hui. »

» Nous nous sommes donné rendez-vous
» pour le lendemain, dans le même ca-
» baret.

» Y étant le 27 mars, dans la soirée
» Frémaux me demanda si j'allais venir à
» la cense. J'ai dit que non, que je venais
» d'y venir (1) tout seul.

» Ce même jour, lundi de Pâques, tan-
» dis que nous étions là, un nommé Mar-
» cel, de Lomme, est venu boire une ca-
» nette chez Baptiste Broisse. M'ayant de-
» mandé si je voulais lui acheter 600 l.
» de tabac, j'ai dit que non, n'ayant pas
» assez d'argent. Mais, ai-je ajouté, il y
» a un moyen d'en avoir. Là-dessus, je
» lui ai montré Frémaux, et nous nous
» sommes mis, Marcel et moi, à parler de
» ce que Frémaux m'avait proposé.

» Marcel est tombé d'accord. « Il faut
» nous trouver dimanche à la *Belle-Vue*,
» a-t-il dit. » Frémaux m'ayant demandé
» encore : « Est-ce que tu viens là-bas ? »
» Je lui ai répondu : « Non, pour ce soir,
» mais dimanche nous nous rencontrerons
» à la *Belle-Vue*; j'ai trouvé un homme. »

» Le dimanche suivant (jour de la du-
» casse d'Esquermes), vers quatre heures
» après-midi, nous nous sommes trouvés
» à la *Belle-Vue*, Marcel, Frémaux et moi.

(1) Le lecteur ne s'étonnera pas du français de mauvais aloi qu'il rencontrera dans ces dépositions; c'est
le langage des accusés, et nous le reproduisons tex-
tuellement.

» Frémaux était accompagné d'un jeune
» homme qui ne se mêlait de rien, au
» contraire ; l'autre se méfiait de lui.
» Etant là, Frémaux m'a dit : « Il va faire
» *fin* bon ce soir. » Marcel et moi avons dit
» qu'un jour comme celui-là, c'était du
» monde tout partout, et nous n'avons pas
» voulu y aller. Nous avons été passer la
» nuit à *Saint-Martin* ; ce fut là que l'on a
» pris un morceau de jambon. Nous nous
» sommes donné rendez-vous pour le di-
» manche suivant (9 avril), au *Panier-*
» *Fleuri*; quant à moi, j'y ai été le matin,
» et j'ai dit à la cabaretière que si l'on
» venait voir après moi, il fallait dire que
» le dimanche d'après j'irais.

» Le lundi 10 au matin, un nommé Lau-
» rent, dit *Le Borgne*, est venu me trouver
» en un champ où je remettais des fèves ;
» il me dit que Marcel lui avait parlé du
» coup à faire, et qu'il fallait se trouver
» le soir au *Panier-Fleuri*. Sur l'avis du
» Borgne, j'allais entrer à ce cabaret, vers
» neuf heures du soir, lorsqu'il en sortait.
» Il me dit : « Il faut venir ; » et il m'a
» mené autour d'une meule de grains,
» dans le jardin de la veuve Deleplanque,
» à Esquermes. Nous avons rejoint Marcel
» qui s'y en allait. Etant là, Marcel m'a
» dit que la veille Frémaux avait voulu
» l'entraîner pour faire le coup à eux
» deux.

» Frémaux, sortant de la ferme par la

» porte de derrière, est venu nous rejoin-
» dre. Je lui ai demandé si son maître était
» là, il a répondu qu'oui et qu'il dormait.
» Marcel dit : « Il nous faut attendre jus-
» qu'à dimanche ; et s'adressant à moi :
« Tu parleras à Charles Rassel, c'est un
» bon b... il empoignera bien. » Frémaux
» dit : « Ah! diable! oui, pour celui-là, il
» est bon, nous ne manquerons plus le
» coup. » Là dessus, nous nous sommes en
» allés, et nous avons remis l'affaire au
» dimanche suivant, nous donnant rendez-
» vous aux *Quatre-Cœurs*, à Lille.

» Le dimanche 16 avril, vers quatre
» heures de l'après midi, Marcel, Rassel,
» le Borgne et moi, nous nous y sommes
» trouvés, ainsi que Frémaux. Comme il
» était avec le jeune homme dont j'ai déjà
» parlé, je lui ai dit : « Pourquoi es-tu ac-
» compagné de ce jeune? On ne peut rien
» dire devant lui ; il ne fallait pas l'ame-
» ner, puisqu'il n'est pas pour venir. »
» Frémaux donna des raisons et, en effet,
» quand on parlait de quelque chose, c'é-
» tait toujours en *derrière* de son compa-
» gnon. Frémaux dit à Marcel : « Il ne fait
» pas bon aujourd'hui, il y a des soldats
» logés à la ferme ; mais nous remettrons
» ça à dimanche, et, qu'il arrive ce qu'il
» voudra, il ne faut pas manquer le coup.»

» Nous nous sommes donnés rendez vous
» pour le dimanche suivant, à la cave
» Sophie, aux *Quatre Marteaux*, à quatre
» heures.

» Nous nous y sommes tous rendus :
» Frémaux y a encore amené son jeune
» homme, mais nous ne parlions de rien
» devant ce dernier, et je suppose que
» Frémaux ne l'amenait que pour qu'on
» ne se doutât de rien. Il me dit à part :
« Il fait fin bon ce soir, il faut venir, le
» maître n'y est point. » Nous avons joué
» à cartes aux *Quatre-Marteaux* jusqu'à
» l'heure où l'on doit s'en aller. Vers
» sept heures et demie, Frémaux et le
» jeune homme qui l'accompagnait sont
» partis ; quant à nous, nous sommes sor-
» tis pour voir l'heure où l'on allait fer-
» mer les portes de la ville.

» Nous nous sommes arrêtés à *Saint-*
» *Honoré*, faubourg de la Barre. Après y
» avoir mangé un morceau, nous en som-
» mes sortis au quart avant neuf heures ;
» nous avons été droit contre le mur, au
» verger de la ferme de la veuve Dele-
» planque. Le Borgne avais mis une *pièce*
» *de bande* sur son mauvais œil.

» François Frémaux, qui était venu nous
» rejoindre, lui a parlé d'abord, et puis il
» s'est en allé. Le Borgne lui avait dit :
« Je ne veux pas entrer sans parler aupa-
» ravant à la servante. Je veux savoir si
» elle est ferme. » Frémaux est revenu
» par la porte de derrière de la ferme, le
» Borgne et Marcel ont été avant ; moi
» j'étais contre le mur, je m'étais tenu en
» arrière pour satisfaire à des besoins. Je

» ne sais pas au juste si la servante est
» venue à la porte de derrière, car lors-
» que je suis entré, tout était ouvert : ils
» étaient déjà dans la maison. Frémaux
» tenait le chien dans la cour, et la ser-
» vante était à la porte de la cuisine, en
» chemise ; je crois cependant qu'elle
» avait un jupe. Quand je suis rentré dans
» la cuisine, les trois autres, le Borgne,
» Marcel et Rassel étaient déjà dans la
» chambre de madame; j'entendais qu'elle
» râlait. La servante me dit « qu'on ne lui
» fasse pas beaucoup de mal, entendez-
» vous ?...

» Je suis resté un moment à regarder à
» la porte pour voir s'il ne venait person-
» ne, et quand je suis entré dans la cham-
» bre de madame, ils n'étaient plus autour
» d'elle; ils étaient au coffre. Après qu'on
» l'eut forcé, le Borgne y a pris un sac de
» gros sols, ainsi qu'une boîte de papier
» (carton), dans laquelle il y avait une
» chaîne et une croix d'or.

» Pendant que j'étais là, la servante
» (que j'ai su s'appeler Isabelle Duhem),
» n'est pas entrée dans la chambre de ma-
» dame. Quand nous nous sommes en al-
» lés, elle a dit au Borgne: « On va en
» avoir à moi, cassez quelque chose pour
» dire qu'on m'a forcée. »

» On lui promit qu'elle aurait sa part,
» ainsi que Frémaux.

» En sortant de la ferme, nous avons été

» par le petit pavé du Sabot, sur les sen-
» tiers de Lomme, vers une grande cense à
» moutons, sur la gauche (la cense Drou-
» lers), nous avons fait notre partage sur
» un champ de *tranène* (trèfle). On a d'a-
» bord, au moyen d'un de mes souliers
» qui servait de mesure, partagé les gros
» sols en six parts, y compris celles de
» François Frémaux et de la servante. On
» a ensuite partagé l'argent blanc qui
» était dans la boîte de bois : c'étaient des
» pièces de 5 francs et de 6 livres et des
» petites pièces. Je ne sais pas combien il
» y avait au juste. Marcel s'était chargé
» des quatre autres parts : la sienne, celle
» du Borgne, celle de Frémaux et celle
» d'Isabelle ; puis, nous nous sommes
» quittés. La chaîne et la croix en or, je
» les avais en poche ; je les ai cachées et
» enfoncées dans la couverture de ma
» maison, au centre, du côté de la rue ;
» elles sont dans une petite boîte de car-
» ton.

» Ma part en argent blanc et en gros
» sols, je l'ai *muchée* (enveloppée) dans un
» mauvais chiffon de toile blanche, en un
» grand champ de colza de Becquet, fer-
» mier à Lomme, près de la cave Bec-
» quart, le long du sentier allant à *Saint-*
» *Martin.*

» Le mercredi suivant (26 avril), me
» trouvant avec le Borgne, près du grand
» marché, à Lille, je lui disais en parlant

» de la censière d'Esquermes : « A cette
» heure, tu l'as comme fait mourir ?... —
» Oui, a-t-il répondu. Je l'ai tenue par le
» col, je l'ai fait mourir moi seul. » Il a
» ajouté, que la tenant par le col, le sang
» coulait par le nez et qu'il en avait eu
» sur ses mains. Comme je suis entré le
» dernier dans la chambre de la dame, je
» ne sais pas si Marcel et Rassel ont aidé
» à la détruire.

» Je ne crois pas que François Frémaux
» y soit entré. Le Borgne m'a dit que Fran-
» çois l'avait pris par le bras et l'avait
» conduit dans la chambre de madame.
» Tout ce que je sais, c'est que pendant
» que j'étais au bord de la cuisine regar-
» dant s'il ne venait personne, j'ai vu
» François s'en aller à l'écurie.

» Nous n'étions pas armés quand nous
» nous sommes introduits dans la ferme.

» Quoique depuis notre arrestation nous
» soyions au secret, il nous est possible
» de communiquer ensemble et de parler
» de toutes choses. J'avais conseillé à
» Charles de tout avouer ; il s'y refusait
» d'abord, je crois qu'il est résout (résolu)
» maintenant et que lui et les autres ont
» la bonne volonté de tout dire. »

Lecture faite au dit Philippo de sa déclaration, il a dit y persister, et nous
avons signé avec le greffier, non le dit
Philippo, qui a déclaré ne savoir signer.

CHARLES RASSEL a fait la déclaration suivante :

« Dans le courant de la semaine qui a précédé le dimanche où nous avons été au rendez-vous aux *Quatre-Cœurs*, Philippo est venu me trouver le soir chez nous; il m'a parlé du coup à faire en la ferme de la veuve Delplanque, à Esquermes; il m'a dit qu'il aurait enlevé l'argent sans faire aucune extravagance. Et nous sommes convenus que je me rendrais aux *Quatre-Cœurs*, sur la Place, à Lille, vers quatre heures après-midi. Le dimanche 6 avril, je m'y suis donc rendu et j'y ai rejoint ledit Philippo, Laurent, dit le *Borgne*, Barthier, dit *Marcel*, et François Frémaux. Ce dernier était accompagné d'un jeune homme que je ne connais pas. On n'a rien décidé pour ce jour-là; il m'a dit qu'il y avait des soldats à la ferme; on s'est donné rendez-vous pour le dimanche suivant aux *Quatre-Marteaux*, près des *Quatre-Cœurs*.

» Au jour indiqué, le 23 avril dernier, j'y ai été à la même heure; je ne saurais dire si Frémaux en est sorti avant nous, mais à la fermeture des portes de la ville nous en sommes partis. On était convenu de faire le coup le même soir et de se réunir au verger de la ferme.

» Philippe, Marcel, le Borgne et moi avons tous été manger un morceau de

» pain à *Saint Honoré*, faubourg de la Barre.
» Il n'était pas encore neuf heures quand
» nous en sommes sortis. Nous avons été
» droit au verger de la ferme de la veuve
» Deleplanque, contre le mur. Frémaux y
» est venu. Je n'ai pas remarqué par où
» il y est arrivé, ni s'il y est venu deux
» fois ou non ; j'étais collé contre le mur.
» Tout ce que je sais, c'est que nous som-
» mes entrés dans la ferme par la porte de
» derrière, et de là dans la cuisine. La
» servante, que l'on appelle Isabelle, y
» était avec nous ; je n'ai pas fait atten-
» tion comment elle était arrangée. Avant
» que nous fussions entrés dans la cham-
» bre de la censière, j'ai entendu qu'elle
» criait, qu'elle appelait Isabelle, à quoi
» celle-ci a répondu qu'elle ne pouvait
» point. Je pense que Frémaux était aussi
» dans la cuisine. Je sais bien qu'il a
» montré avec le bras, par où il fallait
» aller dans la chambre de la censière. Le
» Borgne y est entré le premier ; ensuite
» Marcel, moi et Philippo avons suivi :
» Frémaux n'y est point entré, la servante
» non plus. Le Borgne lui tout seul a
» sauté sur la censière qui était là dans
» son lit ; il ne l'a quitté que nous nous
» nous sommes en allés tous. Marcel, Phi-
» lippo et moi, nous n'avons pas touché à
» la censière. Philippo et Marcel ont forcé
» le coffre, moi je regardais. On y a pris
» un sac de gros sols et une boîte carrée

» en bois. La servante ayant crié de la
» cuisine que le maître allait arriver, nous
» nous sommes retirés par la porte de der-
» rière, Marcel portant la boîte ; je ne me
» rappelle pas qui portait le sac.

» Je ne sais pas si la sencière était tout
» à fait morte quand nous nous sommes
» en allés ; la servante a dit alors en s'a-
» dressant à nous : « Pour l'amour de Dieu,
» foncez quelque chose. » Nous ne l'avons
» pas écoutée. Nous avons été faire notre
» partage sur une tranène, vers le verger
» Droulers, à Lomme. On a partagé le sac
» de gros sols en six lots ; l'un des sou-
» liers de Philippo a servi pour mesurer
» ces parts. Dans la boîte, il y avait des
» écus de 5 fr. et de 6 livres, et autres
» pièces blanches ; on en a fait six lots ;
» c'était Marcel qui partageait. J'ai eu,
» pour ma part, vingt ou vingt-une pièces
» de 5 fr. et de 6 l. En rentrant chez nous,
» j'avais dit à ma femme d'où ça venait,
» elle le savait déjà, elle savait les pro-
» positions que Philippo était venu me
» faire ; elle a mis l'argent blanc et les
» gros sols (qui faisaient ma part du bu-
» tin) en terre dans la chambre où nous
» couchions, contre la porte, sous des
» pommes de terre.

» Il y avait des boucles d'argent, une
» bague, des agraffes d'argent, tout cela
» est resté dans la boîte.

» Philippo m'a comme voulu dire qu'il

» y avait deux petites cuillères d'argent,
» mais je ne les ai point vues.

» Actuellement que j'ai tout avoué, je
» n'ai rien à risquer en ajoutant à mes
» déclarations que, pendant la nuit du 25
» décembre 1814, le Borgne et Marcel sont
» venus me trouver chez nous. Nous avons
» été à trois en une petite ferme sur
» Beaucamps (je ne sais pas le nom des
» gens qui y demeurent) et, pendant qu'ils
» étaient allés à la messe de minuit, nous
» sommes entrés dans la maison par la fe-
» nêtre qui n'était point fermée, nous y
» avons forcé le coffre; n'y ayant pas
» trouvé d'argent, nous avons cherché où
» il pouvait être : nous l'avons trouvé
» dans la paille du lit. Il y avait 18 pièces
» de 6 livres et des gros sols; nous en
» avons fait partage entre nous trois.

» Lecture faite audit Rassel de sa décla-
» ration, il a dit y persister ; nous avons
» signé avec le greffier, non ledit Rassel,
» qui a déclaré ne savoir signer. »

ANTOINE-LOUIS BARTHIER, dit *Marcel*, a fait
la déclaration suivante :

« Le lundi de Pâques (27 mars dernier),
» j'avais été à Ennetières pour une vente
» de meubles; au moment où j'allais re-
» tourner dans l'après-midi, j'ai rencon-
» tré Philippo. Nous sommes entrés en-
» semble en un cabaret où un nommé
» François Fremaux, que je ne connais-

» sais pas alors, s'y trouvait ; il est venu
» saluer Philippo d'un verre de bière.

» Le lendemain, Philippo est venu chez
» moi, il m'a proposé d'aller boire ensem-
» ble une canette, ce que j'ai accepté. Il
» me dit : « Tu sais bien, ce jeune homme
» d'hier ? il est carton chez la veuve Dele-
» planque, à Esquermes. Il m'a dit qu'il
» y avait un beau coup à faire, qu'il y
» avait beaucoup d'argent à sa ferme,
» qu'il était d'accord avec la servante et
» un autre domestique, qu'ils avaient tout
» arrangé, qu'il n'y avait qu'à prendre
» l'argent, et que si je voulais donner un
» coup de main!... » Là-dessus, j'ai dit :
« S'il n'y a qu'à l'aller prendre, c'est une
» belle chose à jouer. »

» Philippo me dit alors : « Vous n'avez
» qu'à venir dimanche à la *Belle Vue*, il
» viendra vous y trouver. »

» Le dimanche 2 avril, après midi, j'ai
» donc été à la *Belle-Vue*. Philippo y est
» venu avec Frémaux. Celui ci était ac-
» compagné d'un autre jeune homme J'ai
» demandé si c'était un qui travaillait à
» la ferme, il m'a dit que non. On avait
» parlé d'aller quérir l'argent le soir, mais
» on n'y a pas été parce que c'était la
» ducasse. De là, nous avons été au *Pa-
» nier-Fleuri*, à Wazemmes. A la retraite,
» nous avons quitté le *Panier Fleuri*, et,
» de là, nous avons été à la ducasse d'Es-
» quermes, où nous avons passé la nuit.

» Nous étions convenus de nous rejoin-
» dre au *Panier-Fleuri* le dimanche suivant
» 9 avril. J'y ai été. Le cabaretier m'a dit
» que Philippo était venu le matin, et
» qu'il ne pourrait venir que le dimanche
» suivant. En sortant de là, j'ai rencontré
» Frémaux qui y venait. Je lui ai dit de
» quoi il s'agissait ; il a répondu « Nous
» ne ferons donc rien aujourd'hui. » Nous
» avons été boire une canette à deux au
» cabaret où nous avions passé la nuit le
» dimanche précédent ; il s'est échauffé,
» et alors, il voulait faire le coup le soir
» même, disant qu'il y avait une charge
» d'argent à avoir. Il me dit ensuite:
» préviens Philippo, il donnera bel de-
» main ; » je répondis: « je raconterai
» l'affaire à mon camarade Laurent, il
» l'ira le dire à Philippo. »

» Le lundi 10 avril, au matin, j'ai été
» trouver Laurent, je lui ai conté l'affaire
» et le projet de faire le coup le soir même.
» Cela peut encore se faire, dit-il; j'irai
» trouver Philippo.

» Par suite de nos entrevues, nous nous
» sommes trouvés, Philippo, Laurent et
» moi, le dit jour, 10 avril, vers 9 heures
» du soir, contre la meûle du verger de
» la ferme Deleplanque, à Esquermes.
» Frémaux est venu nous y rejoindre, on
» lui a demandé si son maître était à la
» ferme, il a dit qu'oui, et malgré cela, il
» voulait que nous y entrions, disant que

» la chose irait bien, que la servante était
» sa complice. J'ai dit qu'il fallait mieux
» attendre que le maître ne fût pas là,
» ou bien qu'il fallait un homme de plus.
» J'avais demandé si l'on ne connaissait
» pas Charles Rassel, et j'avais proposé
» de nous l'associer. Philippo s'est chargé
» de lui en parler, et l'on s'est donné ren-
» dez-vous pour le dimanche, 16 avril, aux
» *Quatre-Cœurs*, sur la place, à Lille; nous
» nous sommes séparés là-dessus.

» Quand nous fûmes réunis aux *Quatre-*
» *Cœurs*, Philippo, Laurent, Rassel et moi,
» Frémaux y est venu dire qu'il y avait
» des soldats à la ferme, nous nous som-
» mes donnés rendez vous pour le diman-
» che suivant.

« Le 23 Avril, nous nous sommes donnés
» rendez-vous dans la soirée, aux *Quatre-*
» *Marteaux*.

» Vers la fermeture des portes, Philippo,
» Laurent, Rassel et moi (Fremaux s'était
» retiré un peu avant), nous sommes par-
» tis sortant de la ville par la porte de la
» Barre, nous avons été manger à *St-Ho-*
» *noré*, et partant de là, un peu avant neuf
» heures du soir, nous avons été au ren-
» dez vous dont nous étions convenus.
» François Frémaux y est venu. Nous
» avons dit que nous ne voulions pas en-
» trer sans parler à la servante, il l'a été
» chercher et il est revenu avec elle, à la
» porte de derrière ; Laurent a été parler

» à celle-ci, après quoi nous sommes en-
» trés, et la servante nous a conduits dans
» la cuisine. Frémaux, tenait le chien de
» de cour. Je crois que c'est la servante
» qui a allumé la lampe; Philippo, Lau-
» rent et Rassel étaient déjà entrés dans
» la chambre de la censière. François
» Frémaux est venu et m'a poussé pour
» entrer aussi. C'est Laurent qui s'est jeté
» sur la censière, laquelle était dans son
» lit; il en a fait son affaire. Quand j'ai
» été pour prendre les poches, la servante
» est venue de la cuisine, et elle a levé le
» drap à l'endroit du lit où elles étaient.
» J'ai pris deux clefs dans ces poches.
» elles n'allaient pas aux coffre; nous l'a-
» vons forcé moi et Philippo, nous y avons
» ramassé l'argent et nous nous sommes
» en allés.

» Quand nous sommes sortis, la servan-
» te voulait que nous cassions une fe-
» nêtre.

» Nous avons emporté un sac conte-
» nant des gros sols et une boîte en ma-
» nière de coffret, dans laquelle nous
» avons trouvé de l'argent blanc et de
» petits objets d'argenterie.

» Après être sortis de la ferme par la
» porte de derrière, Philippo, Laurent,
» Rassel et moi avons été faire notre par-
» tage sur le champ de *tranène* (trèfle) que
» je crois être contre le verger de Drou-
» lers, ou de celui du Sec, à Lomme; on a

» partagé les sols avec un soulier, qui a
» servi pour mesurer les parts ; on a aussi
» partagé l'argent blanc, c'était des piè-
» ces de 5 francs et des couronnes ; je ne
» sais pas combien il y en avait. On a fait
» six parts, j'ai eu pour la mienne 25 piè-
» ces de 5 francs et quelques couronnes.
» Philippo et Rassel ont emporté chacun
» leur part. J'ai mis la mienne et celle de
» Laurent (tant l'argent blanc que les
» gros sous) d'un côté, et celles de Fré-
» maux et de la servante de l'autre.

» En rentrant à Lomme, Laurent et moi
» avons été cacher la boîte dans un colza,
» près chez nous, et les deux sacs de gros
» sols (notre part et celle des domestiques)
» dans un autre colza.

» Il y avait dans la boîte des petites
» cuillères d'argent, des agraffes, des
» boucles, une bague ; nous les avons ca-
» chés sur la bordure du colza où nous
» avions caché les gros sols.

» J'avais mis en un mouchoir venant de
» la ferme l'argent blanc composant nos
» parts (de Laurent et de moi) et celles de
» Frémaux et de la servante. J'avais ca-
» ché et enfoncé le paquet du côté de
» la fenêtre, dans la couverture en paille
» de ma maison : mon camarade l'a dit à
» ma femme, elle m'en a fait des repro-
» ches.

» Il ne me reste rien autre à déclarer,
» si ce n'est que le 25 décembre, pendant la

» messe de nuit, Laurent, Rassel et moi,
» avons été à Beaucamps, en une petite
» ferme, située sur la gauche, en face du
» petit pavé de droite en entrant à Beau-
» camps venant de Lille. Après que Rassel
» eût cassé un carreau de vitre, lui et moi
» sommes entrés dans la maison par la
» fenêtre. Laurent faisait le guet en de-
» hors. Nous avons forcé un coffre. Je ne
» me rappelle pas si nous y avons trouvé
» quelque chose à notre convenance, mais
» sous le lit, en terre, nous avons trouvé
» un pot cassé dans lequel il y avait des
» gros sols, et dans le lit, une pinte en
» grès dans laquelle il y avait de l'argent
» blanc. Nous avons emporté le tout: J'ai
» eu pour ma part onze écus, y compris
» les gros sols.

» Sauf ces deux *farces là*, je n'avais ja-
» mais fait tort à personne. »

Lecture faite audit Bartier de sa déclaration, il a persisté; nous avons signé
avec le greffier, non ledit Bartier, qui a
déclaré ne le savoir.

J.-B. Joseph LAURENT, dit *le Borgne*, a fait la
déclaration suivante:

« Toutes les questions que vous m'avez
» faites, en mes interrogatoires, conte-
» naient la vérité, et les réponses que j'y
» ai faites, ne sont pas vraies, voici es
» faits comme ils se sont passés:

» Le lundi dix avril, de bon matin, Mar-
» cel est venu me trouver à la maison, et

» il m'a dit de quoi il s'agissait. Nous
» sommes convenus que j'irais parler à
» Philippo à Ennetières et que je lui don-
» nerais rendez-vous au *Panier-Fleuri*,
» pour de là, faire le coup. Le même soir,
» j'ai été trouvé Philippo, je me suis ex-
» pliqué, avec lui il m'a promis de nous
» rejoindre à huit heures du soir au *Panier-*
» *Fleuri*. Marcel y est venu à l'heure con-
» venue, et au moment où je sortais avec
» lui de ce cabaret, nous avons rencontré
» Philippo sur la route. Nous nous sommes
» rendus à trois, vers la meule ou verger
» de la ferme de la veuve Deleplanque, à
» Esquermes. François Frémaux qui avait
» le mot, est venu nous y rejoindre. Nous
» nous sommes consultés pour savoir si
» nous entrerions dans la ferme; nous lui
» avons demandé si son bourgeois était
» revenu; et sur ce qu'il a dit qu'il était
» là, Philippo, Marcel et moi, avons obser-
» vé que nous n'étions pas de monde assez.
» Frémaux disait qu'il ne fallait pas avoir
» peur, et qu'il fallait entrer tout de mê-
» me, que lui seul était capable de tenir
» son bourgeois. Nous n'avons pas voulu
» faire le coup ce soir-là, et Philippo a dit
» qu'il aurait été parler à Charles Rassel,
» qu'il était capable de donner un bon
» coup de main, qu'il fallait se réunir aux
» *Quatre Cœurs*, à Lille, le dimanche d'en-
» suite.

» Nous étant réunis le dimanche 16

» avril, vers quatre heures après-midi, à
» la cave des *Quatre-Cœurs*, Frémaux a dit
» qu'il y avait des troupes à Esquermes,
» et qu'on ne pouvait pas aller à la ferme
» ce même soir; nous avons donc remis
» l'affaire au dimanche suivant, et nous
» nous sommes donné rendez-vous aux
» *Quatre-Marteaux*.

» Suivant quoi, le dimanche 23 avril
» dernier, vers quatre heures de l'après-
» midi, Philippo, Marcel, Rassel et moi,
» nous sommes rendus aux *Quatre-Mar-
» teaux*, près les *Quatre-Cœurs*, sur la place,
» à Lille. Frémaux y est venu aussi; il
» était accompagné d'un jeune homme,
» mais ce dernier n'était pour rien dans
» l'affaire. Frémaux et son compagnon
» sont sortis les premiers, à peu près une
» demi heure avant nous. A la fermeture
» des portes, Philippo, Marcel, Rassel et
» moi, sommes partis; nous avons été d'a-
» bord manger un morceau à *St-Honoré*,
» faubourg de la Barre; vers neuf heures,
» nous en sommes sortis, et nous nous
» sommes rendus au verger de la ferme
» de la veuve Deleplanque, le long de la
» muraille. Frémaux est venu nous y re-
» joindre et je lui ai demandé s'il avait
» parlé à la servante, que je voulais la
» voir avant tout, et si le bourgeois y
» était. Il m'a répondu que lui, Frémaux,
» n'était pas encore rentré dans la cham-
» bre, et qu'il ne savait pas si le maître y

» était, que quant à la servante, il allait
» la faire venir à la porte de derrière,
» comme nous en étions convenus, afin
» que nous puissions voir si elle était
» ferme. Peu d'instants après, il est venu
» avec la servante ouvrir la porte de der-
» rière. J'ai demandé à celle-ci si nous
» allions être seuls avec elle, à quoi elle
» a répondu que le fils de la maison était
» rentré ; mais qu'il était reparti et que
» nous pouvions entrer ; c'est moi qui ai
» été le premier à la porte de derrière,
» afin de parler à cette servante, mais
» nous sommes entrés à peu près tous en-
» semble dans la cour de la ferme. J'allais
» me retirer parce que le chien aboyait.
» François Frémaux l'a été tenir, et la
» servante nous conduisait en avant. Nous
» sommes entrés dans la cuisine ; Charles
» Rassel y alluma la lampe et j'ai deman-
» dé à la servante si elle allait nous con-
» duire à la chambre de sa dame. Elle a
» répondu qu'elle ne l'oserait pas.

» Pendant cela, la bourgeoise cria par
» plusieurs fois après Isabelle. François
» Frémaux, étant entré dans la cuisine,
» m'a poussé par le dos pour me faire en-
» trer dans la chambre de sa dame ; j'y suis
» donc entré. Marcel, Rassel et Philippo
» m'y ont suivi. C'est moi qui me suis
» jeté sur la bourgeoise qui était dans
» son lit. Rassel m'a dit qu'il l'avait tenue
» par le bout des pieds et par les jambes.

» Marcel aurait bien pris les poches pour
» avoir les clefs, mais je ne me suis pas
» aperçu que Marcel et Philippo aient mis
» la main sur la femme. Je ne sais pas
» comment je m'y suis pris ; je l'ai recou-
» verte de ses draps et de la couverture,
» et j'ai appuyé mes mains sans que je
» puisse dire où, ni comment. Elle a appe-
» lé Isabelle plusieurs fois ; celle-ci répon-
» dait de la cuisine : « Je n'peux pas, not'
» dame. » Je ne suis pas bien sûr si la ser-
» vante a ajouté : « Je suis tenue. » Mais
» il est certain qu'on ne la tenait pas,
» puisque tous quatre nous étions dans la
» chambre. Je ne pourrais pas dire com-
» ment il s'est fait que la bourgeoise a été
» détruite. Il est vrai que je la tenais for-
» tement pressée : aussi fort que je le pou-
» vais... Elle avait le râle -t on voyait
» qu'elle se forçait pour appeler Isabelle ;
» mais on ne l'entendait presque plus.
» J'avais le dos tourné. Mes camarades te-
» nant toujours la bourgeoise, je n'ai pas
» trop vu ce qu'ils ont fait, mais je crois
» fort que c'était Philippo et Marcel qui
» ont forcé le coffre et que Rassel tenait la
» lampe.

» On a pris, dans le coffre, une boîte en
» bois, carrée, et un sac de gros sols.

» Marcel m'ayant averti que la servante
» dirait : voilà Henri qui revient, j'ai
» pressé pour que nous nous en allions ;
» j'ai lâché prise sur la bourgeoise, je ne

» peux pas assurer si elle vivait encore,
» je n'ai pas vu de sang ; je n'avais ni
» instruments, ni armes ; je ne me suis
» servi que de mes mains. Quand je l'ai
» abandonnée, j'ai vu qu'elle avait un
» bras relevé sur l'oreiller.

» Je ne sais si Isabelle est entrée dans
» cette chambre, je ne l'y ai pas vue.

» Quand nous sommes sortis, elle était
» au bas de la cuisine, elle me recom-
» manda de casser quelque chose, pour
» qu'on n'en ait pas à elle.

» Nous nous sommes en allés par le petit
» pavé du Sabot, nous nous sommes ar-
» rêtés sur une tranène, derrière le ver-
» ger de Droulers, sur Lomme ; là nous
» avons fait notre partage en six parts,
» dont une pour Frémaux et une pour
» Isabelle.

» Les parts de gros sols ont été mesu-
» rées dans l'un des souliers de Philippo.

» Il y avait de l'argent dans la boîte ;
» Marcel en a fait six lots : j'ai eu pour
» ma part 21 pièces de 5 francs, 6 couron-
» nes et quelques petites pièces.

» Philippo et Rassel ont emporté cha-
» cun leur part.

» Quant à celles de Marcel, de Frémaux,
» d'Isabelle et la mienne, elles ont été
» mises pour les gros sols, en deux sacs.
» L'argent blanc a été mis à part.

» Les deux sacs de gros sols, nous les
» avons déposés en un champ de colza,
» près de chez nous.

» La boîte, nous l'avons abandonnée en
» un autre champ de colza.

» Les quatre parts d'argent blanc de
» Frémaux, d'Isabelle, de moi et de Mar-
» cel, ce dernier les a emportées chez lui :
» il m'a dit avoir mis le tout dans un
» mouchoir et avoir caché le paquet dans
» la toiture de sa maison.

» Il y avait dans la boîte des cuillers à
» café, des agraffes d'argent, et tout cela
» a été déposé par Marcel et moi sur la
» bordure du champ de colza où nous
» avions caché les gros sols.

» Je n'ai vu ni chaîne, ni croix en or,
» ni bague.

» Parmi les objets que nous avons em-
» portés de la ferme, je n'ai vu ni effets
» d'habillement, ni chemises ; je n'ai vu
» que le mouchoir dans lequel Marcel a
» mis nos nos quatre parts d'argent blanc.

» La femme avec laquelle je vis ne sait
» rien du tout.

» Le mardi 25 avril, j'ai dit à la femme
» de Marcel que nous avions fait un mal-
» heur, qu'il était trop tard : elle s'est
» mise à pleurer ; je lui ai dit que son
» mari lui ferait connaître où était l'ar-
» gent.

» Comme il ne m'en arrivera ni plus ni
» moins, je déclare que pendant la nuit de
» Noël, Rassel et moi, pendant la messe de
» nuit, nous avons été en une petite ferme
» dont je ne connais pas les gens, à Beau-

» camps. Au moyen d'une vitre cassée,
» Marcel et Rassel sont entrés par la fe-
» nêtre ; pour moi, je suis resté en dehors
» pour guetter si l'on ne venait pas ; ils y
» ont pris de l'argent : J'ai eu pour ma
» part trois couronnes et environ 15 fr. en
» gros sols.
» Le partage s'est fait en la maison de
» Rassel, à Escobecques ; sa femme savait
» bien que nous devions faire ça ; nous
» étions réunis vers minuit chez eux et
» nous avons parlé devant elle du coup
» que nous projetions. »

Lecture faite audit Baptiste Laurent de sa déclaration, a dit y persister, et avons signé avec le greffier ; non ledit Laurent, qui a déclaré ne le savoir.

Nous, juge d'instruction de l'arrondissement de Lille, département du Nord,

Ordonnons que le procès-verbal des déclarations qui précède, sera transmis à M. le procureur du roi pour, par ce magistrat, en être disposé ainsi qu'il appartiendra.

Fait à Lille, le 28 août 1815.

Signé : LEJOSNE.

ORDONNANCE DE RENVOI.

DE LA CHAMBRE DU CONSEIL DU TRIBUNAL.

Sur le rapport fait par M. Lejosne, juge d'instruction de l'arrondissement de Lille, à la Chambre du conseil du tribunal, réunie en conformité de l'art. 127 du Code d'instruction, duquel il résulte que le dimanche 23 avril 1815, de dix heures à dix heures et demie du soir, un assassinat aurait été commis et consommé sur la personne de la veuve Deleplanque, fermière en la commune d'Esquermes-lez-Lille, en une chambre où elle était couchée en sa ferme audit Esquermes ; qu'il s'en serait suivi immédiatement et à l'aide d'effraction intérieure, un vol d'argent monnayé, de quelques joyaux et autres articles en argenterie, de linge à usage de femme, etc., etc.

Que ledit jour, de dix heures et demie à onze heures du soir, le cadavre aurait été vu gisant sur le lit, le corps couché sur le dos, un peu incliné de droite.

La couverture n'était pas en désordre, la coiffe de la tête, que recouvraient deux bonnets piqués, était ensanglantée à l'extérieur, et, au-dessus, était fortement tachée, à l'un des coins de son extrémité supérieure, d'une plaque de sang de l'étendue de la main ; ce sang était empâté et semblait y avoir été appliqué tout récemment ; le coin du drap, reporté du côté droit sur l'oreiller, qui n'était point taché ; la couverture l'était légèrement et marquait un peu de sang vers la bordure qui aboutissait au menton ; vers le pied, sur le lit, dans le coin, était un oreiller qui paraissait y avoir été jeté. La couverture relevée laissait voir le cadavre, qui était encore chaud ; le collet de la chemise qui le couvrait était taché de sang ; sur chacun des avant-bras se trouvait une impression de sang figurant les quatre doigts et le pouce d'une main forte ; l'empreinte des doigts marquait au dessus celle du pouce, au-dessous entre le coude et le poignet ; les mains étaient contraintes et croisées sur le ventre ; les doigts comprimés et racornis, les jambes étaient contournées et croisées, le cadavre ne présentait ni blessure, ni contusion, il n'offrait aucun vestige d'effusion de sang soit par la bouche, soit par les narines ou autres cavités. Une jeune enfant, âgée de sept ans environ, dormait profondément dans le même lit, vers la ruelle ; un coffre placé dans un enfoncement, vers le pied du lit, se trouvait fracturé ; une fausse clef était engagée dans la serrure de ce coffre, des poches vides étaient sur une chaise.

Qu'aucun vestige d'escalade ou d'effraction extérieure n'aurait été remarqué.

Que la porte de derrière communiquant de la cour à un verger non clos, aurait été trouvée ouverte, quoique habituellement elle fut fermée d'un verrou en dedans.

Que tel aurait été l'état des lieux, le dimanche 23 avril, vers onze heures du soir.

Que le lendemain 24, à six heures du matin, des officiers de santé auraient été appelés pour constater légalement l'état du cadavre et la cause présumée de la mort ; que de leur rapport de la date du dit jour, il résulterait que principalement le nez, le menton et les environs de la bouche, n'offraient aucune trace qui put indiquer que le sang aurait coulé d'une des cavités de la face... que les doigts légèrement teints de sang étaient demi-fléchis, et les orteils en très forte extension, que les deux avant bras, le droit près du poignet, et le gauche à la partie moyenne présentaient des taches de sang dont la forme digitale leur aurait fait penser qu'elles auraient pu être le résultat d'une main teinte de sang : qu'ils n'auraient observé sur le reste du corps aucune piqûre ni contusion.

Que l'ouverture de la tête aurait présenté les vaisseaux de la dure mère et des deux autres membranes... considérablement gorgés d'un sang noir et coulant sans trace d'épanchement sanguin ou féreux ; que l'inspection de l'intérieur de la bouche présentait la langue, d'une couleur blanchâtre et d'une épaisseur plus qu'ordinaire ; qu'aucune trace de sang ne s'y faisait remarquer : que l'ouverture de la poitrine aurait présenté les poumons, d'une couleur noirâtre... gorgés d'un sang noir... que l'estomac était dans un état sain, et contenant des matières, non digérées ; qu'il existait encore un certain degré de chaleur dans les diverses cavités ; qu'enfin en admettant les possibilités que la veuve Deleplanque fut morte d'une apoplexie foudroyante, néanmoins et vu l'engorgement des vaisseaux du cerveau sans épanchement féreux et sanguin ; l'état des poumons, la couleur noire du sang, la chaleur longtemps existante, la flexion des doigts et l'extension des orteils ; ils penchent à croire que cette mort aurait eu pour cause, l'asphyxie par privation d'air atmosphérique.

Que d'un autre rapport fait ledit jour, 24 avril, par un chirurgien de la résidence de Lille, il résulterait que les taches de sang trouvées au bord de la couverture, ainsi que celles du bonnet le plus extérieur de la défunte, ne lui ont pas semblé provenir d'elle, ce sang d'ailleurs était trop riche en couleur et en consistance et en couleur pour avoir appartenu à une femme de son âge ;

Que la première mesure qui aurait été prise dès que le crime fut découvert, et à l'instant même où il venait d'être consommé, aurait été de garder à vue les nommés François Frémaux, Isabelle Duhem, François Delecourt et Jean-Baptiste Marescaux, tous domestiques de la ferme ; surveillance qui se serait prolongée jusqu'au moment où, en vertu de mandats de dépôt décernés à leur charge, ils auraient été conduits et mis séparément au secret en la maison d'arrêt de cette ville ;

Que des premiers interrogatoires subis respectivement par François Frémaux, Isabelle Duhem, devant le juge d'instruction, il en serait résulté que Frémaux aurait dès longtemps conçu le dessein d'attenter à la vie de la veuve Deleplanque, afin de lui voler son argent, et qu'il aurait initié Isabelle Duhem dans ce projet ; que méditant l'exécution du crime, il ne serait point senti capable de le consommer lui-même ; qu'il se serait concerté à cet effet avec un nommé Philippo, lequel se serait associé à son tour les nommés Rassel, Bartier et Laurent ; qu'après des rendez vous et entrevues successifs, Philippo, Rassel, Bartier et Laurent, de concert et de complicité avec Frémaux et Isabelle Duhem, seraient entrés le dimanche 23 avril, vers dix heures du soir, par la porte de derrière dans l'intérieur de la ferme de la veuve Deleplanque, à Esquermes, et, qu'après avoir été introduits de la cuisine dans la chambre où ladite dame Deleplanque était couchée ; ils l'auraient assassinée, auraient ensuite forcé son coffre et en auraient soustrait de l'argent et des effets ;

Vu les pièces d'instruction et après avoir ouï le procureur impérial dans son réquisitoire ;

Considérant qu'il résulte de ces faits et de l'instruction, que François Frémaux est prévenu d'avoir été le promoteur, l'instigateur, l'un des auteurs ou le complice de l'assassinat qui aurait été commis et consommé sur la personne de la veuve Daleplanque, le 23 avril 1815, entre dix heures et dix heures et demie du soir, et du vol à l'aide d'effraction intérieure qui s'en serait suivie;

Que la nommée Isabelle Duhem est prévenue d'avoir participé comme l'un des auteurs ou comme complice audit assassinat et audit vol;

Que les nommés Pierre-Joseph Philippo, Charles Rassel, Louis Bartier et J. B. Laurent, sont prévenus d'être les auteurs des mêmes crimes;

Que la prévention à la charge de François Frémaux est établie spécialement sur ses propres aveux et déclarations des 25, 27 et 28 dudit mois d'avril et du 22 mai dernier, et sur les dépositions d'Isabelle Duhem, desquels il résulterait que lui-même aurait conçu l'idée de tuer la veuve Daleplanque, pour avoir son argent;

Que le 26 mars, étant avec Philippo en un cabaret à Ennetières-en-Weppes, il lui aurait communiqué son projet; dessein que Philippo aurait avidement saisi et aurait voulu exécuter de suite;

Que cependant, Frémaux présumant moins de ses forces que de sa volonté pour faire le coup, ils en auraient différé l'exécution jusqu'à ce qu'ils se fussent associé d'autres affidés ; que dans ces entrefaites Frémaux qui vivait avec Isabelle Duhem, dont la chambre était rapprochée de celle de sa maîtresse, discernant le besoin de s'assurer de cette fille, l'aurait initiée à ses projets et aux dispositions concertées entre lui et ses affidés, et que le jour où le crime aurait été consommé, il lui aurait dit : « C'est la dernière nuit, Madame y passera. »

Qu'en effet, après avoir lui-même indiqué le point de réunion contre le mur en dedans de la ferme et après s'être assuré que ses complices y étaient, il aurait de l'extérieur été frapper à un endroit qui répond à la chambre où était Isabelle, et, après que celle-ci lui eût été ouvrir la grand'-porte de la rue, il lui aurait dit : « Ils sont là, il faut venir à la porte de derrière. » Ce qu'elle aurait fait ; qu'il aurait ouvert le verrou qui fermait cette porte en dedans et aurait ainsi, à l'aide d'Isabelle, facilité l'entrée de la maison à ses complices ; que tandis que la servante (la dite Isabelle) les aurait introduits dans la cuisine, il se serait assuré du chien de la ferme, serait ensuite entré dans cette cuisine et aurait lui même ouvert aux brigands la chambre de la veuve Deleplanque où ces derniers l'auraient assassiné et où ils auraient forcé le coffre et en auraient enlevé de l'argent et des effets ; que de ces faits et circonstances il s'en suivrait que Frémaux serait complice du crime, en ce qu'il aurait avec connaissance, aidé ou assisté les auteurs de l'action, dans les faits qui l'ont préparée ou facilitée ; qu'il se pourrait même, quoique le fait ne résultât point de ses déclarations ou de celles d'Isabelle, que Frémaux eût participé comme l'un des auteurs au crime dont il s'agit en ce sens que la perversité, liée à l'intérêt, qui lui auront suggéré l'idée du crime, devaient le résoudre aussi à ne point s'éloigner pour mieux s'assurer du fruit qu'il en attendait en ce que les vêtements qu'il portait ce jour de dimanche, auraient présenté quelques indices de délabrement qui décèleraient qu'il aurait pu prendre une part active à l'attentat ;

Que la prévention à la charge de la nommée Isabelle Duhem est établie spécialement sur ses propres aveux et déclarations contenus en ses interrogatoires des 25, 27 et 28 dudit mois d'avril et du 20 mai suivant; sur les déclarations de François Frémaux et sur aucuns des faits de l'information desquels il résulterait que ledit Frémaux qui avait avec elle des liaisons et des habitudes immorales, lui aurait dès longtemps confié le dessein qu'il avait conçu de se débarrasser de Madame veuve Deleplanque et d'avoir son argent; qu'il lui aurait confié aussi les intelligences qu'il entretenait et les entrevues qu'il aurait eues avec des gens d'Ennetières et des environs, lesquels devaient participer à cette action ; que notamment le troisième jour de la ducasse d'Esquermes (4 avril), après dîner, il lui aurait dit : « *Madame, c'est son dernier jour aujourd'hui !* » et que modifiant ensuite cette résolution, il aurait dit : « *Va, c'est la dernière nuit, Madame y passera,* » et ajoutant qu'on aurait emporté l'argent et qu'elle (Isabelle) aurait eu sa part du partage; que le dit jour, vers dix heures du soir, la dame Deleplanque étant couchée en sa chambre et Isabelle étant dans la sienne, cette dernière, au signal donné, avait été ouvrir la porte de la rue à Frémaux ; qu'il lui aurait dit de quoi il s'agissait, qu'elle l'aurait accompagné à la porte de derrière, laissant celle de la cuisine ouverte ; que l'un des quatre hommes qui étaient là, aurait demandé à Isabelle si le fils de la maison était à la ferme, à quoi elle aurait répondu négativement; qu'elle serait revenue avec eux et Frémaux de la porte de derrière sur la cuisine ; que les quatre individus seraient entrés dans la chambre de madame, qu'elle, Isabelle aurait bien entendu ce *qu'ils faisaient autour d'elle pour la faire mourir...* qu'ils cherchaient après les clefs... qu'ils forçaient le coffre... qu'elle les aurait vus s'en aller portant l'un un petit sac sur l'épaule, l'autre une boîte, etc., etc.

Faits et circonstances qui établiraient jusqu'ici la prévention de complici'é à la charge de ladite Isabelle Duhem, en ce qu'elle aurait, avec connaissance, aidé ou assisté les auteurs de l'action dans les faits qui l'ont préparée, facilitée, et dans ceux qui l'ont consommée:

Que si l'on reporte ses regards sur l'état où aurait été trouvé le corps de la veuve Deleplanque ; que si l'on rapproche de ce tableau la situation périodique où se trouvait alors Isabelle Duhem ; que s'il faut trouver la suite de ces empreintes sanguinolantes qui toutes aboutissent à la face du cadavre d'un corps qui n'aurait perdu la vie que par suite de suffocation, et sans aucune effusion de sang, l'on sera entraîné à croire qu'Isabelle Duhem aurait participé à l'action comme l'un des auteurs ;

Que la prévention à la chargé de Pierre-Joseph Philippo, Charles Rassel, Louis Bartier, et J.-B. Laurent et d'Isabelle Duhem, comparées à celles d'aucuns des témoins ouïs en l'information et même à certains faits qui n'ont pas été désavoués par les quatre prévenus, desquelles déclarations de Frémaux et d'Isabelle Duhem, faites sans intérêt et qui n'ont pu être concertées, qui concordent sur les faits principaux, sortent des indices dont la réunion paraîtrait accablante pour Philippo, Rassel, Bartier et Laurent.

Frémaux et Isabelle Duhem en les inculpant ne se disculpent pas, aucun serment de haine ou de vengeance ne les agitait jamais. Je n'avais eu de querelle avec eux, dit Frémaux. Je les ai fait connaître, c'est parceque la vérité est telle ; en les désignant, je me suis désigné moi-même, vous voyez bien que ce n'a pas été pour me tirer d'embarras.

Il raconte les faits qui ont préparé et facilité l'attentat, les entrevues qui se sont succédées depuis le 26 mars, jusque et compris le 23 avril ; et partout la vraisemblance accompagne sa narration ;

Les ouvertures qui auraient été faites à Philippo par Frémaux, le 26 mars en un cabaret à Ennetières, et cette sorte d'âpreté avec laquelle le premier les auraient saisies, s'expliqueraient par le besoin qu'avait Frémaux d'être secondé pour l'exécution de son dessein, par la connaissance qu'il devait avoir du caractère profondément immoral de cet homme, par les déclarations des 12 et 13 témoins qui les y auraient vus chuchotant entre eux.

L'entrevue qui, par suite du rendez-vous donné le 26 mars, aurait eu lieu le lendemain entre eux et Bartier, dit Marcel, résulterait des déclarations mêmes de Philippo en son interrogatoire du 28 avril et de Bartier en son interrogatoire du 28 du même mois, et des chuchoteries entre Philippo et Frémaux au coin du jardin, lesquelles auraient eu pour objet le moment et le moyen d'exécuter l'attentat projeté, en un nouveau rendez-vous à cet effet, pour le dimanche 2 avril, à la *Belle-Vue*, ne sauraient faire présumer de la déposition du 14e témoin.

Cette entrevue à la *Belle-Vue* serait constatée par les interrogatoires précités et par les dépositions du 8e témoin.

Il en serait de même des autres entrevues qui, depuis le 26 mars, se seraient succédées entre tous les prévenus jusque l'époque où le crime aurait été consommé; et quoique Philippo, Bartier, Rasuel et Laurent aient cherché à écarter le motif qui les rapprochait ainsi, ils seraient néanmoins convenus de la plupart de ces réunions, lesquelles, de leur aveu, n'auraient jamais eu lieu précédemment.

Ces réunions antérieurement inusitées et que à partir des premières ouvertures faites à Philippo se font, se rattachent et se succèdent, décéleront les intelligences mystérieuses qui auront existées entre eux.

Dimanche 16, *aux Quatre-Cœurs*, on les voit se rapprochant les uns des autres, se parlant à part, se taisant lorsqu'ils peuvent être entendus ; le même jour au soir en sortant tous ensemble du *Panier-Fleuri*, on les voit ramenant Frémaux.

Quand l'action commence le 25 avril à 10 heures du soir, les mêmes faits jusque dans leurs moindres circonstances, en ce qui concerne les quatre revenus, sortent des déclarations respectives de François Frémaux et d'Isabelle Duhem; cependant l'un et l'autre avaient été gardés à vue et mis ensuite séparément au secret; ils n'auraient pu se communiquer ni même se concerter.

Isabelle qui ne les connaissait point, qui ne les avait vus que cette fois, signale en son interrogatoire du 25 avril ceux d'entre les quatre qui se seraient le plus rapprochés d'elle, et les signalements qu'elle donne se trouvent exacts : ce sont ceux de Philippo et de Laurent.

Que si ledit jour, 23 avril, l'on veut suivre leurs traces, à leur sortie de Lille, vers huit heures du soir, on les voit qui cherchent à se donner le change sur leur démarche. En leurs interrogatoires respectifs des 27 et 28 avril, interpellés où ils auraient été et quelle voie ils auraient suivie les uns et les autres, tous quatre évitent alors de parler d'une réunion en un cabaret au *Pont de Canteleu*, à une distance (par les chemins couverts) d'un kilomètre de la ferme de Deleplanque ; cabaret où ils auraient bu et mangé avec précipitation et où ils seraient partis avant neuf heures, eux qui ne quittaient ces sortes de lieux qu'au dernier moment et quand on les forçait d'en sortir.

Que si l'on interroge sur l'heure à laquelle ils seraient respectivement rentrés chez eux le dimanche 23 avril au soir, tous avec une sorte d'affectation et de précaution qui paraîtrait frauduleuse. désignent cette heure fatale (10 h. à 10 h. et demie) où le crime aurait été consommé à Esquermes ; et cependant, il résulterait de l'instruction, que les uns et les autres ne seraient rentrés chez eux que fort avant dans la nuit.

Dans la circonstance où l'argent volé chez la veuve Deleplanque aurait consisté en autres espèces que des pièces de 5 fr., ce fait recueilli en l'information, et qui, réunis aux autres indices concourrait à établir la prévention contre ces quatre prévenus, c'est que quequeş-uns d'entre eux se trouvaient munis, dans la maison d'arrêt, de pièces de 5 francs et que les particuliers de qui ils auraient dit les avoir reçues pour livrance de tabac auraient déclaré ne leur avoir donné en paiement que de la monnaie : jamais de pièces de 5 francs.

Que si l'on consulte les autorités locales ou leurs agents de police, sur la moralité de ces quatre prévenus, l'on verra Philippo frappé depuis longtemps de la plus mauvaise réputation, de mœurs très dissolues ; Rassel repris plusieurs fois de justice pour vols, et consignés en des annotations tenues par l'ancien juge de paix de son canton, comme suspect, d'avoir fait partie d'une bande de Chauffeurs. Laurent et Bartier signalés comme très mauvais sujets, ayant depuis plusieurs années abandonné tout travail.

Que tout concourt enfin à faire peser sur les inculpés la prévention fortement établie ; concordance dans les aveux circonstanciés de Frémaux et d'Isabelle Duhem ; dessein formé avant l'action d'attenter à la personne de la veuve Daleplanque ; réunions pour concerter l'exécution ; déclarations de plusieurs témoins qui, jointes à celles de Frémaux et d'Isabelle Duhem, éclairent sur le but de ces réunions inusitées précédemment préparées mystérieusement, entourées de chuchoteries, et dont l'objet comme le résultat est un meurtre avec préméditation, suivi de vol avec effraction ;

Considérant que tout coupable d'assassinat sera puni conformément à la disposition de l'article 302 du Code ;

Que le meurtre emportera la même peine, lorsqu'il sera précédé, accompagné ou suivi d'un autre crime ou délit. (Art. 304 du Code pénal) ;

Que ceux qui auront avec connaissance, aidé ou assisté l'auteur ou les auteurs d'une action qualifiée crime, dans les faits qui l'auront préparée ou facilitée, ou dans celle qui l'auront consommée, seront punis comme complices de l'action (Art. 60 du Code) ;

Que les complices d'un crime seront punis de la même peine que les auteurs mêmes du crime (Art. 59 du Code);

Que l'attentat qui aurait été commis sur la personne d'*Albertine Guislain*, veuve Deleplanque, dans les circonstances aggravantes qui l'ont précédé, accompagné et suivi, caractérise un crime d'assassinat prévu par les articles 302. 59 du Code pénal, pouvant donner lieu à une peine afflictive et infâmante;

Considérant qu'il n'existe point de charge contre Eugénie Becquart, femme Philippo, Marie-Anne Bartier, femme Rassel, Constance Descamps, femme Bartier, Augustine Descamps, Victoire Suin et Angélique Frémaux, lesquelles auraient été appelées respectivement par mandat d'amener et de comparution pour être entendues au procès.

La Chambre :

En ce qui concerne Delecourt et Marescaux :

Déclare qu'il n'y a pas lieu à poursuivre et que lesdits françois Delecourt, âgé de 29 ans, célibataire, ouvrier de ferme, natif de Thionville, demeurant à Esquermes, et Jean-Baptiste Marescaux, âgé de 49 ans, marié, aussi ouvrier de ferme, né à Verlinghem, demeurant audit Esquermes, seront mis sur le champ en liberté s'ils ne sont détenus pour autres causes.

Déclare également qu'il n'y a pas lieu

à poursuivre Eugénie Becquart, femme de Pierre Joseph Philippo, âgée de 36 ans, fileuse, native de Houplines, domiciliée à Ennetières-en-Weppes ; Marie-Anne Bartier, femme de Charles Rassel, âgée de 56 ans, aussi fileuse et ouvrière à la ferme, native de La Chapelle-d'Armentières, demeurant à Escobecques ; Augustine Descamps, âgée de 36 ans, célibataire, fileuse, native de Ennetières, demeurant à Lomme ; Marie-Victoire Suin, âgée de 23 ans, célibataire, fileuse et domiciliée à Lomme, et Angélique Frémaux, âgée de 17 ans, célibataire, née et domicilié à Ennetières, et qu'elles demeureront définitivement en liberté.

En ce qui concerne François Frémaux, Isabelle Duhem, Jean Baptiste Philippo, Charles Rassel, Jean-Baptiste Laurent et Antoine-Louis Bartier,

Ordonne que les pièces d'instruction, les procès-verbaux du 24 du mois d'avril 1815 et un état des pièces servant à conviction, seront adressés à M. le procureur général impérial pour être procédé ainsi qu'il appartiendra ;

Ordonne en outre qu'en conformité de l'article 134 du Code d'instruction, les nommés Jean-François Frémaux, âgé de 20 ans, célibataire, charretier, natif de Ennetières-en-Weppes, demeurant à Esquermes ; Isabelle Josephe Duhem, âgée de 25 ans, célibataire, servante de ferme, native de Sainghin-en-Weppes, demeurant à Esquermes ; Pierre Joseph Philippo, âgé de 37 ans, marié, ouvrier de ferme, né à Lille, domicilié à Ennetières-en-Weppes ; Charles Rassel, âgé de 58 ans, marié, bûcheron, né à Erquinghem, domicilié à Escobecques; Jean-Baptiste Laurent, âgé de 34 ans, marié, sans profession, natif de Mons-en-Barœul, demeurant à Lomme, et Antoine-Louis Bartier, dit *Marcel*, âgé de 48 ans, marié, sans profession, né à Armentières, demeurant à Lomme, seront pris au corps et conduits dans la Maison de Justice qui sera désignée par la cour impériale.

Fait à Lille, le......juin 1815, en la Chambre du Conseil où étaient présents, MM. Courtin, Lorin et Lejosne, juges, qui ont signé.

Par arrêt de la Cour d'assises du département du Nord, séant à Douai, en date du 9 septembre 1815, maintenu par la Cour de cassation du 12 octobre suivant :

  Jean-Baptiste LAURENT,
  Charles RASSEL,
  Jean François FRÉMAUX,
  Isabelle DUHEM,

convaincus, les deux premiers, d'avoir, le 23 avril précédent, entre 10 heures et 10 heures et demie du soir,

Homicidé volontairement avec préméditation une fermière, à Esquermes-lez-Lille ; les deux autres, de complicité dudit crime, pour avoir avec connaissance, aidé ou assisté les auteurs de ce crime dans les faits qui l'on préparé ou facilité, ou dans ceux qui l'ont consommé, et tous quatre de complicité d'un vol d'argent, bijoux et effets, commis chez cette fermière à l'aide d'effraction, *ont été condamnés à la peine de mort*, à être conduits sur la place publique de Lille pour y avoir la tête tranchée.

Par le même ARRÊT :
Pierre Joseph PHILIPPO,
Antoine-Louis BARTIER, dit *Marcel*,
convaincus d'avoir, le 23 avril 1815, volé de l'argent, des bijoux et autres effets à une fermière, à Esquermes lez-Lille, *ont été condamnés à vingt ans de travaux forcés et à une heure de carcan*, sur la place publique de Lille.

L'EXPIATION.

Par une froide nuit du mois de novembre de l'année 1815, la Grande-Place de Lille, ordinairement si paisible, fut troublée par le fracas de madriers, de poutres et de planches, que jetaient sur le sol cinq ou six vigoureux gaillards montés sur des charrettes arrêtées au centre de ce vaste parallélogramme et à peu de distance du lieu où l'on érigea plus tard la colonne commémorative.

Ces individus étaient des charpentiers qui venaient dresser l'échafaud où devaient monter les quatre assassins de la malheureuse Albertine Guislain, la fermière d'Esquermes.

Il était à peine deux heures du matin, mais le bruit inusité qui s'était fait entendre avait éveillé bon nombre d'habitants de la Grande-Place et de la rue de la Nef, dans l'axe de laquelle l'instrument du supplice devait être dressé.

Lorsqu'on eut appris à quelle besogne les ouvriers charpentiers allaient se livrer, la nouvelle, — semblable à une traînée de poudre, — s'en répandit dans toute la ville, et dès que les portes en furent ouvertes, la campagne elle-même fut sillonnée par une foule de gens qui allèrent publier cette nouvelle jusqu'aux confins de l'arrondissement.

L'autorité avait cru devoir prendre des mesures pour que les ouvriers ne fussent pas troublés dans leur sinistre besogne ; et la gendarmerie, la garde nationale, la milice furent réunies et formèrent autour d'eux, un cordon, que nul ne put franchir.

Entre temps, deux hommes descendaient de voiture à la porte de la prison Saint-Pierre, où étaient enfermés les condamnés.

Ces deux hommes étaient, l'exécuteur de Douai et son confrère du Pas de Calais.

Ils étaient suivis par un de leurs employés chargé du déferrement des prisonniers.

Lorsqu'ils entrèrent dans la cellule de Frémaux, ils le trouvèrent endormi ; mais en les voyant, le malheureux comprit que son dernier jour était arrivé, et il eut une prostration à la suite de laquelle il jeta des cris persants, puis il répandit des larmes qui le soulagèrent.

Isabelle, en apparence plus calme que lui, ne tarda pas à tomber en syncope, laquelle fut suivie d'une attaque de nerfs, que l'on dut combattre et comprimer par la force.

Quant à Rassel et à Laurent, soit qu'ils se fussent habitués depuis leur condamnation, à la regarder comme imminente, ils la reçurent avec assez d'indifférence.

La gendarmerie fut introduite dans la cellule et tandis que l'exécuteur du Pas-de-Calais procédait aux détails préliminaires du supplice, le clergé, appelé à cette heure suprême, se préparait de son côté à exhorter les patients à se réconcilier avec Dieu, devant lequel ils allaient bientôt paraître.

L'exécuteur de Douai, quitta la prison de Saint-Pierre, après que les ministres de la religion y furent entrés.

Il reprit le chemin de la Grande-Place, où il arriva, lorsque l'instrument du supplice venait d'être complètement établi.

La guillotine dressait alors en face de

la nef, ses deux grands bras rouges, entre lesquels brillait, aux premiers rayons du soleil levant, la hache suspendue, qui, par une simple pression de ressort, devait faire tomber la tête des coupables.

L'exécuteur monta sur la plate-forme, s'assura que tout était bien agencé, surtout, que la hache de la justice fonctionnerait sans rencontrer d'obstacle ; puis, lorsqu'il eut passé cette inspection, il descendit les degrés de l'échafaud, s'entretint un moment avec ses aides, et regagna la prison Saint-Pierre.

La foule était déjà si compacte qu'il dût, pour regagner la maison d'arrêt, prendre par la rue des Prêtres, la rue Basse et celle des Chats-Bossus, afin de gagner la rue de la Monnaie, qui conduisait à la prison, devant laquelle stationnaient les deux charrettes qui avaient amené les bois de justice et qui devaient transporter les condamnés jusqu'au lieu de leur supplice.

Ce ne fut pas sans peine qu'il parvint jusque là, tant il y avait de monde autour de la prison.

Un incident inattendu leur vint en aide.

Un des spectateurs, qui venait de le reconnaître, se mit à crier : Place au bourreau! Et tout aussitôt, par un mouvement de répulsion ou d'épouvante, la masse fit quelques pas en arrière; ce dont profita M. de Douai pour gagner le guichet de la Maison d'arrêt.

Lorsqu'il y fut entré, les charrettes l'y suivirent jusque dans la cour, où elles s'arrêtèrent.

Dès que la porte de la prison fut refermée, les gendarmes en gardèrent les abords et continrent la foule, qui allait toujours augmentant De telle sorte que, de la rue Saint-André à la place Saint-Martin, ce ne fut bientôt plus qu'une masse de peuple oscillant, tantôt à droite, tantôt à gauche, en proférant des menaces, des injures, et en bousculant les impatients qui voulaient s'ouvrir un passage dans cette muraille humaine.

Pendant que ceci se passait aux abords de la maison d'arrêt, la grande place sur laquelle stationnaient des gendarmes, des gardes nationaux et des miliciens, était envahie à son tour par une masse compacte de spectateurs venant de tous les points de l'arrondissement. Car semblables aux vomitoires des cirques anciens ; les rues Esquermoise, Saint-Etienne, Tenremonde, de la Nef, des Sept-Agaches, des Débris Saint Etienne, du Petit Paon, des Manneliers et de Paris, rejetèrent sur la Place, une multitude de curieux, poussés par le désir d'assister au supplice des quatre grands coupables, connus, la plupart d'entre eux.

Les autorités de Lille, d'accord avec le chef militaire de l'occupation étrangère, avaient dès la veille, consignés dans leurs cantonnements de la banlieue les soldats de la division saxonne qui y logeait.

Les Lillois ne voulurent pas donner à ceux qu'on appelait alors les alliés, le spectacle de cette quadruple exécution, et peut-être aussi voulaient ils leur cacher l'avidité avec laquelle la populace recherche ces épisodes sanglants, aussi malsains qu'inutiles.

. . . .

Quand supprimera-t-on cette pâture aux mauvais intérêts. Quand comprendra t-on qu'au lieu de servir de leçon aux malfaiteurs, et de les intimider, ces sortes de spectacles ne leur laissent que le désir de se faire une célébrité par le crime et l'espoir de poser sur le théâtre de l'infamie.

Nous savons bien, qu'avec les modifications apportées à l'instrument du supplice avec la promptitude qu'on apporte aujourd'hui à l'exécution des arrêts criminels les amateurs de ce genre de spectacle, ont à peine le temps de voir le patient se débattre sous la main du bourreau, mais nous ne pouvons nous empêcher de dire, qu'il serait plus moral, plus digne de notre civilisation de la supprimer tout à fait, en laissant s'accomplir le drame judiciaire dans la cour d'une prison, en présence de quelques témoins seulement. On ne verrait plus alors de ces criminels effrontés, de ces poseurs éhontés qui, jusqu'à leur dernier moment, se font une gloire de braver la justice et l'opinion publique.

. . . .

Une heure avant l'exécution des assassins d'Albertine Ghislain, la grosse cloche de l'église Saint-André se mit à sonner le glas funèbre.

A ce moment, les rues qui avoisinaient la place étaient littéralement encombrées. Jamais, à Lille, on n'avait vu sur le passage des suppliciés une foule aussi considérable.

Aux fenêtres des maisons, on ne distinguait que des rangs de têtes superposées; les faîtes de tous les bâtiments étaient couverts de spectateurs.

Nous ne saurions rendre le spectacle qu'offrit en ce moment-là le flot de cette population qui ondulait, se pressait, s'étouffait, afin de se rapprocher du but qu'elle voulait atteindre : l'échafaud.

Enfin les portes de la prison s'ouvrirent et laissèrent passage aux deux charrettes sur lesquelles étaient montés les condamnés, ayant entre chacun d'eux l'un des exécuteurs.

La gendarmerie eut beaucoup de peine à frayer la route que devait parcourir le sinistre cortège : et cette route était longue. Il dut suivre la rue Saint-Pierre, la rue de la Monnaie, passer devant les places Saint-Martin et du Lion-d'Or pour s'engager ensuite dans la rue des Chats-

Bossus, tourner à gauche pour suivre la rue Grande-Chaussée, et enfin, après avoir longé la place du Théâtre au nord et passé devant la rue des Prêtres, déboucher sur la Grande-Place.

Celle ci n'offrait, comme les rues que nous venons de nommer, qu'une immense tapisserie de têtes humaines, qui se montraient à toutes les lucarnes, à tout ce qui enfin offrait la moindre saillie pour s'y placer.

Le fond de la place avait été dégagé, afin que le corps de garde de l'état major ne fût point envahi par les curieux, qui auraient bien voulu se placer sur les marches de l'escalier et pouvoir, du haut du perron, planer sur la foule et sur l'échafaud dressé à quelques mètres de là ; mais ils furent désappointés.

Les charrettes s'étant arrêtées auprès de la guillotine. Isabelle Duhem et François Frémaux furent descendus les premiers ; puis ce fut le tour de Rassel et de Laurent, considérés comme les plus coupables et devant être exécutés les derniers.

Il fallut que les aides de l'exécuteur prissent Isabelle par les deux bras pour l'aider à monter jusqu'à la plate-forme. Elle était dans un tel état de faiblesse et d'insensibilité qu'on put croire un moment que le couperet n'allait abattre que la tête d'un cadavre.

Cependant, lorsqu'elle fut placée sur la bascule et qu'elle jeta un regard sur le fatal instrument, ses yeux s'ouvrirent démesurément pour se fixer sur l'acier du glaive, puis un cri s'échappa de sa poitrine. Ce fut le dernier, car la planche s'abaissa, et une seconde après, sa tête tombait dans le panier.

François Frémaux qui n'avait pas manqué d'une certaine assurance jusque-là, sembla la perdre en franchissant les degrés; mais lorsqu'il vit qu'on allait le boucler sur la bascule, l'instinct conservateur reprit le dessus et il se débattit, afin d'éviter l'étreinte des courroies. Ce que voyant l'exécuteur, il fit un signe, et quatre bras vigoureux le clouèrent sur la planche, le firent glisser jusque sous le tranchant de la hâche, et tout fut dit : Frémaux était allé rejoindre celle qui avait prêté les mains à son abominable action.

Laurent, le borgne, le suivit de près.

Celui-ci, monta sur l'échafaud avec un sang-froid et une présence d'esprit, qui dénotaient bien chez lui une âme inaccessible à la crainte. Il se livra aux bourreaux sans fanfanterie et mourut comme il avait vécu : c'est-à-dire en véritable brigand.

Restait Charles Rassel.

Celui-ci, même sur l'échafaud, ne démentit point son passé. Le bandit du cabaret de Saint Bavent, l'ami et le complice de Salembier, le malfaiteur qui vola, pilla et incendia sans qu'on put mettre la main dessus, afficha un cynisme qui alla jusqu'à injurier la foule, la menacer et lui lancer des paroles ordurières. Les aides de l'exécuteur, auxquels il ne fit cependant aucune opposition, furent accablés à leur tour par ce misérable, qui leur lança des épithètes obscènes, infâmes, qu'ils durent subir jusqu'au moment où, précipité vers la lunette de l'échafaud, celle-ci s'abattit sur le cou du monstre et que le déclic de l'instrument eût fait tomber sur cette tête criminelle, le couteau sanglant qui la lui trancha.

Ceux qui avoisinaient l'échafaud furent péniblement impressionnés par ces horribles scènes. Et à ce propos, nous répétons encore une fois que de semblables exhibitions, loin d'être une leçon, un avertissement, un effroi pour cette grande partie de la population qu'on veut moraliser, ne sont le plus souvent qu'un encouragement pour ceux qui veulent poser en héros du crime : et malheureusement le nombre en est grand. Or, que ces sortes de spectacles soient donc éloignés des yeux du public, que cela se passe entre quatre murs, et nous croyons que ce sera un grand pas de fait dans la voie civilisatrice, cette voie dans laquelle le pays marche d'un pas rapide et assuré, convaincu qu'il est qu'un bon exemple est préférable à ces tableaux cyniques et révoltants.

Tout n'était cependant pas dit sur le drame d'Esquermes.

Quelques temps après la tragédie dont nous venons de donner une faible description, l'échafaud fut de nouveau dressé sur la place de Lille ; mais l'aspect en devait être moins terrible : il s'agissait de l'exposition, pendant une heure, de Philippo et de Bartier, dit *Marcel*, condamnés tous deux à vingt années de travaux forcés.

Ils furent côte à côte attachés au poteau d'infamie, et maintenus par le cou au moyen d'un carcan.

Ils montrèrent d'abord une certaine timidité ; mais après quelques minutes d'exposition, ils furent interpellés par la foule, avec laquelle ils eurent l'audace d'engager d'abord un dialogue horrible qu'essayèrent d'empêcher les gendarmes en repoussant les interlocuteurs ; mais les gavroches du temps aidant, ce ne fut bientôt plus que lazzis de toutes sortes, plaisanteries grossières et propos de cabaret, auxquels prirent part les spectateurs, ce qui donna à cette scène un caractère hideux et digne des sauvages de l'Amérique du Nord.

La France a depuis longtemps aboli ce genre de supplice et nous l'en félicitons.

En attendant la réforme complète que nous demandions tout à l'heure, nous faisons des vœux pour que le public soit le moins possible le témoin d'exécutions qui répugnent aux honnêtes gens et qui prouvent, par l'empressement qu'apporte la foule à y assister, qu'elle ne voit là qu'un spectacle et non une leçon.

Donc, suppression totale des exécutions publiques!!!

FIN.

Lille, imp. J. Petit, rue Basse, 54.

www.ingramcontent.com/pod-product-compliance
Lightning Source LLC
Chambersburg PA
CBHW050912230426
43666CB00010B/2136